Mulheres no RH®
Diversidade e Inclusão

Edição Poder de uma Mentoria — Volume 5

Copyright© 2024 by Editora Leader
Todos os direitos da primeira edição são reservados à Editora Leader.

CEO e Editora-chefe:	Andréia Roma
Revisão:	Editora Leader
Capa:	Editora Leader
Projeto gráfico e editoração:	Editora Leader
Suporte editorial:	Lais Assis
Livrarias e distribuidores:	Liliana Araújo
Artes e mídias:	Equipe Leader
Diretor financeiro:	Alessandro Roma

Dados Internacionais de Catalogação na Publicação (CIP)

M922 Mulheres no RH®: edição poder de uma mentoria, vol. 5: diversidade e
5. ed.   inclusão/coordenadora convidada Lilia Vieira; idealizadora do livro Andréia
    Roma. – 5.ed. – São Paulo: Editora Leader, 2024.

    352 p.; 15,5 x 23 cm. – (Série mulheres/coordenadora Andréia Roma)

    Várias autoras
    ISBN: 978-85-5474-235-5

    1. Carreira profissional – Desenvolvimento. 3. Diversidade. 4. Inclusão
    social. 5. Mentoria. 6. Mulheres – Biografia. 7. Mulheres – Casos de
    sucesso. 8. Mulheres – Histórias de vidas. 9. Recursos humanos. I. Vieira,
    Lilia. II. Roma, Andréia. III. Série.

09-2024/83   CDD 658.1

Índices para catálogo sistemático:
1. Mulheres: Carreira profissional: Recursos humanos: Administração   658.1

Bibliotecária responsável: Aline Graziele Benitez CRB-1/3129

2024
Editora Leader Ltda.
Rua João Aires, 149
Jardim Bandeirantes – São Paulo – SP
Contatos:
Tel.: (11) 95967-9456
contato@editoraleader.com.br | www.editoraleader.com.br

A Editora Leader, pioneira na busca pela igualdade de gênero, vem traçando suas diretrizes em atendimento à Agenda 2030 – plano de Ação Global proposto pela ONU (Organização das Nações Unidas) –, que é composta por 17 Objetivos de Desenvolvimento Sustentável (ODS) e 169 metas que incentivam a adoção de ações para erradicação da pobreza, proteção ambiental e promoção da vida digna no planeta, garantindo que as pessoas, em todos os lugares, possam desfrutar de paz e prosperidade.

A Série Mulheres, dirigida pela CEO da Editora Leader, Andréia Roma, tem como objetivo transformar histórias reais – de mulheres reais – em autobiografias inspiracionais, cases e aulas práticas. Os relatos das autoras, além de inspiradores, demonstram a possibilidade da participação plena e efetiva das mulheres no mercado. A ação está alinhada com o ODS 5, que trata da igualdade de gênero e empoderamento de todas as mulheres e meninas e sua comunicação fortalece a abertura de oportunidades para a liderança em todos os níveis de tomada de decisão na vida política, econômica e pública.

CONHEÇA O SELO EDITORIAL SÉRIE MULHERES®

Somos referência no Brasil em iniciativas Femininas no Mundo Editorial

A Série Mulheres é um projeto registrado em mais de 170 países!
A Série Mulheres apresenta mulheres inspiradoras, que assumiram seu protagonismo para o mundo e reconheceram o poder das suas histórias, cases e metodologias criados ao longo de suas trajetórias.
Toda mulher tem uma história!
Toda mulher um dia já foi uma menina. Toda menina já se inspirou em uma mulher. Mãe, professora, babá, dançarina, médica, jornalista, cantora, astronauta, aeromoça, atleta, engenheira. E de sonho em sonho sua trajetória foi sendo construída. Acertos e erros, desafios, dilemas, receios, estratégias, conquistas e celebrações.

O que é o Selo Editorial Série Mulheres®?
A Série Mulheres é um Selo criado pela Editora Leader e está registrada em mais de 170 países, com a missão de destacar publicações de mulheres de várias áreas, tanto em livros autorais como coletivos. O projeto nasceu dez anos atrás, no coração da editora Andréia Roma, e já se destaca com vários lançamentos. Em 2015 lançamos o livro "Mulheres Inspiradoras", e a seguir vieram outros, por exemplo: "Mulheres do Marketing", "Mulheres Antes e Depois dos 50",

seguidos por "Mulheres do RH", "Mulheres no Seguro", "Mulheres no Varejo", "Mulheres no Direito", "Mulheres nas Finanças", obras que têm como foco transformar histórias reais em autobiografias inspiracionais, cases e metodologias de mulheres que se diferenciam em sua área de atuação. Além de ter abrangência nacional e internacional, trata-se de um trabalho pioneiro e exclusivo no Brasil e no mundo. Todos os títulos lançados através desta Série são de propriedade intelectual da Editora Leader, ou seja, não há no Brasil nenhum livro com título igual aos que lançamos nesta coleção. Além dos títulos, registramos todo conceito do projeto, protegendo a ideia criada e apresentada no mercado.

A Série tem como idealizadora Andréia Roma, CEO da Editora Leader, que vem criando iniciativas importantes como esta ao longo dos anos, e como coordenadora Tania Moura. No ano de 2020 Tania aceitou o convite não só para coordenar o livro "Mulheres do RH", mas também a Série Mulheres, trazendo com ela sua expertise no mundo corporativo e seu olhar humano para as relações. Tania é especialista em Gente & Gestão, palestrante e conselheira em várias empresas. A Série Mulheres também conta com a especialista em Direito dra. Adriana Nascimento, coordenadora jurídica dos direitos autorais da Série Mulheres, além de apoiadores como Sandra Martinelli – presidente executiva da ABA e embaixadora da Série Mulheres, e também Renato Fiocchi – CEO do Grupo Gestão RH. Contamos ainda com o apoio de Claudia Cohn, Geovana Donella, Dani Verdugo, Cristina Reis, Isabel Azevedo, Elaine Póvoas, Jandaraci Araujo, Louise Freire, Vânia Íris, Milena Danielski, Susana Jabra.

Série Mulheres, um Selo que representará a marca mais importante, que é você, Mulher!

Você, mulher, agora tem um espaço só seu para registrar sua voz e levar isso ao mundo, inspirando e encorajando mais e mais mulheres.

Acesse o QRCode e preencha a Ficha da Editora Leader.
Este é o momento para você nos contar um pouco de sua história e área em que gostaria de publicar.

Qual o propósito do Selo Editorial Série Mulheres®?
É apresentar autobiografias, metodologias, *cases* e outros temas, de mulheres do mundo corporativo e outros segmentos, com o objetivo de inspirar outras mulheres e homens a buscarem a buscarem o sucesso em suas carreiras ou em suas áreas de atuação, além de mostrar como é possível atingir o equilíbrio entre a vida pessoal e profissional, registrando e marcando sua geração através do seu conhecimento em forma de livro.

A ideia geral é convidar mulheres de diversas áreas a assumirem o protagonismo de suas próprias histórias e levar isso ao mundo, inspirando e encorajando cada vez mais e mais mulheres a irem em busca de seus sonhos, porque todas são capazes de alcançá-los.

Programa Série Mulheres na tv
Um programa de mulher para mulher idealizado pela CEO da Editora Leader, Andréia Roma, que aborda diversos temas com inovação e qualidade, sendo estas as palavras-chave que norteiam os projetos da Editora Leader. Seguindo esse conceito, Andréia, apresentadora do Programa Série Mulheres, entrevista mulheres de várias áreas com foco na transformação e empreendedorismo feminino em diversos segmentos.

A TV Corporativa Gestão RH abraçou a ideia de ter em seus diversos quadros o Programa Série Mulheres. O CEO da Gestão RH, Renato Fiochi, acolheu o projeto com muito carinho.

A TV, que conta atualmente com 153 mil assinantes, é um canal de *streaming* com conteúdos diversos voltados à Gestão de Pessoas, Diversidade, Inclusão, Transformação Digital, Soluções, Universo RH, entre outros temas relacionados às organizações e a todo o mercado.

Além do programa gravado Série Mulheres na TV Corporativa Gestão RH, você ainda pode contar com um programa de *lives* com transmissão ao vivo da Série Mulheres, um espaço reservado todas as quintas-feiras a partir das 17 horas no canal do YouTube da Editora Leader, no qual você pode ver entrevistas ao vivo, com executivas de diversas áreas que participam dos livros da Série Mulheres.

Somos o único Selo Editorial registrado no Brasil e em mais de 170 países que premia mulheres por suas histórias e metodologias com certificado internacional e o troféu Série Mulheres – Por mais Mulheres na Literatura.

Assista a Entrega do Troféu Série Mulheres do livro
Mulheres nas Finanças® – volume I
Edição poder de uma mentoria.

Marque as pessoas ao seu redor com amor, seja exemplo de compaixão.

Da vida nada se leva, mas deixamos uma marca.

Que marca você quer deixar? Pense nisso!

Série Mulheres – Toda mulher tem uma história!

Assista a Entrega do Troféu Série Mulheres do livro **Mulheres no Conselho®** – volume I – Edição poder de uma história.

Próximos Títulos da Série Mulheres

Conheça alguns dos livros que estamos preparando para lançar: • Mulheres no Previdenciário • Mulheres no Direito de Família • Mulheres no Transporte • Mulheres na Aviação • Mulheres na Política • Mulheres na Comunicação e muito mais.

Se você tem um projeto com mulheres, apresente para nós.

Qualquer obra com verossimilhança, reproduzida como no Selo Editorial Série Mulheres®, pode ser considerada plágio e sua retirada do mercado. Escolha para sua ideia uma Editora séria. Evite manchar sua reputação com projetos não registrados semelhantes ao que fazemos. A seriedade e ética nos elevam ao sucesso.

Alguns dos Títulos do Selo Editorial Série Mulheres já publicados pela Editora Leader:

Lembramos que todas as capas são criadas por artistas e designers.

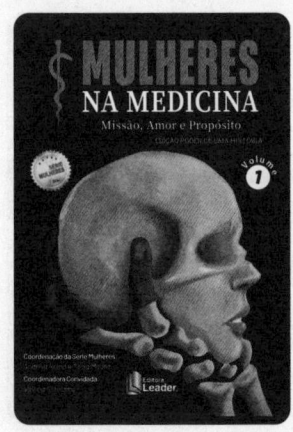

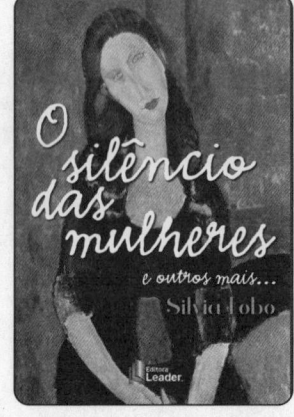

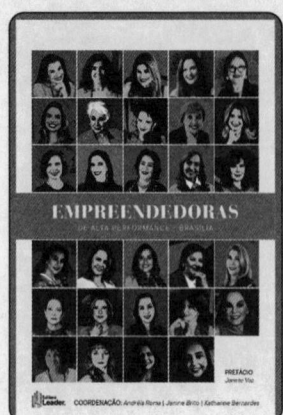

SOBRE A METODOLOGIA DA SÉRIE MULHERES®

A Série Mulheres trabalha com duas metodologias

"A primeira é a Série Mulheres – Poder de uma História: nesta metodologia orientamos mulheres a escreverem uma autobiografia inspiracional, valorizando suas histórias.

A segunda é a Série Mulheres Poder de uma Mentoria: com esta metodologia orientamos mulheres a produzirem uma aula prática sobre sua área e setor, destacando seu nicho e aprendizado.

Imagine se aos 20 anos de idade tivéssemos a oportunidade de ler livros como estes!

Como editora, meu propósito com a Série é apresentar autobiografias, metodologias, cases e outros temas, de mulheres do mundo corporativo e outros segmentos, com o objetivo de inspirar outras mulheres a buscarem ser suas melhores versões e realizarem seus sonhos, em suas áreas de atuação, além de mostrar como é possível atingir o equilíbrio entre a vida pessoal e profissional, registrando e marcando sua geração através do seu conhecimento em forma de livro. Serão imperdíveis os títulos publicados pela Série Mulheres!

Um Selo que representará a marca mais importante que é você, Mulher!"

Andréia Roma – CEO da Editora Leader

CÓDIGO DE ÉTICA DO SELO EDITORIAL SÉRIE MULHERES®

Acesse o QRCode e confira

Nota da editora

É com grande entusiasmo que a Editora Leader apresenta o livro "Mulheres no RH® – Diversidade e Inclusão", um marco no nosso selo editorial Série Mulheres®. Esta obra reflete um compromisso profundo com a celebração e o reconhecimento das contribuições das mulheres ao campo de Recursos Humanos, uma área que tem evoluído notavelmente através da inclusão e da diversidade.

A capa do livro, iluminada por cores vibrantes como verde, amarelo, laranja, azul e vermelho, simboliza a energia e a paixão que essas profissionais trazem para o setor. Cada cor destaca a individualidade e a força única de cada mulher, enquanto a disposição delas, ombro a ombro, ressalta a união e a solidariedade entre as líderes de RH em todo o mundo.

Este volume não é apenas uma coleção de estratégias e experiências; é um convite para reconhecer e valorizar a diversidade como um pilar central para o sucesso organizacional e pessoal no mundo contemporâneo. As histórias compartilhadas aqui são testemunhos do poder transformador da mentoria, da liderança e da inovação liderada por mulheres.

Convidamos você a se inspirar com estas narrativas, a aprender com as lições de liderança e a aplicar as estratégias inovadoras que têm moldado o futuro do RH. Que este livro sirva como um farol de inspiração e um guia para todos aqueles que valorizam a diversidade e a inclusão em suas práticas profissionais.

Lembre-se, você pode estar conosco! Acesse nosso site em www.seriemulheres.com e faça sua inscrição. Avaliaremos sua participação para os próximos volumes. Seu conhecimento tem grande valor aqui na Série Mulheres®.

Com gratidão e esperança,

Andréia Roma
CEO da Editora Leader
Idealizadora e coordenadora do Selo Editorial Série Mulheres®

Introdução

O livro "Mulheres no RH® – Diversidade e Inclusão" celebra as vozes, visões e vitórias de mulheres extraordinárias no campo de Recursos Humanos, todas dedicadas à promoção da inclusão e à representação da equidade. Esta coletânea reúne uma diversidade de coautoras, cada uma compartilhando suas experiências únicas de desafios, triunfos e lições aprendidas ao longo de suas carreiras. Por meio de cases e reflexões profundas, essas líderes oferecem estratégias e insights que têm moldado suas vidas e as organizações onde atuam.

O campo de Recursos Humanos, essencialmente dependente da habilidade de entender, valorizar e capitalizar a diversidade humana, encontra neste livro um reflexo de suas potencialidades. Cada capítulo é um testemunho do poder da inclusão, demonstrando como práticas inovadoras em RH podem não apenas melhorar o ambiente de trabalho, mas também impulsionar o sucesso empresarial. "Mulheres no RH® – Diversidade e Inclusão" transcende a condição de uma publicação; ele representa um movimento rumo a um futuro no qual a diversidade é celebrada como fonte de força e inovação.

Em um mundo onde o diálogo sobre diversidade ganha cada vez mais espaço, abordar este tema torna-se crucial. Esta obra busca ser um farol de esperança e uma fonte de inspiração, instigando mudanças significativas e duradouras no panorama corporativo. Ela nos convida a reconhecer e valorizar cada individualidade como componente essencial para o sucesso coletivo, promovendo uma cultura de trabalho que acolhe e celebra as diferenças.

Com uma coleção de estratégias vitoriosas e momentos de aprendizado, "Mulheres no RH® – Diversidade e Inclusão" reflete o compromisso contínuo das mulheres em liderar com inclusividade e sabedoria.

Em cada capítulo, você encontrará estratégias únicas. Mergulhe nesses relatos e compartilhe a experiência enviando uma mensagem para as autoras em suas redes sociais.

Andréia Roma e Lilia Vieira

Lilia Vieira
Coordenadora convidada do livro

Andréia Roma
CEO da Editora Leader
Idealizadora e coordenadora do Selo Editorial Série Mulheres®

Sumário

Perseverança em prol da diversidade e inclusão 28
Lilia Vieira

Por que evoluir na agenda de DE&I dentro das organizações? 38
Alessandra Morrison

Programas de Formação e Aceleração de Carreira: a Fórmula para Criar Iniciativas de Diversidade, Equidade e Inclusão Bem-Sucedidas 50
Ana K. Melo

Metamorfose Organizacional, a transformação no cenário de Diversidade e Inclusão 62
Andréia Balbino

Transformação cultural para pavimentar Diversidade & Inclusão 74
Cristiane Pellicano

Impactando a Diversidade nas empresas, e focando a Inclusão..86
　Dani Verdugo

O caminho da real inclusão é pavimentado pela coerência 96
　Daniela Machado da Silva

Trilhando o caminho da inclusão: uma jornada de transformação e empoderamento 106
　Daniela Matos Faria

Criando oportunidades......................................118
　Débora Helena da Silva Pinto

Diversidade, equidade e inclusão para programa de mulheres 128
　Fernanda Burin

A multiplicidade da diversidade........................142
　Franciene Cristina da Silva

A sub-representação das pessoas com deficiência nas organizações 152
　Hellen Rosa Ferreira

Oferecendo pílulas vermelhas 164
　Lilian Turik Lapchik

Dando voz à comunidade surda e às mulheres: promovendo a diversidade e a inclusão...........174
　Maiara Andrade Nascimento Pereira

**Transformando culturas corporativas: diversidade
e inclusão como estratégia de sucesso** 184
   Maria do Carmo Vieira

**Evoluindo a cultura organizacional: caminhos
para uma empresa Diversa e Inclusiva** 194
   Marília Cordeiro Paiva Ganem Salomão

Impacto e inclusão: a evolução de DE&I no RH 206
   Marina Hóss

Um projeto que MUDOU vidas, vidas negras! 218
   Marinildes Amorim de Queiroz

**Um programa, novas perspectivas e mais
diversidade** 230
   Nathalia Sobral

**Equidade nas organizações – liderança
feminina e patrocínio masculino** 242
   Paula Pereira Cardoso

**OS 3 PODERES: Escuta, Simplicidade e
Possibilidade** 254
   Petra Carla Godoy

**Inclusão feminina, uma questão de planejamento e
sensibilidade** 262
   Regiane Herchcovitch

**A jornada da diversidade: estratégias, desafios e impactos
positivos** 274
   Silene Rodrigues

Diversidade e Inclusão nas organizações é para todes? 286
   Soraya Bahde

O grande desafio da Diversidade e Inclusão 298
   Suze Petiniunas

Brasil: um país de futuro jovem! 310
   Vivian Broge

É cor-de-rosa choque! 322
   Vivian Claus

O poder de uma MENTORIA 334
   Andréia Roma

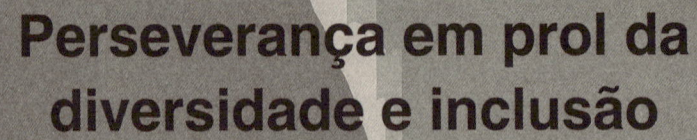

Perseverança em prol da diversidade e inclusão

Lilia Vieira

Com 30 anos em gestão de recursos humanos, comunicação e responsabilidade social, implantou e reestruturou a área de recursos humanos em startups e grandes empresas, criou programas estratégicos de gestão de pessoas, alinhados ao plano de negócios e com foco nos desafios de crescimento de organizações como Hidrovias do Brasil, Saraiva, Vivo/Telefonica, Metrored, Mauri Brasil, Amil. É graduada em Psicologia pela PUC-SP, pós-graduada em Administração de Empresas pela Faap e em Neurociência e Comportamento pela PUC-RS, além de cursos como Co-active Coaching pelo CTI Coaches Training Institute e HR Executive Suite Connection pela Harvard Business School. Atualmente, é consultora em gestão estratégica de recursos humanos, coach, mentora e Partner da THE Projects, unidade de negócio do Grupo THE.

"Conhecer e reconhecer a diversidade é um bom começo."

Ao definirmos o tema para este livro, escolhemos Diversidade e Inclusão por serem um dos maiores desafios nas empresas e, principalmente, na área de recursos humanos. Parece que, quanto mais falamos sobre o tema ou o abordamos, mais precisamos expandir a consciência, a influência e a comunicação sobre ele.

Para começar, vamos alinhar os conceitos:

- Diversidade é o que é diverso, que tem multiplicidade, que apresenta pluralidade, o que não é homogêneo.

- Inclusão significa garantir que todas as pessoas, independentemente de suas diferenças individuais, características ou origens, sejam valorizadas, respeitadas e tenham acesso igualitário a oportunidades.

- Igualdade significa ter oportunidades iguais independentemente de necessidades diferentes.

- Equidade é quando ocorre o ajuste do desequilíbrio, considerando as particularidades de cada pessoa para chegar ao mesmo resultado.

A gestão da diversidade e inclusão nas organizações tem uma complexidade com inúmeras facetas, desde o entendimento do seu significado até o compromisso com ações concretas que possibilitem o aumento da diversidade nos ambientes de trabalho.

O tema tem evoluído e passou por diversas fases ao longo da minha trajetória no mundo corporativo. Com os avanços na sociedade como um todo, na visibilidade de grupos diversos, nas mudanças culturais e interculturais, as empresas precisaram acelerar e, de certa forma, foram obrigadas a colocar foco na inclusão.

Com os dados do IBGE (Instituto Brasileiro de Geografia e Estatística) no Censo de 2022 sobre a composição da população brasileira, temos uma base para analisarmos e compararmos como estamos posicionados com relação à diversidade nos ambientes das nossas empresas. Essa informação provoca um incômodo e uma reflexão: o que nós devemos fazer para mudar o cenário atual?

O Brasil tem 203 milhões de habitantes, dos quais 45,3% são pessoas pardas, 43,5% são brancas, 10,2% são negras, 0,8% são indígenas e 0,4% são amarelas. Deste total temos 51,5% de mulheres e 48,5% de homens. Quase 9% são pessoas com deficiência.

A **primeira etapa** é o reconhecimento da diversidade, das oportunidades e a distância em que estamos de um ambiente igualitário.

Aprendi que como **segunda etapa** é preciso escutar os líderes da empresa e entender qual é a visão, percepção e posicionamento deles em relação ao tema da diversidade. Alguns executivos posicionam-se como incentivadores, mas não colocam em prática ou não tomam as decisões necessárias para gerar inclusão. Falas como "para mim são todos iguais" levam ao distanciamento do compromisso e a uma abordagem superficial que provoca uma lentidão no avanço do tema na organização.

O comprometimento dos executivos é fundamental para acelerar o aumento da representatividade. O **terceiro passo** é sensibilizá-los e engajá-los, e esse é um dos principais desafios de RH, ou seja, levar os executivos para o entendimento e reconhecimento do valor que a diversidade agrega para o ambiente interno e para os resultados dos negócios.

Como VP de recursos humanos, trabalhei em uma empresa em que a diversidade era um dos temas estratégicos, estava alinhado com a estratégia do negócio e acompanhávamos os indicadores periodicamente. A gestão dos indicadores é a melhor forma de garantir que a inclusão está evoluindo e de direcionar ações para o futuro. Utilizei também os resultados das pesquisas anuais de clima e engajamento como indicadores da percepção dos colaboradores sobre o tema diversidade e inclusão, o que nos ajudava a avaliar os resultados da comunicação interna e da repercussão das ações de inclusão.

Identificando possibilidades e criando oportunidades

Minha primeira experiência com o tema de diversidade foi a inclusão de pessoas com deficiência. A empresa tinha um compromisso legal para ser cumprido e criamos um programa do zero. O primeiro passo foi identificar o cenário interno: tínhamos poucos colaboradores com deficiência, uma resistência em contratar e uma cultura de seleção que não tinha o foco da inclusão. Criamos um programa com uma campanha de comunicação, programa de sensibilização, com ampla e transparente divulgação de resultados. Contratamos uma consultoria especializada em diversidade e inclusão que nos apoiou nos processos seletivos e no fortalecimento da cultura inclusiva.

Um desafio inicial foi a barreira física: como vamos contratar pessoas com deficiência se não temos instalações adaptadas? Decidimos que iríamos identificar os profissionais e, na sequência, faríamos as adaptações necessárias, totalmente personalizadas para cada deficiência. Assim, contratamos cadeirantes, deficientes visuais com apoio de cães de assistência, pessoas com nanismo, entre tantos outros.

Aos poucos, descobrimos que poderíamos criar as oportunidades e adaptar o nosso ambiente para acolher e, acima de tudo, gerar oportunidade de desenvolvimento profissional.

Para conseguir resultados em um programa de inclusão, a área de RH fortaleceu as parcerias internas, inicialmente com as áreas que tinham flexibilidade e abertura, atuou com influência e perseverança para superar as resistências e mudar o contexto. Criamos um grupo de profissionais de RH com a participação de diversas empresas que trocavam informações e práticas com o objetivo de acelerar o aprendizado e os resultados.

As barreiras iniciais foram sendo vencidas com aprendizado, troca de conhecimentos e determinação. O ambiente se tornou mais acolhedor e respeitoso e as pessoas desenvolveram empatia.

Muito prazer, sou a diversidade aqui

A maioria das empresas em que trabalhei contavam com um quadro majoritariamente masculino. Felizmente, a inclusão de mulheres nas corporações tem evoluído e os impactos positivos da diversidade têm sido reconhecidos na inovação, melhores decisões e nos resultados. Sinto orgulho da carreira que construí, da minha jornada profissional e do legado que venho deixando, mas ainda temos muita oportunidade para avançar a fim de termos ambientes mais equilibrados na representatividade feminina.

Segundo a pesquisa "Women in the workplace", realizada anualmente pela McKinsey & Co, desde 2015, o número de mulheres em C-Level cresceu de 17% para 28%, mas as mulheres negras continuam sub-representadas, com apenas 6% de presença. Os desafios são muitos e o papel de RH é fundamental para influenciar as decisões de contratação, promoção, desligamento, etc.

Segundo a 3ª edição da pesquisa "Análise de participação das mulheres em conselhos e diretorias das empresas de capital aberto", realizada em março de 2023 pelo IBGC (Instituto Brasileiro de Governança Corporativa), com 389 empresas, as mulheres representam 15,2% de um total de 6.160 conselheiros e diretores (em 2021 eram 12,8%).

Para acelerar o processo de inclusão de mulheres nas corporações é preciso identificar os gargalos. Muitas barreiras são invisíveis, por exemplo, os vieses inconscientes que influenciam decisões de contratação ou promoção.

O que mais me marcou ao longo da minha trajetória foi o comportamento expresso de diversas formas, principalmente nos homens, mas também em mulheres.

Uma das diretoras com quem trabalhei me questionou sobre o comportamento dos executivos com relação às mulheres e a disponibilidade delas para estender a jornada diária, impactando principalmente as que tinham filhos pequenos, pois eles eram casados com mulheres que não trabalhavam em empresas e não entendiam a realidade delas. Essa era a percepção dela e a manifestação de que ela não confiava na gestão dos executivos com relação ao respeito e justiça no tratamento das pessoas.

Segundo dados do IBGE, em 2019, as mulheres dedicavam 10,6 horas a mais do que os homens aos afazeres domésticos e/ou cuidados de pessoas. Em 2022, essa diferença era de 9,6 horas. A divisão das tarefas domésticas permanece desigual mesmo entre pessoas que exercem atividades profissionais: as mulheres dedicaram 6,8 horas a mais do que os homens às atividades domésticas e/ou cuidado de pessoas em 2022. Felizmente, esse contexto vem se modificando entre pessoas mais jovens e com mais formação acadêmica. Mas ainda é um fator que impacta de forma considerável a disponibilidade das mulheres para horas adicionais de trabalho nas empresas.

Quando avaliamos as barreiras para a ascensão feminina nas empresas, encontramos aquelas que ocorrem em situações rotineiras.

Em várias reuniões nas quais participei pude constatar que, para serem ouvidas ou terem suas opiniões respeitadas, as mulheres precisaram posicionar-se de maneira mais firme, dura ou elevando o tom de voz. Esse comportamento pode passar despercebido, mas, quando identificado e apontado, gera grandes mudanças no relacionamento entre os presentes. Os melhores momentos que presenciei foram quando as mulheres evidenciaram o que estavam percebendo e os interlocutores puderam conscientizar-se e mudar a forma de atuar. Criar um ambiente de confiança também contribui para o avanço da inclusão.

Na minha experiência, os programas continuados e abrangentes minimizaram os impactos e reduziram as barreiras estruturais relacionadas à inclusão. Continuados porque este tema tem que estar sempre presente, sendo renovado e abrangente, pois tem que envolver todas as pessoas que compõem o universo da empresa, sejam eles colaboradores contratados, prestadores de serviço, parceiros, fornecedores, investidores, entre outros. O aculturamento do ecossistema inclui o letramento das pessoas para alinhar conhecimento e ampliar a consciência sobre o tema diversidade e inclusão tem-se mostrado muito eficiente para gerar mudança de comportamento. A sensibilização por meio de palestras, *workshops*, grupos de apoio, grupos de afinidade acelera e fortalece a cultura inclusiva.

Transformar, avançar, evoluir, prosperar

A gestão de mudanças nas organizações é uma constante e o executivo de RH é um dos principais atores neste cenário, com sua capacidade de planejar, influenciar, agir em situações ambíguas, garantindo a conexão com as pessoas e a superação dos resultados.

Algumas características ou comportamentos são essenciais para tornar o ambiente mais inclusivo.

Ingressei em uma empresa que já possuía um ciclo de gestão

de performance estruturado e consolidado há uns três anos. Era baseado em competências e utilizado para todo o nível executivo e para as equipes administrativas. Precisávamos incluir todos os profissionais, abrangendo as operações em diferentes países, em idiomas diferentes, com representatividade em todas as fases do processo. Reunimos um grupo em que tínhamos pessoas de todas as áreas, alinhamos os termos nos diferentes idiomas, testamos o entendimento em todas as regiões e implementamos um novo ciclo com base em comportamentos observáveis e não mais em competências. O entendimento dos comportamentos e a simplicidade para avaliá-los possibilitou um ciclo de performance mais justo e transparente, aumentando a confiança e o sentimento de pertencer.

Se eu tivesse que escolher uma única ação que alavancou resultados no tema diversidade e inclusão na minha experiência, seria a comunicação.

- Comunicar para educar as pessoas, para sensibilizar, para trocar experiências, percepções e gerar empatia.
- Comunicar para dar visibilidade ao que está sendo feito, aos avanços, para fortalecer a cultura inclusiva e inspirar as pessoas.
- Comunicar para atrair, desenvolver, reter e engajar.
- Comunicar para reconhecer e celebrar.
- Comunicar para gerar credibilidade, para dar consistência e para evoluir.
- Comunicar para sermos melhores sempre.

Mulheres diversas que nos inspiram

Cada capítulo deste livro foi escrito por mulheres que, em suas posições executivas nas organizações, criaram, implementaram e geraram resultados para o aumento da diversidade e inclusão.

A experiência delas contribui expressivamente para as mudanças que constatamos hoje no mundo corporativo. Elas foram determinadas, corajosas e resilientes na gestão deste tema.

Agradeço a cada uma por ter aceitado compartilhar e perpetuar suas experiências neste livro e espero que possam inspirar muitas profissionais a continuarem nesta jornada.

Por que evoluir na agenda de DE&I dentro das organizações?

Alessandra Morrison

Conta com mais de 25 anos de experiência em recursos humanos, sustentabilidade e comunicação em bens de consumo, serviços financeiros e varejo, nos EUA, UK, França, Brasil e Canadá. Ao longo de sua trajetória, liderando transformações organizacionais, agendas de diversidade, liderança e cultura, se consolidou como uma executiva que contribui com estratégia de negócios e inovação, atuando em parceria com comitês executivos e CEOs.

Atualmente é líder do Comitê de Pessoas do Sistema B Brasil, e conselheira pelo Fundo Patrimonial e no Conselho Curador da FEA-USP, atua como *coach* executiva pela ExCo Group e como consultora pela Hyper Island.

É formada em Administração de Empresas pela FEA-USP, tem um MBA pela HEC-Paris e é certificada como *coach* pelo Insead e pelo Integral Coaching Canada.

Diversidade.
Diversidade e Inclusão.
Diversidade, Equidade e Inclusão.
Diversidade, Equidade, Inclusão e Pertencimento.

Assim como o nome, o entendimento sobre diversidade vem-se aprofundando no contexto organizacional e na nossa sociedade. Garantir representatividade e dar voz a grupos minorizados[1] contribui para causas sociais, para a evolução histórica de nossa civilização, inovação, sociedade e negócios.

As pesquisas das grandes consultorias globais confirmam o impacto de DE&I nas organizações. Segundo a McKinsey (2020), empresas no quartil superior para diversidade étnica e cultural nas equipes executivas têm 36% mais chances de superar seus pares em lucratividade e organizações no quartil superior para diversidade de gênero na liderança executiva são 25% mais propensas a ter uma lucratividade acima da média.

Segundo o Boston Consulting Group (2018), empresas com equipes de liderança diversificadas têm 19% mais receita derivada da inovação. No Estudo da Deloitte (2018), as empresas com culturas inclusivas têm seis vezes mais chances de serem inovadoras e ágeis e organizações com alta diversidade e inclusão são oito vezes mais propensas a alcançar melhores resultados de negócios.

---

[1] Minorizados: maioria na população e minoria nas empresas.

Se os temas humanos que impactam as organizações estão na pauta da área de gestão de pessoas, o que estamos escolhendo fazer por eles?

O Brasil possui uma população negra de 56%, sendo 8% na liderança, 51,5% de mulheres, sendo 38% na liderança, 23,9% de PcD sendo 5% na liderança, 10% de LGBTQIA+, sendo 8% na liderança e uma população de 50+ de idade de 26% com dificuldades em se recolocar no mercado de trabalho. Estes números nos fazem crer que algo está errado na demografia atual das organizações.. Por anos acreditamos em "desculpas verdadeiras": "não há talentos diversos disponíveis", "as mulheres não estão interessadas em crescer", "vamos ter que abrir mão de requisitos para contratar talentos diversos", "temos que contratar pela competência", etc. Fomos inconscientes desta necessidade de mudança e dá trabalho mudar.

Em 2019, ao frequentar a conferência Catalyst em Nova York, EUA, em que empresas que lutam por equidade de gênero se juntaram para fomentar a troca de experiências e promover equidade, o Chief Technology Officer (CTO) da Target mencionava que quando entrou na posição com a agenda de buscar mais representatividade em tecnologia ouviu que não havia mulheres suficientes formadas na área. Ele buscou dados nacionais da formação de mulheres em tecnologia e, se não me engano, naquele ano eram 20 mil mulheres e colocou o desafio: "Eu quero 200 destas mulheres se somando à nossa empresa". Com a liderança comprometida e ações afirmativas, a agenda avança.

Não basta, porém, trazer pessoas diversas se a organização não desenvolve sua cultura e ações para além do processo de atração. Cultura, planejamento sucessório, desenvolvimento, governança, treinamento, políticas de benefícios e gestão precisam incorporar a lente transversal de DE&I para que não haja rotatividade das pessoas contratadas e elas possam, ao terem espaço de serem elas mesmas, desempenhar alinhadas ao seu potencial. A inclusão está relacionada à criação de ambientes onde a segurança psicológica está presente.

O termo segurança psicológica popularizado nos livros de Amy Edmondson, "A Organização sem Medo", e de Timothy Clark, "Os quatro estágios da segurança psicológica", relatam caminhos (inclusão, aprendizado, contribuição e desafio) para que as pessoas possam estar em seu melhor.

A minha experiência mais relevante em DE&I, um *case* em uma organização de consumo massivo

Deixei a minha posição em uma empresa de Consumo, onde estive por quatro anos liderando a área de Gestão de Pessoas e Organização com 45% de mulheres em liderança (a organização possuía 30% de mulheres no total), 12% de negros na liderança (a organização tinha 34% no total), 5% de pessoas com deficiência e um programa desenvolvido, com *accountability* do Comitê Executivo, para continuar avançando.

Eu estava com meu marido em um show dos Tribalistas no Allianz e, observando ao meu redor, pensei: toda esta diversidade que vejo aqui: raça, orientação sexual, idade, etc., não está na minha organização, não damos oportunidade ou não somos atrativos para algumas pessoas?

Diversidade fazia parte da nossa estratégia como um facilitador de inovação. Havíamos definido uma necessidade de evolução cultural que apoiaria a transformação de negócios que tínhamos planejado: uma organização mais horizontal e colaborativa, mais diversa, mais inovadora e ainda mais focada no consumidor. Crescemos dois dígitos e dobramos a nossa lucratividade com nossos planos de negócio e a evolução cultural a que nos propusemos.

Começamos por um diagnóstico de cultura, entendemos de onde viemos, quais narrativas estavam presentes na organização, quais os valores percebidos e o que precisaríamos avançar. Nosso principal ponto cego era a diversidade. Como tínhamos representatividade, nos achávamos diversos, no entanto, foi aprofundando o diálogo, olhando os dados e dando voz aos nossos diversos grupos que nos demos conta que não éramos inclusivos o suficiente.

Notei que quando eu chegava do fim de semana e contava sobre o que fiz com meu marido e filhos, eu não via os mesmos relatos vindos dos nossos colaboradores LGBTQIA+, eles não se sentiam confortáveis em dividir sobre suas vidas pessoais. Ainda sobre este público: tínhamos uma série de benefícios como a inclusão de companheiros(as) no plano de saúde, mas alguns não se sentiam confortáveis de acessar este benefício por receio de preconceito. Nossos profissionais PcD não estavam na liderança e nossos colaboradores negros estavam sub-representados na liderança. Mesmo em representatividade de gênero feminino, ainda com oportunidade nas áreas comerciais e de operações.

Nos grupos focais que fizemos, identificamos crenças limitantes nas mulheres, por exemplo, ao crescer na carreira, "tenho que abrir mão da minha família" ou "tem muita política envolvida, e não sei operar neste espaço", "tem muita viagem", etc. Muitas destas objeções relacionadas às posições que curiosamente não são trazidas pelos homens.

Atuamos em várias frentes, a primeira, Governança, organizamos cinco grupos para discutir o recorte do tema com profundidade: Raça, Gênero, PcD, LGBTQIA+, Diversidade Etária. Cada um destes grupos com um líder do negócio e um patrocinador do comitê executivo. A Área de Gestão de Pessoas atuou como uma articuladora deste movimento. A primeira etapa era promover o letramento do grupo que tinha como objetivo propor planos e ações ao Comitê Executivo para que avançássemos em DE&I de uma forma integrada. Formamos o Comitê de Diversidade com os líderes das frentes e o Comitê Executivo, liderado por RH com o objetivo de discutir planos, monitorar avanços e realizar boas reflexões.

A participação e o apoio da liderança foram e são fundamentais para avançar na agenda de DE&I, dando exemplo e posicionando o tema como um tema da organização e não apenas da área de RH.

Quanto aos planos, focamos em ter metas a serem cumpridas de representatividade geral e em posições de liderança e itens específicos dentro das nossas pesquisas de clima. Avançamos nos recortes por área e cada diretor passou a ter uma meta para com foco no local em que precisava avançar mais.

Outra frente foi a avaliação de nossas políticas e garantir que eram atrativas para os nossos públicos: o trabalho híbrido que já tínhamos antes da pandemia, com *home office* duas vezes por semana, viabilizava atrair mulheres e profissionais da periferia, dando mais condições para o equilíbrio de papéis. Implementamos a extensão da licença-maternidade e paternidade para mães e pais de filhos prematuros e a política de viagens para mães que amamentam, viabilizando que trouxessem uma acompanhante que possa cuidar do filho, não interrompendo a amamentação até um ano de idade. Divulgamos melhor nossas políticas destinadas a casais homoafetivos.

Uma objeção frequente no tema de diversidade é: "não tem candidatos qualificados diversos", para lidar com esta objeção, focamos em duas estratégias, a primeira formar um *pipeline* de talentos diversos em posições de entrada e, para tal, fizemos uma parceria com o Instituto Bold, que nos apoiou no preparo e seleção de estagiários que vieram de contextos vulneráveis. Outra ação em atração foi considerar planos sucessórios e de movimentações e proativamente buscar líderes negros e mulheres que foram sendo entrevistados e avaliados para serem possibilidades quando as oportunidades surgissem. Foi desta forma que aumentamos a participação de mulheres nas áreas de operações e comercial, realizando uma seleção intencional.

Paralelamente, uma <u>frente de letramento</u> trouxe repertório, mais tarde materializado em uma cartilha de Diversidade que esclarecia dúvidas, dava contexto, compartilhava visões e ajudava a organização a se sensibilizar para o tema. O avanço dependia de todos. Incluímos no calendário organizacional a Semana da Diversidade em que palestras, painéis de debates, atividades reflexivas apoiavam o avanço da consciência e o letramento. Ao longo do ano, cada pilar tinha seu mês de sensibilização, trazendo iniciativas que promoviam o aprendizado e a reflexão. Uma das que mais me marcou foi a de ouvir relato dos nossos profissionais negros sobre como se sentiam, seus desafios, narrativas que ouviram durante suas vidas e como usavam sua experiência e sucesso para oferecer uma realidade melhor aos que viriam depois.

Outra frente em que atuamos foi a de <u>remuneração</u>, garantindo equidade nos salários entre profissionais do mesmo gênero para a mesma função. Tenho orgulho em mencionar que não tínhamos esta diferença.

Assim, avançar nesta agenda é uma jornada intensa, coletiva e consciente em que o tema precisa ser concebido concretamente com planos, dados e metas, mas executado apaixonadamente como uma causa que impacta as pessoas, os negócios e a sociedade.

Enquanto já havíamos avançado nesta agenda no Brasil, os EUA viviam George Floyd e nossos esforços foram alavancados a um direcionamento global, em que novos letramentos se somaram aos nossos e uma forma muito interessante com que o fizeram foi compartilhar histórias de discriminação vividas pelos membros do comitê executivo global, com suas reflexões, ações e aprendizados, saindo do campo burocrático e criando intencionalidade e conexão.

O desenvolvimento da minha consciência em DE&I através das minhas experiências pessoais

Minha primeira reflexão sobre diversidade foi quando me mudei para São Paulo para fazer faculdade na USP. Saí da minha referência de família mineira, católica, numerosa para um universo plural, com diversas referências artísticas, fiz amigos de várias partes do Brasil e comecei a ampliar meu círculo de amigos. Pessoas que tiveram outras origens, outras religiões e haviam gozado de uma outra trajetória de vida e nos uníamos ali, naquele espaço, na expectativa de ganhar uma profissão, e de realizar uma contribuição para este mundo. Uma das minhas reflexões neste processo é que ao incluir novas visões nos distanciamos da nossa origem, o que não significa renunciar a ela, mas contextualizá-la em uma visão de mundo ampliada.

A minha segunda reflexão sobre diversidade foi também na escola, durante a minha experiência no MBA na França. Éramos 127 estudantes de 40 nacionalidades. Nesta ocasião, em diversos trabalhos em grupo, fui aprendendo sobre como a minha cultura brasileira, relacional, determinava um caminho de trabalho e tomada de decisão que não era necessariamente o de outras nacionalidades, mais objetivas e orientadas à tarefa. Fui entendendo que as minhas "verdades" eram apenas percepções alimentadas pelas minhas vivências e experiências e que havia muitas outras a considerar e aprender.

Minha terceira experiência com DE&I foi quando trabalhei nos EUA em uma multinacional e na minha admissão fui classificada como latina, uma identidade com a qual até aquele momento eu não me reconhecia e foi muito estranho receber uma classificação que me foi dada por alguém, nunca aprendida ou discutida na minha família e que vinha carregada de significados estereotipados. Revisitando este momento, me conectei ao TED Talk de Chimamanda Adiche, "The Danger of a Single Story" ("O perigo de uma história única" – tradução livre) em que relata os estereótipos que criamos e recebemos com base no que vemos e ouvimos.

No artigo "Uma abordagem conceitual das noções de raça, racismo, identidade e etnia", do *Prof. Dr. Kabengele Munanga (USP), ele menciona:*

> *"Alguns biólogos antirracistas chegaram até a sugerir que o conceito de raça fosse banido dos dicionários e dos textos científicos. No entanto, o conceito persiste tanto no uso popular como em trabalhos e estudos produzidos na área das ciências sociais. Estes, embora concordem com as conclusões da atual Biologia Humana sobre a inexistência científica da raça e a inoperacionalidade do próprio conceito, eles justificam o uso do conceito como realidade social e política, considerando a raça como uma construção sociológica e uma categoria social de dominação e de exclusão."*

De volta ao Brasil, foi com a lei de cotas para deficientes (Lei nº 8.213/91) que tive a minha primeira experiência organizacional com Diversidade. Embora a lei tenha sido promulgada em 1991 no Brasil, apenas em meados dos anos 2000 ela passou de fato a ser cumprida pelas organizações motivadas pela fiscalização. Com a demanda de 5% de colaboradores com deficiência para empresas com mais de 100 profissionais, empresas e sociedade começaram a organizar um ecossistema que incluía conectar candidatos às empresas, letrar colaboradores para receber e incluir profissionais com deficiência. Naquele momento, não sabíamos por onde começar. Aprovamos vagas adicionais, contratamos uma coordenadora de seleção que era PcD para nos apoiar a acessar este *pool* de talentos, fizemos parceria com a Universidade Santanna para desenvolver talentos e mergulhamos no tema através de uma sensibilização extensa na organização, para que pudéssemos saber como lidar com o tema. Eu tinha perguntas básicas que vinham dos meus vieses. Aprender a reconhecê-los ao longo da vida tem sido fundamental para patrocinar e articular este tema.

Recentemente, como líder do Comitê de Pessoas, Cultura e Governança de uma organização de impacto, estamos evoluindo a pauta de DE&I, através da evolução cultural, liderança inclusiva e ações afirmativas. Temos um Conselho que tem a copresidência compartilhada entre um homem e uma mulher, uma liderança executiva compartilhada entre uma mulher preta, uma mulher branca e um homem preto, um Conselho com 45% de mulheres e 30% de negros. É possível quando há intenção.

Depois dessas experiências, DE&I não saiu mais da minha pauta e felizmente cada vez mais vejo empresas entendendo os impactos de incluir esta lente na cultura organizacional, assim atraindo mais talentos diversos que contribuem para organizações com climas mais saudáveis, acesso a um grupo maior de talentos e desempenhando de forma superior.

Como qualquer evolução organizacional, este tema não pode ser ancorado em iniciativas desconexas, precisa estar alinhado à estratégia da organização, evoluído como um pilar da cultura organizacional, ser prioridade para a liderança e permear todos os subsistemas de gestão de pessoas: atração, seleção, desenvolvimento, gestão de performance, remuneração, sucessão e engajamento organizacional. Desta forma, DE&I fará parte do DNA das organizações e espero que esteja tão inserido na forma de fazer gestão que não precisemos mais de ações afirmativas, pois será um valor a ser cultivado pelas organizações e suas pessoas. Depende de todos nós.

Programas de Formação e Aceleração de Carreira: a Fórmula para Criar Iniciativas de Diversidade, Equidade e Inclusão Bem-Sucedidas

Ana K. Melo

É executiva de recursos humanos, especialista em cultura e DE&I, palestrante, TedX Speaker, nas redes sociais aborda suas vivências como mulher negra e com deficiência para mais de 40 mil seguidores. Formada em marketing, iniciou a carreira como voluntária de uma ONG do seu bairro na região periférica da Grande São Paulo, atuou nas secretarias da mulher, de comunicação e ações sociais de Barueri, foi sócia da XP Inc., onde liderou as áreas de cultura e DE&I; atualmente atua como HRBP em uma multinacional.

Em 17 anos de carreira, dos quais oito atuando na área de recursos humanos, posso afirmar que programas de formação profissional são fundamentais para estratégias corporativas de DE&I bem-sucedidas. Pessoalmente fui impactada por um dos mais conhecidos e antigos, o programa de aprendizagem ou "jovem aprendiz". Aos 15 anos iniciei minha jornada profissional como aprendiz, algo que me marcou profundamente e até hoje produz frutos na minha jornada profissional. Lembro-me de que uma das aulas foi como usar o transporte público de São Paulo, o que pode soar estranho, no entanto, como parte do meu trabalho era me deslocar pela cidade para entregar documentos, então, não saber como otimizar meu tempo poderia ocasionar atrasos e falhas. Essa experiência faz com que hoje em dia ao idealizar um programa eu pense: "O que não é óbvio, mas é fundamental para uma jornada de formação?"

A falta de educação de qualidade é uma das principais razões para a desigualdade social no nosso país. Por essa razão, considero que as áreas de DE&I das empresas devem extrapolar as dimensões de atrair, contratar e letrar. Devemos prover soluções para sanar o dilema da oferta e demanda tendo inclusão social como premissa.

Esta é a estrutura básica de um programa:

- Formação global: com a expertise de uma instituição de ensino, oferecer a grade curricular básica para a profissão que o curso pretende formar;

- Formação técnica: oferecer os conhecimentos específicos do negócio da sua empresa;

- Desenvolvimento contínuo: planos de desenvolvimento específicos para oportunidades mapeadas após o ingresso na empresa;

- Empregabilidade: definir um percentual das pessoas formadas que devem ser contratadas, criar rede de indicações das pessoas formadas.

E para desenvolvê-lo trago aqui um conjunto de dicas e estratégias imediatamente acionáveis para criar programas escaláveis, conectados ao negócio e com diversidade no centro.

Conhecer + Estruturar + Implementar + Sustentar

Com base na minha experiência com cinco programas como esse, considero que essa fórmula pode ser replicada em qualquer organização que deseja atingir resultados no pilar de diversidade, equidade e inclusão.

Conhecer

O diagnóstico é possivelmente a etapa mais importante de qualquer projeto, seja de diversidade ou não, quando se trata dessa temática, você deve atentar minimamente aos pontos abaixo para criar programas que mexem o ponteiro.

Conheça o Brasil

Durante minhas palestras sobre diversidade costumo dizer a seguinte frase: "O que eu sei de Brasil, a Universidade de Harvard não ensina". Digo isso por ser uma mulher negra com deficiência, criada na periferia da Grande São Paulo, estudei em escolas públicas, trabalhei para custear a universidade, faço parte da primeira geração da minha família a se formar no ensino superior. Trago essa como primeira dica, pois já assisti a pessoas bem-intencionadas criarem iniciativas para promover inclusão e fracassarem por se esquecerem de quem querem incluir.

Ouse sair da frente do computador, deixar um pouco de lado as pesquisas da McKinsey sobre diversidade e conhecer o Brasil que você quer mudar. Isso também ajudará você a não cair na armadilha de tentar salvar as pessoas, inclusão não é sobre isso. Saia do arranha-céu espelhado ou do seu *home office* confortável e vá visitar faculdades populares, conhecer os desafios das pessoas que estão conquistando a formação superior após os 30 anos, entender que conversas cotidianas no mundo corporativo sobre a conta de um restaurante caro podem ser assustadoras para jovens de 18 anos que levam a própria refeição. E, principalmente, admitir que você não pode criar a solução para necessidades que você desconhece.

Conheça o negócio

Quando começamos a trabalhar com DE&I, a consciência sobre quanto precisa ser feito para corrigir, diminuir desigualdades e injustiças sociais faz com que essa temática se torne nossa prioridade e com isso nosso foco nos desafios do negócio diminui. Afinal, o que poderia ser mais importante do que "mudar o mundo"?

Bom, para mudar o mundo, precisamos de investimento, infraestrutura e de uma série de coisas que as organizações das quais fazemos parte podem nos dar acesso.

Você deve ser, antes de tudo, uma provedora de soluções para dores do negócio, assim, terá a confiança das pessoas tomadoras de decisão para desenvolver as que tenham diversidade e inclusão como premissa.

Conheça o mercado

Quantas vezes você escutou ou leu a pergunta: "Qual problema sua ideia resolve?". Eu não consigo nem contar, por essa razão, absorvi a questão como parte do meu processo de criação de iniciativas. Após aplicar o passo anterior, olhe imediatamente para fora da sua empresa, encontre dores e desafios comuns aos concorrentes e ao ecossistema da categoria de negócio em que a organização está inserida, desse modo você amplia as chances de sucesso da iniciativa, entregando uma solução que promove inclusão para além das portas da sua empresa. Em 2021, para desenvolver o programa "Vem transformar", que formava e certificava pessoas negras para a profissão de assessoria de investimentos, identificamos que a demanda era expressiva tanto para a corretora, quanto para os escritórios afiliados, mas, além do nosso ecossistema, o mercado financeiro passava por um momento de investir no aumento da representatividade racial. Em duas edições formamos 200 pessoas e 40% delas foram contratadas, o programa teve um impacto muito além desses números, influenciando outras grandes empresas a replicarem as premissas para criar iniciativas semelhantes.

Conheça as pessoas

Aqui está um mapa para você montar um organograma da diversidade; considero essa uma das minhas estratégias mais poderosas e eficazes. É comum que as áreas de DE&I foquem grupos de afinidade e lideranças, convido você a ampliar a lente:

- **Pessoas que são naturalmente promotoras da agenda:** aquelas que buscam proativamente se envolver nas iniciativas. Essas pessoas serão fundamentais para aumentar sua capacidade execução.

- **Pessoas que são tomadoras de decisão:** todas as iniciativas precisam de investimento e vozes na sala. Por isso, é extremamente importante que você tenha ao menos três pessoas da alta liderança tomadoras de decisão alinhadas com sua estratégia.

- **Pessoas que fazem a empresa rodar:** toda empresa tem

aquelas pessoas que conhecem todo mundo, sabem todos os acessos a sistemas, códigos, nomes, cargos, histórico. Você precisa delas para encurtar o caminho na execução das iniciativas.

- **Pessoas detratoras:** grave isso, é mais fácil converter um neutro em promotor, do que um detrator em neutro. Você deve mapear quem são as pessoas que não acreditam que as empresas devem investir em diversidade; após mapeá-las sua tendência será tentar convencê-las, não gaste energia com isso. Sua estratégia deve ser evitar a fricção e construir *cases* de sucesso. Evite, por exemplo, colocar vagas afirmativas nas áreas que elas lideram, isso será negativo para seus projetos, para a pessoa contratada e para essa liderança.

- **Pessoas neutras:** essas são aquelas que ainda não despertaram a consciência sobre a temática de diversidade e o papel dos indivíduos, mas também não desacreditam da agenda. É nelas que você deve investir tempo e energia, criando uma jornada de conscientização e letramento para que se tornem a força motriz de uma cultura inclusiva.

- **Pessoas que devem ter DE&I no escopo:** para além de recursos humanos e ESG, as áreas de relações públicas, marketing, jurídico, comunicação interna devem ter esse pilar como premissa, mapeie quem são as pessoas dessas áreas que serão embaixadoras da agenda. Após mapear, prepare essas pessoas, forneça conhecimento, instrumentos e conhecimentos para que elas possam exercer seus papéis com excelência.

Escolha um problema

O Brasil é um país de dimensões continentais, portanto, os desafios aqui são todos na mesma proporção. Lembre-se da dica número dois, você deve conhecer o negócio da empresa de que faz parte, com isso conseguirá avaliar em qual território é possível maximizar o impacto social e o negócio.

Por exemplo, quando estava na corretora de valores, um dos programas que criei foi um curso de educação financeira para força de trabalho terceirizada, como seguranças, recepcionistas, profissionais da limpeza. Aquelas pessoas que podem ser invisíveis aos olhos dos talentos da companhia estavam ali todos os dias, num espaço que tinha como propósito democratizar o acesso ao mundo dos investimentos, mas não tinham acesso a isso.

Então, consegui unir engajamento das pessoas colaboradoras, conexão com o propósito da empresa, acesso ao conhecimento, inclusão social e pertencimento. Na ocasião, eu era analista júnior, com escopo de comunicação interna, não tinha nenhum elemento no meu escopo que justificasse apresentar a iniciativa. O diferencial para conseguir tirar a iniciativa do papel foi o relacionamento que construí e o conhecimento do negócio. É claro que as 50 contas que abrimos nas sessões de treinamento não moveram os indicadores de resultado da empresa. A lição aqui é: quanto mais próximo do *core business*, mais chances de conquistar pessoas aliadas e aprovação. Imagine se eu apresentasse uma iniciativa para melhorar a autoestima desse mesmo público, algo que considero igualmente válido e com impactos positivos. No entanto, para a corretora não faria sentido, provavelmente eu seria aconselhada a engavetar e focar o meu escopo original.

Então, lembre-se: é possível resolver muitos problemas, mas não todos ao mesmo tempo com a mesma solução.

Estruturar

Se você tiver seguido todos os passos da primeira etapa, a fase de estruturação será muito mais fácil, caso contrário, volte e releia.

Nessa fase você deve colocar a ideia no papel, de forma compreensível e encantadora. A estruturação segue as etapas: *desenvolvimento, pitch e feedback*.

Desenvolvimento

Tendo o problema definido e solução inicial pensada é hora de montar o seu time de projeto, idealmente um time multidisciplinar com representantes de todos os subsistemas de RH, pessoas de dentro e de fora da sua empresa que representem o público-alvo. Não deixe de envolver as pessoas que já estão na sua organização no processo, é um erro comum contratar consultorias de diversidade compostas por times poucos diversos, para responder perguntas que alguém que faz parte da equipe teria respondido por *chat*.

Pitch

O roteiro abaixo ajuda você nessa construção. Lembre-se de que a atenção das lideranças de negócio é dividida entre muitos assuntos, construa um material objetivo.

1. Qual a oportunidade, desafio ou problema?
2. Qual a solução proposta e o público-alvo da iniciativa?
3. Qual o investimento necessário?
4. Como se conecta com o *core business* da sua empresa?
5. Como contribui para os objetivos de diversidade no curto, médio e longo prazo?

Feedback

Após uma rodada de *pitch* para as pessoas chave, colete todos os *feedbacks* e perguntas feitas para fazer os ajustes necessários antes da fase de implementação.

Implementar

A fase de implementação é sempre uma caixa de surpresas. Em 2019, quando lancei o programa de estágio para pessoas com deficiência, a principal premissa era a longa permanência desse grupo em posições de analista, por terem pulado a fase de desenvolvimento que a etapa do estágio proporciona, devido ao incentivo da lei de cotas, eu estava confiante.

Porém, o estágio se demonstrou pouco atrativo justamente pela premissa adotada, as pessoas tinham a expectativa de receber uma oferta para posições CLT por estarem acostumadas com a lei de cotas. Nesse momento, ter uma porta-voz do grupo liderando uma conversa sobre quebra de padrões do mercado fez muita diferença; eu, sendo uma pessoa com deficiência, puxei um movimento nas redes sociais convidando pessoas com deficiência a refletiram sobre suas carreiras com a *hashtag* #maisqueumnúmero; em uma semana, recebemos 600 inscrições, o maior número para esse público-alvo até ali. Mas, se não fosse eu, seria fundamental ter outra PcD para mediar a conversa e direcionar o ajuste de rota.

Atrair não é tão simples quanto parece, não é por causa dos altos índices de desemprego do país que seu programa terá recordes de aplicação. É necessário ter estratégia para chegar aonde não sabem nem o nome da sua empresa, em que a possibilidade de uma carreira corporativa é muito remota. Minha recomendação é definir embaixadores que levarão a mensagem por você, *influencers*, pessoas colaboradoras, lideranças, etc.

Sustentar

Pense nesses programas como um produto, se você chega com sucesso até a fase "implementar" e não avança para o sustentar, é como aqueles produtos que fazem um lançamento incrível, mas somem das prateleiras meses depois. Não cometa esse erro.

Onboarding: receber e integrar as pessoas participantes do seu programa. Receba com um encantamento através da cultura organizacional. Integre fornecendo todas as informações, ferramentas, acessos que serão necessários para a jornada na empresa, até as coisas mais simples como "onde fica a copa?".

Desenvolvimento contínuo: é comum identificar uma exigência de alta performance por parte das lideranças, já que as pessoas receberam uma formação prévia. O plano de desenvolvimento deve ser específico para as necessidades mapeadas após a contratação.

Rede de apoio: prepare os times que receberão as pessoas formadas pelo programa com uma jornada de letramento. Defina a rede de apoio para esse grupo, com encontros mensais entre os participantes, indicação de mentores, conversas regulares com HR Business Partner e com a área de diversidade.

Na prática

Não existe mágica, sem muita dedicação, erros e acertos não é possível mudar uma empresa ou uma vida. Desejo que essas estratégias e dicas sejam acionáveis na sua realidade e tenham inspirado você a tirar iniciativas transformadoras do papel. Diferente das fórmulas matemáticas, não tenho a ambição de chegar em um resultado exato com essa, na realidade meu sonho é que ela se torne um fator de multiplicação para jornadas transformadoras.

Agradecimentos

À minha vó, Ana, que me criou e preparou para ser a mulher que venho me tornando. À minha mãe, por ter ampliado a lente pela qual eu e outras milhares de crianças víamos o mundo, através da sua ONG. À minha irmã caçula, Ana Julia, por me inspirar a continuar a jornada abrindo portas para as próximas gerações. A Lucas Aguiar, sua liderança me ensinou a transformar sonhos em projetos estruturados e mensuráveis. À Marta Pinheiro, líder que me mostrou como usar minhas fortalezas para alcançar feitos inéditos e resultados transformadores. Aos times brilhantes que atuaram comigo no desenvolvimento de cada um dos programas mencionados. À Marina Hóss, por me indicar para fazer parte deste projeto. E à Editora Leader, por amplificar vozes de mulheres que estão fazendo a diferença individualmente para promover avanços coletivos.

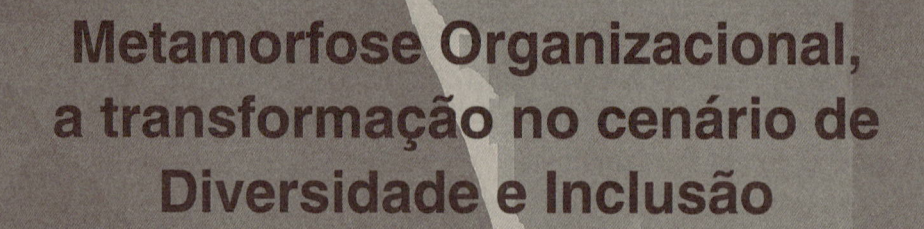

Metamorfose Organizacional, a transformação no cenário de Diversidade e Inclusão

Andréia Balbino

Executiva de Recursos Humanos com mais de 25 anos de experiência em empresas multinacionais como Siemens, ABB – Asea Brown Boveri, Alstom e Unilever. Pensamento estratégico, especialista em desenvolvimento organizacional. Formada em Recursos Humanos, MBA em Gestão de Negócios, *coach* certificada e mentora. Eterna aprendiz, gestora *open-minded* de visão local e global. Engajada em promover a sororidade e a igualdade de gênero, participação ativa em programas que promovam e apoiem mulheres. Casada e mãe, também uma entusiasta de viagens ao redor do mundo, culinária e conexões humanas.

> *"Não devemos ter medo de confrontar a diversidade dentro de nós mesmos. À medida que aprendemos a amar a nós mesmos, abrimos a porta para amar os outros também."* Bell Hooks (pseudônimo de Gloria Jean Watkins)

Ser convidada para este projeto foi uma honra, ao mesmo tempo que me deixou com frio na barriga, afinal deixar uma mensagem que pudesse trazer reflexões e inspirações é uma missão que carrega consigo muita responsabilidade.

Por outro lado, uma responsabilidade "doce", pois compartilhar histórias e reflexões da própria jornada como mulher pode criar espaços de representatividade e encorajamento, ampliando a voz feminina de uma maneira genuína e livre neste espaço tão valioso de diversidade.

Com a certeza de não ter todas as respostas, mas ter e oferecer a chance de criar novas perguntas, embarquei com alegria nessa oportunidade.

Tudo começa nos valores

Não há verdades absolutas, nem certezas incontestáveis, somos seres únicos que interagem, sentem e criam "seu próprio mundo" de acordo com sua história e ajustes de suas "câmeras", seu próprio olhar.

São vários mundos dentro de um único, e como ajustar a lente para preservar o bem comum, seus próprios interesses e espaços igualitários?

Os valores de vida são fundamentais, refletindo nossas prioridades e influenciando nossas escolhas e decisões. São bússolas internas que orientam o que consideramos ético, significativo e gratificante. Viver de acordo com esses valores traz autenticidade e propósito, fortalecendo a base para enfrentar desafios e alcançar metas.

Caminhada profissional

Desde muito jovem, mergulhei no mundo do trabalho, após algumas experiências, iniciei uma oportunidade incrível em uma corporação global.

A partir daí minha trajetória desenhou-se em empresas multinacionais que me proporcionaram excelentes desafios e aprendizados, que, por sua vez, estavam alinhados com minha incessante vontade de aprender e de fazer a diferença.

Percorri todos os subsistemas de Recursos Humanos e, por uma feliz coincidência do destino, sempre estive envolvida em projetos de grande impacto (dentro e fora do Brasil), com foco em "pessoas". Essas experiências, digo, grandes aventuras, foram moldando minha trajetória de vida e de profissão, levando-me até a posições de liderança na área de Recursos Humanos, e grande realização pessoal.

Caleidoscópio da Humanidade

"Como" lidar com pessoas e suas infindáveis diferenças?

Autoconhecimento e respeito à diversidade são fundamentais e trazem grandes oportunidades. Contudo, nem todos apreciam diversidade e inovação, e os resultados nem sempre correspondem aos projetos idealizados.

O desafio real sempre está centrado nas pessoas, sendo crucial harmonizar no mundo corporativo o bem-estar pessoal e empresarial. Persistência, resiliência, escuta ativa, flexibilidade e tomada de risco, junto ao propósito e alegria na jornada, são essenciais para equilibrar mares revoltos.

Integrar pensamentos diversos de histórias e valores distintos é uma missão fascinante e desafiadora. Essa dinâmica ensina valiosas lições sobre a complexidade humana e a beleza de unir diferenças rumo a um propósito comum.

Expansão da consciência, eterno aprendiz

Expandir a consciência e adotar um aprendizado contínuo transformam nossa interação com o mundo e conosco mesmos, exigindo aceitar vulnerabilidades.

Nossa forma de pensar molda nossas ações e influencia os outros, base das conexões humanas. Lidar com diferenças e novidades não é apenas desejável, mas essencial.

E, nessa jornada de autoconhecimento, chegaram os filhos, adicionando desafios e revelando a plenitude, o amor incondicional e a doação, expandindo meu universo. Ser mãe, na missão de "aprender junto" na formação de outro ser humano, respeitando suas vontades e escolhas, me trouxe a real noção de singularidade e igualdade.

Abertura para o novo, conectado ao mundo

O ESG é uma sigla que representa três áreas principais de consideração: Ambiental (*Enviromental*), Social (*Social*), Governança (*Governance*).

Juntas, essas três dimensões são usadas por investidores, empresas e outras partes interessadas para avaliar o desempenho e o impacto de uma empresa em termos não apenas financeiros, mas também ambientais e sociais. Pilar estratégico de qualquer empresa.

É impossível discutir ESG sem reconhecer a natureza coletiva da vida, em que uma interdependência significativa se faz presente, logo a necessidade de criar ambientes de oportunidades genuínas às minorias *torna-se VITAL*.

Acreditar na diferença como um motor fundamental é base para projetos de diversidade e inclusão. Requer sensibilidade para lidar com as questões de inabilidades e vulnerabilidades inerentes ao tema.

Abraçar o novo significa transcender o pensamento linear para adotar uma abordagem complexa, que não só encara as interconexões e turbulências, mas também fomenta a inovação e a coragem necessárias para lidar com as diversidades. Esse enfoque ampliado considera múltiplas variáveis, promovendo projetos adaptativos, inclusivos e eficazes[1].

Recursos Humanos & Diversidade de Inclusão

É fundamental que os profissionais de recursos humanos tenham clareza de propósito e estejam "empoderados de suas convicções", só assim poderão explorar novas possibilidades e encarar a incerteza como uma janela para diversidade e crescimento.

Os chamados "programas de diversidade e inclusão" são uma JORNADA de TRANSFORMAÇÃO.

Esse caminho é desafiador, e frequentemente não traz grandes reconhecimentos; envolve riscos significativos, demanda grande influência, formação de alianças estratégicas e alta capacidade de lidar com frustrações.

Adotar essa abordagem eleva a adaptabilidade e a resiliência organizacional, promovendo uma cultura de trabalho na qual

---

[1] Pensamento complexo e linear: referência a Edgar Morin, um pensador profundamente influente em áreas como Sociologia, Filosofia da Ciência, e Educação.

respeito, diversidade, inclusão e desenvolvimento contínuo são essenciais e prioritários para o avanço conjunto de pessoas e negócios. Afinal, um não prospera sem o outro!

Compartilhando alguns aprendizados

Compartilho aspectos relevantes da minha trajetória ao implementar projetos bem-sucedidos, centrados no respeito, na promoção da diversidade e na inclusão. Por questões de confidencialidade, evitarei mencionar nomes de empresas ou programas específicos. Partilho estratégias utilizadas nos *cases* que possam inspirar e provocar reflexões para aqueles liderando novas iniciativas de D&I.

Definindo *cases*

Observar que a oportunidade de aumentar a diversidade e incluir minorias permeia todas as áreas da organização, refletindo-se tanto em grandes eventos quanto em detalhes sutis do cotidiano.

Reconhecer a limitação de conhecimento em qualquer esforço para transformar a cultura organizacional. Nossas perspectivas são moldadas pelos nossos pontos de vista, daí a importância de um esforço contínuo de aprendizado para ampliar perspectivas e a diversidade de pensamentos.

Pôr luz no propósito, associado à clareza na definição de metas e objetivos, é etapa crucial para orientar projetos e direcionar esforços rumo aos resultados desejados.

É determinante examinar e compreender a **complexidade das organizações, e das pessoas que nelas trabalham,** visto que temas de D&I carregam consigo uma gama de desafios e transformações.

Quanto à complexidade organizacional e suas lideranças

É preciso entender a estratégia do negócio a curto, médio e longo prazo, seus valores, missão e impacto ético na sociedade em relação aos itens ESG (*Environmental, Social, and Governance*), seus projetos, resultados e indicadores de performance.

Essencial ter o apoio do C-Level (*tone from the top*) associado a um programa estruturado que amplie o conhecimento e engaje a liderança sênior no propósito e na estratégia do projeto, assim como seu desdobramento, engajamento e preparação dos demais (todos) níveis de liderança da organização.

O comprometimento (*leia se: exemplos e ações*) dos líderes garante que os projetos tenham sustentação como narrativa de impacto, participação ativa, além de recursos disponibilizados (financeiros, tempo).

Os líderes "moldam" a cultura organizacional, inspirando-a seguir um caminho de inovação, equidade e sucesso sustentável.

Quanto às pessoas da organização

As "pessoas" são a chave de sucesso nesse processo, daí a importância de criar conexão e engajamento. Adicionado de propósito fornece direção e significado, fortalecendo os objetivos e energia para as ações.

A conexão é fundamental para estabelecer confiança, garantindo que todos sintam-se valorizados e compreendidos. É crucial criar espaços para ouvir diferentes perspectivas em todos os níveis da organização.

Quando os fatores de engajamento são bem coordenados, criam um ambiente onde todos sentem-se comprometidos e motivados a contribuir para o sucesso coletivo. Destaco alguns deles, que entendo indispensáveis:

- Oferecer metas compartilhadas, criando ambiente para que as pessoas trabalhem juntas;

- Empoderar as pessoas, para que possam tomar decisões e moldarem o seu próprio trabalho;
- Criar um ambiente de transparência nas decisões, processos e informações onde todos sintam-se seguros para expressarem ideias e sem medo de correrem riscos;
- Comunicar de maneira clara e respeitosa, no tempo devido, tanto as más quanto as boas notícias;
- Fomentar cultura de colaboração, promovendo a interação e trabalho conjunto entre diversos níveis da organização;
- Proporcionar oportunidade de crescimento, oferecendo desafio e novas oportunidades "reais", a partir do resultado do trabalho;
- Incentivar a troca de *feedback* regular e construtivo, o que ajuda as pessoas a entenderem como contribuem e como melhorarem;
- Reconhecer e valorizar a contribuição de cada um é essencial para manter a motivação e satisfação. Pode ser feita de várias formas, vale a criatividade e conhecimento de seu público, e que seja uma PRÁTICA RECORRENTE.

Estar conectado e engajado a algum propósito proporciona uma vida com intenção e, por fim, alcançar uma sensação de realização e contentamento que vai além do sucesso material ou profissional.

Projeto, Impacto e Resultado

Na área de Recursos Humanos, os projetos geralmente têm como centro a diversidade e inclusão (gênero, raça, LGBTQIA+, PcD, etarismo), e cultura organizacional com ênfase no aspecto "S" (social), alinhados ao "G" de Governança para uma gestão responsável, que busca não apenas lucro, mas impacto positivo e sustentável a longo prazo, fundamental para novas políticas, metas e métricas.

Esses projetos variam desde ações cotidianas até iniciativas impactantes. A diversidade e inclusão abrangem desde a maneira como a empresa se posiciona no mercado, como anúncios de vagas e recrutamento, até o desenvolvimento de líderes em D&I, oportunidades de entrada, crescimento e identificação de talentos diversificados, benefícios diferenciados, projetos parentais, práticas trabalhistas justas, entre outros.

O aprendizado e a realização que a jornada em D&I proporciona são únicos e transformadores. Os impactos são **coletivos e mensuráveis** nas pessoas e organizações, destaco alguns já vivenciados:

- Cultura organizacional inclusiva, respeito às diferenças e redução de preconceitos e estereótipos;
- Soluções mais criativas e inovadoras;
- Legado de pioneirismo;
- Liderança humanizada;
- Ampliação de alianças e parcerias externas; melhoria nas relações com clientes e comunidade;
- Educação e sensibilização contínua, cultura *lifelong learning*;
- Senso de responsabilidade ampliado, contribuição para justiça social;
- Responsabilidade Corporativa, contribuição para objetivos globais e desenvolvimento sustentável;
- Aumento da produtividade, ambiente para equipes de alta performance;
- Aumento da atratividade da empresa;
- Maior valorização do "ser humano";
- Resultados traduzidos em indicadores de performance;
- Pesquisas de clima (interna e externa) constatando melhoria de saúde organizacional e bem-estar dos colaboradores.

E o cotidiano... de testemunha de como o ambiente é influenciado pelas diferenças entre as pessoas, e como essa heterogeneidade humana pode afetar os resultados positivamente.

É crucial envolver todos os *stakeholders* da empresa, como RH, alta liderança, colaboradores, acionistas, grupos de afinidade, clientes, parceiros de negócios, comunidade e sociedade. Não apenas amplia o impacto e a eficácia das iniciativas, como também fortalece a cultura organizacional, aumenta a legitimidade da empresa e atende às expectativas de uma sociedade cada vez mais diversificada e inclusiva.

Lições aprendidas

Aumento de consciência como ser humano associado a comprometimento genuíno, em que os resultados serão apenas consequências naturais que um ambiente mais inclusivo e igualitário proporciona. *Insights* da jornada desse caminho:

- Ainda falta muito, "estamos" iniciantes;
- Voluntariado é poderoso e propulsor para inovações e mudanças;
- Essencial reaprender para progredir;
- Improvisos e mudanças fazem parte dos planos;
- Vital engajar as pessoas;
- Escuta tem que ser ativa;
- Pessoas estão em estágios e entendimentos diferentes;
- Exercitar empatia, essencial para engajamento e conexão;
- Tem que haver espaços para discussões e embates saudáveis;
- Juntos somos mais fortes, esse não é um trabalho solitário;
- Necessário políticas, quotas e indicadores de medição, pois ainda não é natural;

- Só o exemplo transforma, *walk the talk*, palavras "o vento leva";
- Comprometimento e ética como base.

O legado humano é reflexo das nossas contribuições e ações, avaliado por quem o vivencia e o interpreta, seu valor está na forma como é recebido e lembrado. Ao longo dos anos me esforcei para criar um ambiente de trabalho colaborativo, inclusivo e desafiador, fico grata em receber *feedback* de contribuição positiva nas vidas das pessoas. A missão continua: promover um cenário sustentável de contribuições significativas.

Sempre começo o dia com um animado *"BOM DIA COM ALEGRIA"*, uma espécie de mantra que se tornou um hábito nas minhas manhãs. Para mim, esse simples gesto tem um grande significado, representa a crença de que sempre podemos encontrar "inspiração" necessária para novos recomeços e realizações.

Acredito profundamente no potencial de cada pessoa e na habilidade singular que cada um possui para transformar e moldar sua trajetória pessoal.

Agradecimentos

Aos meus amores eternos, minha família, que sempre foi e sempre será o meu "Norte".

Aos líderes, formais e informais, que me inspiraram a refletir, a ter coragem e me iluminaram nos momentos em que precisei de orientação.

Às equipes maravilhosas com quem tive o prazer de trabalhar, compartilhando erros e acertos, além de conversas difíceis e fáceis que foram sempre conduzidas com honestidade e fluidez, fortalecendo ainda mais nossa confiança mútua, senso de pertencimento, crescimento, responsabilidade e sucesso.

À Editora Leader, que, através deste projeto incrível, amplifica vozes e histórias femininas. Um brinde à sororidade!

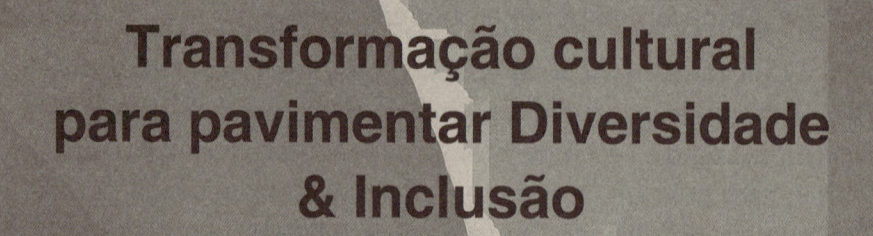

Transformação cultural para pavimentar Diversidade & Inclusão

LINKEDIN

Cristiane Pellicano

Graduada em Pedagogia, com especialização em Ensino em Empresas pela FMU. Pós-graduada em Administração de RH pela FAAP. MBA em Gestão de Pessoas pelo Instituto Mauá de Tecnologia. Certificada em Coaching pela ICC - Integral Coaching of Canada, Ferramentas DISC, HOGAN e 360 BEST IN CLASS®. Formação em Conselho de Administração pelo IBGC e membro da International Society of Female Professionals. Possui 25 anos de atuação na área de Recursos Humanos em organizações multinacionais, como Stryker, Johnson & Johnson, Laboratórios Abbott, Marsh Co. e Avon Cosméticos. Sólida experiência como RH estratégico e parceiro do Negócio, sendo que seus últimos anos dedicados à América Latina, apoiando executivos e líderes seniores de negócio. É consultora nas áreas de Recursos Humanos, Comunicação e Desenvolvimento de Liderança.

Ode à Diversidade

Odes são poemas líricos, muito estruturados, mas que, atualmente, se apresentam um pouco mais flexíveis em sua forma e servem para **exaltar em versos tudo aquilo que nos desperta entusiasmo**. "Um poema lírico, em que se exprimem, de modo ardente e vivo, os grandes sentimentos da alma humana" (*segundo Olavo Bilac e Guimarães Passos*).

Minha perspectiva, ao escrever este capítulo, é que ao final dele tanto vocês quanto eu possamos estar tão motivados, energizados e movendo-nos para a ação, que criarei – em paralelo a este processo - uma estrutura poética dedicada a todos aqueles que acreditam que podem mudar o *status quo*. Um registro de que sempre podemos nos desafiar e mudar; fazer algo que nunca fizemos ou pensamos ser capazes.

Assim foi aceitar o convite para a criação deste capítulo.

Assim é o desafio da diversidade, pois, para aprender a buscar a abertura mental, precisamos estar alertas o tempo todo (no trabalho, em casa, com amigos) para que o nosso inconsciente não nos pregue armadilhas: o "velho pensar, de como sempre fazemos". Resistir ao "velho", ou ao "sempre foi assim".

O mesmo acontece com a inclusão: pensamos em trazer algo diferente a um grupo? Incluir um tema novo no trabalho, como: a "Felicidade nas Empresas", ou preferimos desafiar pouco para não sermos julgados?... Assim é nosso dia a dia na vida corporativa: coragem para desafiar é a palavra da vez nas organizações.

Mas desafiar com dados, com estratégia e mostrar que vale a pena fazer **diverso**, **incluindo** o que nunca foi falado ou explicitado é uma tarefa desafiadora.

Assim fui elaborando esta Ode, enquanto escrevia o capítulo, sem saber se iria agradar aos editores e aos leitores!

Apresentando-me um pouco mais

Sou branca, 50+, gênero feminino, hétero, cabelos *platinum* (chic, mas quer dizer brancos) assumidos desde os 34 anos, quando resolvi engravidar.

Há 20 anos, mulheres, em geral, não assumiam seus cabelos grisalhos, ainda mais no mundo corporativo: recebi críticas e elogios, mas sabia exatamente o que queria e nunca mais colori meus cabelos: hoje 100% brancos e naturais.

Quantos julgamentos enfrentamos, dissimulados ou não, e ser mulher, divorciada, executiva, trabalhando para a Região da América Latina, cultura mais ainda patriarcal que o Brasil, é um exercício de resistência, mesmo em empresas multinacionais americanas, que transmitem mensagens de igualdade.

Uma variável adicionada ao meu perfil foi o etarismo, e aquelas que já vivenciaram *manterrupting*, *bropriating* e *mansplaining*, ou outras abordagens conscientes ou inconscientes em ambiente de trabalho, me entenderão.

Quando iniciei minha carreira como estagiária em RH, diversidade e inclusão eram apenas sentidas, não discutidas profissionalmente.

Por outro lado, tive o privilégio de vivenciar a evolução de Recursos Humanos nos últimos 30 anos, e com ela a oportunidade de atuar estrategicamente, principalmente nos últimos 15 anos, como parceira de RH dos negócios, apoiando transformações de clima e cultura organizacionais.

Contextualizando o "Causo" Diversidade e Inclusão

Como HRBP, sempre tive como premissas apoiar o negócio, desenvolver pessoas e promover um ambiente saudável, justo e respeitoso através de políticas e práticas.

Liderava iniciativas - além de minhas funções generalistas – de como tornar o ambiente laboral mais atrativo ao mercado e ao mesmo tempo gerar engajamento e, consequentemente, retendo colaboradores.

Fui ampliando minha atuação geográfica e responsabilidades, sendo que a experiência como diretora de RH para América Latina foi uma experiência incrível, desafiadora e de muito aprendizado!

Coordenar equipes remotas e construir uma cultura ainda não estabelecida exigiu um plano de médio/longo prazo, e que foi muito bem-sucedido.

A Região da América Latina apresentava oportunidades relacionadas à comunicação de visão e estratégia, revisão de modelo de negócio, otimização de estrutura organizacional & processos, desenvolvimento de liderança e consequentemente *turnover* de 33%, baixo engajamento... Diversidade e inclusão vieram depois de dois anos, quando os indicadores de pessoas foram gradativamente melhorando.

O processo de diagnóstico levou um certo tempo, mas que, com uma equipe comprometida e alinhada, permitiu resultados muito positivos.

Processos de RH foram implementados igualmente em todos os países da região e se percebiam unicidade e consistência pelos líderes de negócio, que passaram a nos apoiar gradualmente, à medida que os resultados apareciam.

Todo este contexto para explicar que passamos a ser vistos como parceiros de confiança dos negócios e pelos colaboradores, pavimentando a entrada de outros temas de pessoas na organização.

Para implementar ações de diversidade e inclusão, um importante requisito é ter líderes sensibilizados e maduros em vários processos relacionados a pessoas.

Vamos da estratégia para o tático em Diversidade & Inclusão

Desde o princípio da minha atuação nesta empresa, o RH, como todas as outras áreas funcionais, ainda reportava ao *General Manager* daquele país, o que era mais uma variável a ser trabalhada no quesito alinhamento e *delivery*.

Com o modelo matricial sendo implementado, os dois anos seguintes foram de reorganização das estruturas e as equipes de RH passaram a reportar diretamente a mim, o que facilitou a agilidade da implementação de processos de RH.

Criar alianças e fortalecer as relações, mesmo durante a mudança para modelo matricial, ajudaram a transformação cultural, crescimento e mudança de modelo de negócio, que eram as principais prioridades estratégicas.

O plano estratégico de RH, que apoiava o negócio, denominava-se *Talent Offense*, e era definido por quatro pilares globais. Cada país estabelece suas iniciativas por pilar, conforme o cenário e necessidades de negócio e de pessoas, a fim de melhor endereçar o cumprimento de ambas as estratégias, com o alinhamento Regional que era de minha responsabilidade: nós de RH calibramos o nível de apoio aos líderes, de acordo com a maturidade organizacional, que com os anos passou a ser mais de *Advisory*, pois estávamos todos alinhados com as práticas e as políticas internas de RH.

A estratégia global de RH estabeleceu os pilares:

- **Atração**: realizar processos seletivos sem viés (trazer para a consciência que existe viés inconsciente) e proporcionar uma experiência positiva.
- **Desenvolvimento**: realizar um plano de desenvolvimento individualizado (ações grupais existiam, mas não eram o nosso foco) e baseado nos talentos do indivíduo e não em seus *gaps*.
- **Engajamento**: garantir conexão e confiança com seu gestor e entre equipes, havendo consistência entre mensagens e ações – *Walk the Talk*.
- **Alinhamento**: ter pessoas certas nos lugares certos, no tempo certo, com as habilidades necessárias para realizar suas responsabilidades e alcançar resultados excelentes.

A partir de certa estabilidade no aspecto Pessoas, passamos a incluir ações de D&I, em cada um desses pilares:

Atração

Fomos expandindo nossa participação local em pesquisas externas sobre qualidade de ambiente de trabalho, a fim de ser a empresa de escolha de talentos. Já éramos reconhecidos no Brasil e a estratégia era expandir para outros países, e em categorias para a diversidade, como: Para Mulheres Trabalharem, e isso foi acontecendo com os anos. Sensibilização dos *Hiring Managers* para ampliar a lista e painéis de candidatos, adicionando mais mulheres e que entre os três finalistas uma fosse mulher. As áreas de *Talent Acquisition* e Comunicação foram nossos fortes parceiros e aliados nesse processo de transformação: publicações frequentes e intencionais, em diferentes canais, para atrair as gerações X e Z, e diversidade de modo geral.

Desenvolvimento

Desenvolver *people managers* em Programas de Treinamento sobre Viés Inconsciente, para que pudessem ter consciência de seus próprios vieses na escolha de candidato, na avaliação de desempenho, na tomada de decisão quanto a promoções e criamos um programa interno de Mentoria para Mulheres, identificando profissionais já em cargo de liderança, mesmo que em posições juniores, para serem mentoreadas por outras mulheres com mais experiência profissional. Fizemos isso não somente nos países, mas entre países da Região Latam ou fora dela.

Engajamento

Pesquisa global de cultura e engajamento anual, onde cada gestor analisava seus resultados e facilitava reuniões com sua equipe para identificar oportunidades e o RH solicitava que na agenda fixa de reuniões de negócio também fosse incluído o *follow-up* das ações da pesquisa e seus resultados. Levávamos muito a sério esta rica fonte de informações de engajamento. Em todos os países que compunham a região e no nível Regional havia uma agenda para eventos educacionais relacionados a D&I: conversas e depoimentos de colaboradores que queriam compartilhar sua trajetória, suas crenças limitantes e outros em como suplantaram seus desafios de gênero, etnia, posicionamento sexual, etc.

Alinhamento

A definição de metas e métricas relacionadas a pessoas, considerando o ano vigente e definindo as de médio prazo (quatro anos seguintes).

Essa construção foi feita a várias mãos e se aperfeiçoando com o tempo. O acompanhamento era trimestral, semestral ou anual, dependendo da agenda de processos de Recursos Humanos, que gerava o *outcome*. A comunicação era feita nas reuniões com todos os colaboradores. Alguns exemplos: percentual de mulheres em geral, em posições C-Level, gerenciais e gerentes de vendas (já que a empresa era Comercial em LATAM). Mulheres contratadas e promovidas naquele trimestre em relação a vagas/posições. Processo sucessório: quantas mulheres eram consideradas *backups* e levantamento de potenciais talentos femininos no qual se trabalhava especificamente seu plano de desenvolvimento para aceleração de carreira (isso era feito pelo gestor direto com nosso apoio).

A definição de indicadores e metas (desejáveis) foi um passo fundamental para acelerarmos a participação de representatividade feminina na Região, pois iniciativas foram criadas de forma cada vez mais intencional e geravam resultados.

Fomos de 24% de gerentes mulheres para 43%; e de 31% de mulheres líderes de vendas para 43% em 12 meses.

Expandir ações para outras minorias foi a próxima etapa

A representatividade feminina na maioria dos países já era de pelo menos 50% da força de trabalho e a tendência e caminho de ocupação feminina em posições seniores já estavam construídos através de processos estabelecidos.

Assim, a próxima etapa foi etnia, orientação sexual e portadores de deficiência: cada país estabeleceu sua prioridade de acordo com a minoria que considerava sua oportunidade em termos de inclusão e diversidade.

Reflexões e *insights*

Falamos tanto para trazer diversidade para a organização, mas algo muito importante a ser considerado como fator de sucesso: como fazer aqueles que já fazem parte dela estarem abertos e conscientes para acolhê-los?

A formação internamente de Comitês de Diversidade & Inclusão em cada país da Região; organização local de oferta de Programas Globais já existentes: Network Hispânico, Network de Mulheres e Grupo de Recursos ao Colaborador também foram um diferencial.

Cada país, gradativamente, buscou voluntariamente selos de certificação e reconhecimentos externos para igualdade de gênero e outras minorias.

Todas as iniciativas trouxeram mais reflexão e narrativa para a organização.

Tudo foi sendo discutido estrategicamente de cima para baixo, ou seja, líderes mais conscientes para praticar e falar sobre o tema de forma inclusiva.

Muitos desafios ainda, como: treinar um *hiring manager* a entrevistar um deficiente visual, introduzindo a si mesmo, fazendo sua descrição física e trazer mais acolhimento ao candidato, ou mesmo antes de tocá-lo para ajudar em algum movimento, pedir sua permissão.

Há muito o que aprender ainda, um processo lindo, de resiliência e de respeito ao erro para fazer melhor da próxima vez.

Vale lembrar que esse processo de transformação leva anos e que a importância de fazer com que os novos entrantes entendessem a cultura da organização era crucial para mantê-la.

Resultados e Agradecimentos

A empresa alcançou reconhecimento externo de um ótimo lugar para se trabalhar, em vários países da Região, além de outras categorias externas de reconhecimento, um termômetro muito importante quando nos comparamos com o mercado e nos tornamos mais atrativos. Nossas métricas de engajamento continuaram sendo utilizadas internamente, incentivando ações de melhoria e o *turnover* diminuiu, em cinco anos, de 33% para 10% na América Latina, algo fantástico.

A representatividade feminina geral na região beirava os 50% na Região, sendo que em determinado ano alcançou 47% das contratações.

Agradecimento a toda a equipe de RH, que direta ou indiretamente me apoiou por anos e ainda continua bravamente com a bandeira hasteada da diversidade & inclusão.

Que continuemos nas inúmeras frentes a fim de criar ambientes cada vez mais diversos, acolhedores e respeitosos.

Como prometi, aqui está a estrutura poética, espero que gostem: uma ousadia de minha parte, mas que me encheu de energia em tentar o novo!!!

Ode à Diversidade & Inclusão

Poder feminino é perceber
O não visto ou falado
E se atrever a dizer
Trazendo um novo recado

A humanidade é diversa
Este é o copo cheio
A diferença, a vantagem
O Igual é o meio

Inclusão não só na fala
Mas também na atitude
É fazer algo que importa
Para que a sociedade mude

Cada passo, mesmo que pequeno
Uma conquista, um marco
Ultrapassado no tempo
Algo a ser recordado

Cada uma incluindo o que pode
Numa sociedade já diversa
Respeito é mais do que nobre
Acolhimento, assim se completa

Cristiane Pellicano

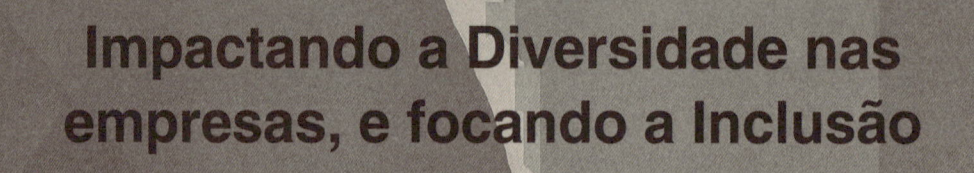

Impactando a Diversidade nas empresas, e focando a Inclusão

Dani Verdugo

Com mais de 20 anos de atuação no mercado de recrutamento, atua como *headhunter*, mentora e conselheira. Em 2017, fundou a THE Consulting, a primeira empresa do Grupo THE, especializada em *executive search* e *board service*, que ao longo do tempo expandiu a área de atuação: em 2020, foi criada a THE Tech, com foco em educação de profissionais; em 2021, nascia a THE Projects, com soluções customizadas. Foi coordenadora do livro "Mulheres ESG" e coautora de "Mulheres no RH - Vol. II", ambos da Editora Leader, e coautora da 2ª edição da obra "ESG: O Cisne Verde e o Capitalismo de Stakeholder – A Tríade Regenerativa do Futuro Global", da Editora Revista dos Tribunais – Thomson Reuters. Essas obras refletem seu comprometimento com questões como diversidade, sustentabilidade e responsabilidade corporativa. Seu propósito é desmistificar os processos seletivos e capacitar os profissionais para o mercado de trabalho, fornecendo os recursos necessários para alcançarem um crescimento exponencial.

Atuando desde 1998 com atração de talentos, posso afirmar já ter visto muitas transformações nesta disciplina de Recursos Humanos. Desde a revolução digital até o reconhecimento da importância e valorização da experiência dos candidatos em um processo, as transformações são constantes. Mas nada, em minha visão, mudou tanto quanto a visão do mercado, bem como sua busca por melhores práticas em torno de ampliar sua Diversidade e Inclusão. O que, na prática, passa invariavelmente pelo processo de entrada dos colaboradores.

A diversidade não só promove um ambiente mais colaborativo e inovador, mas também melhora o desempenho econômico. Ou seja, aquelas empresas que se encontram no quartil superior de diversidade de gênero e étnica são significativamente mais propensas a ter desempenho financeiro superior (McKinsey & Company).

Sabemos, ainda, que a diversidade possui várias outras dimensões, como a cultural, etária, geracional, socioeconômica, de orientação sexual, religiosa, educacional, etc. O que significa que as benécias podem ser ainda maiores, já que, quanto maior a diversidade, maiores são as possibilidades e diferentes perspectivas para geração de produtos e soluções inovadoras.

Os avanços têm acontecido, mas ainda há muito o que se evoluir.

O *case*:

Em 2017 fundei uma empresa focada em recrutamento de executivos, e desde a sua concepção nos propusemos a atuar dentro de um método proprietário e exclusivo, que está voltado a apoiar as empresas na **contratação de profissionais que se adaptarão e entregarão resultados em menor espaço de tempo, mas também no longo prazo.**

Obviamente, um dos pontos que sustenta as recomendações dos candidatos é a diversidade, de acordo com o contexto do cliente. E nossa provocação neste sentido sempre foi muito clara e direta, apresentando recortes de mercado e um "de/para" de sua estrutura versus perfis que garantiriam maior diversidade para as equipes.

Mas, infelizmente, lidávamos muito com visões restritas de diversidade, vieses conscientes, vieses inconscientes, e com preconceitos estruturais por parte dos contratantes.

No primeiro ano, não tivemos dados expressivos ao fechar as posições com pessoas diversas.

No ano seguinte, optamos por focar as potencialidades dos candidatos, independentemente de sua representatividade em um ou outro grupo diverso.

A partir daí, pudemos perceber concretamente maior abertura dos gestores para avaliar os profissionais. E, ao final deste mesmo ano, observamos crescimento muito significativo da presença de perfis diversos na escolha dos clientes para a conclusão de seus processos seletivos.

Comparativo:

2018 – 7% das posições foram fechadas com candidatos diversos;

2019 – 29% das posições foram fechadas com candidatos diversos.

É claro que nossa equipe se esforçou, criamos KPIs internos para garantir as entregas e, sobretudo, nossos clientes confiaram em nossas recomendações genuinamente.

Entretanto, nosso indicador de assertividade (que representa a relação entre posições fechadas e acesso dos clientes à garantia) teve neste recorte de 29% uma queda significativa. O indicador geral, que até os dias atuais varia entre 100% e 98%, foi de 48%. Ou seja, as empresas contrataram pessoas diversas, mas estas não permaneceram em suas posições, tendo pedido desligamento ou tendo sido desligadas no período de 12 meses.

Estes dados apenas reforçaram para nós que, para haver diversidade de fato, e absorver seus benefícios, uma empresa precisa **incluir** as pessoas.

Foi aí que optamos então por incluir em nossos processos um *onboarding* guiado, que acompanha Colaborador, Gestor e RH por pelo menos seis meses após a contratação do executivo. E, assim, vamos apoiando a adaptação, trazendo concretude para as dificuldades, mediando acordos de entregas concretas, e antecipando possíveis desvios por qualquer uma das partes.

De 2020 para cá, especialmente após a pandemia do Covid-19, seguimos avançando no fechamento das posições, alcançando em 2023 a marca de 41% das nossas posições fechadas por profissionais diversos, e retornamos aos nossos 98% de assertividade.

Inclusão na prática

Acreditamos que cada organização possui seus próprios desafios. Mas há uma lista de boas práticas que se aplicarão pelo menos em parte a qualquer uma delas, garantindo, assim, a inclusão na prática.

Trata-se, antes de mais nada, de um processo contínuo e multifacetado que envolve variados passos estratégicos e ações práticas.

Lista

1 – Comprometimento da Liderança;

2 – Definição de políticas e práticas inclusivas;

3 – Educação e capacitação;

4 – Cultura e clima organizacional;

5 – Acompanhamento e avaliação;

6 – Programas de suporte;

7 – Benefícios;

8 – Integração de D&I ao plano estratégico do negócio;

9 – Comunicação e transparência;

10 – Melhoria contínua.

Sugestões de implementação

1 – Comprometimento da Liderança

<u>Definição de Metas e Valores:</u>

Assegure que a alta administração esteja comprometida com a diversidade e inclusão (D&I). Isso deve ser refletido na missão, visão e valores da empresa.

Defina metas claras e mensuráveis relacionadas à inclusão, como a diversidade na contratação, retenção e promoção de funcionários de diferentes origens.

Ofereça treinamento específico para líderes e gestores sobre a importância da D&I, incluindo a identificação e mitigação de vieses e preconceitos inconscientes.

2 – Definição de políticas e práticas inclusivas

<u>Recrutamento e Seleção:</u>

Utilize práticas de recrutamento que alcancem uma ampla variedade de candidatos.

Por exemplo, divulgue vagas em plataformas e parceiros que atendem grupos sub-representados e use descrições de cargos inclusivas.

Implemente processos de seleção justos, como entrevistas estruturadas e painéis de entrevistadores diversos.

Ambiente de Trabalho Acessível:

Certifique-se de que o ambiente físico e virtual seja acessível a todos os funcionários, incluindo aqueles com deficiências. Isso pode incluir ajustes ergonômicos, *software* assistivo e instalações acessíveis.

3 – Educação e capacitação

Sensibilização e Educação Contínua:

Promova *workshops* e treinamentos contínuos sobre temas de D&I para todos os funcionários. Esses treinamentos devem abordar tópicos como preconceitos inconscientes, comunicação inclusiva e a importância da diversidade no local de trabalho.

Mentoria e Desenvolvimento:

Estabeleça programas de mentoria que conectem funcionários de diferentes origens e níveis hierárquicos. Isso ajuda a promover o desenvolvimento de carreira e a inclusão dentro da organização.

4 – Cultura e clima organizacional

Cultura Inclusiva:

Fomente uma cultura na qual todos os funcionários se sintam valorizados e respeitados. Isso pode ser feito através do reconhecimento e celebração de diferentes culturas e marcos importantes, como o Dia Internacional da Mulher, o Mês do Orgulho LGBTQIA+, entre outros.

Feedback e Envolvimento dos Funcionários:

Crie canais de comunicação onde os funcionários possam compartilhar suas experiências e sugerir melhorias. Realize pesquisas regulares de clima organizacional para avaliar a percepção dos funcionários sobre a inclusão na empresa.

5 – Acompanhamento e avaliação

Medição e Análise de Dados:

Colete e analise dados sobre diversidade e inclusão, como a composição da força de trabalho, taxas de contratação, retenção e promoção de grupos sub-representados.

Use esses dados para identificar áreas de melhoria e monitorar o progresso.

Reportes de Transparência:

Publique relatórios periódicos sobre os esforços de D&I da empresa e o progresso em relação às metas estabelecidas. Isso aumenta a transparência e a responsabilidade.

6 – Programas de suporte

Apoie a formação de redes de afinidade e ERGs que forneçam um espaço seguro para funcionários compartilharem experiências e se apoiarem mutuamente. Essas redes também podem servir como consultorias para a empresa em questões de D&I.

Redes de Afinidade e Grupos de Recursos de Funcionários (ERGs).

7 – Benefícios inclusivos

Ofereça pacotes de benefícios que atendam às diversas necessidades dos funcionários, como licença parental, assistência à saúde mental, planos de aposentadoria inclusivos e benefícios para cuidadores.

8 – Integração de D&I ao plano estratégico do negócio

Alinhamento com Objetivos de Negócios:

Integre a D&I na estratégia geral de negócios da empresa. Reconheça que a diversidade pode impulsionar a inovação, melhorar a tomada de decisões e aumentar a satisfação do cliente.

Parcerias e Colaborações:

Estabeleça parcerias com organizações externas, como ONGs, instituições educacionais e grupos comunitários, para promover a diversidade e inclusão além dos limites da empresa.

9 – Comunicação e transparência

Comunicação Clara e Consistente:

Comunique regularmente as iniciativas de D&I e o progresso alcançado aos funcionários. Use múltiplos canais de comunicação, como *newsletters*, reuniões e plataformas de intranet, para garantir que todos estejam informados.

10 – Melhoria contínua

Histórias de Sucesso:

Destaque histórias de sucesso de funcionários que se beneficiaram das iniciativas de D&I. Isso pode inspirar outros e demonstrar o compromisso da empresa com a inclusão.

Feedback e Adaptação:

Esteja aberto a *feedbacks* e pronto para ajustar as políticas e práticas conforme necessário. A inclusão é um processo dinâmico que exige adaptação contínua às necessidades e expectativas dos funcionários.

Inovação e Melhoria Contínua:

Busque constantemente novas formas de melhorar e inovar nas práticas de D&I. Participe de conferências, *workshops* e treinamentos sobre as melhores práticas e tendências emergentes na área.

Implementar uma estratégia abrangente de inclusão nas empresas requer um compromisso sério e contínuo. Ao seguir esses passos, as organizações podem criar um ambiente de trabalho mais inclusivo e equitativo, beneficiando todos os funcionários e impulsionando o sucesso a longo prazo.

Em síntese, não é recomendável contratar pessoas diversas sem que haja um preparo para recebê-las, e interesse genuíno em integrá-las.

Que oportunidade maravilhosa tem sido para mim compartilhar minha experiência com este projeto, ao lado de mulheres tão competentes.

Agradecimentos

Finalizo minha contribuição agradecendo a:

– Andréia Roma, por este lindo projeto. Você é pura inspiração!

– Meu marido e sócio, Daniel Neves, que impulsiona meus projetos fazendo deles seus também.

– Minha equipe, que faz acontecer em nossas empresas, me permitindo tempo para projetos como este. Vocês são incríveis!

– Minha assistente, amiga e parceira de vida, Ana Fonseca, que me apoia de todas as formas, inclusive espiritualmente. Você é um presente de Deus em minha vida, Aninha!

O caminho da real inclusão é pavimentado pela coerência

Daniela Machado da Silva

Psicóloga com mais de 20 anos de experiência em Recursos Humanos, trabalhou em empresas multinacionais e nacionais em diferentes mercados, como agronegócio, varejo, editora, serviços e *edtechs*. Com experiência baseada principalmente em ambientes de mudança, acredita na capacidade dos seres humanos de se reinventarem e transformarem positivamente o que está ao seu redor. Participou ativamente de *startups* de unidades de negócios, aquisição e venda de empresas, reestruturação organizacional, estruturação de equipes e gestão de mudanças. Sua carreira é baseada em projetos relacionados à transformação de negócios, gestão de performance, desenvolvimento organizacional e de liderança, gestão de talentos e sucessão e comunicações internas.

Iniciei minha vida profissional como psicóloga clínica, porém logo a curiosidade me levou ao mundo corporativo, onde, no começo da década de 2000, iniciei minha trajetória em Recursos humanos sem qualquer experiência, mas com alguma dose de bom senso. O que chamo de bom senso pode ser entendido como um 'alarme interno' que soa quando me vejo diante de algo que parece não ser um bom caminho.

Certa vez, nesse período inicial, ouvi de um gestor, durante um processo seletivo, o seguinte comentário: "... acredito que não dará certo seguirmos com essa candidata, embora pareça ser muito boa tecnicamente. Não sei se ela conseguiria se adaptar. Você sabe como nosso trabalho é dinâmico, todos aqui são ágeis e, por conta da obesidade, não a vejo com o ritmo necessário". Meu 'alarme interno' soou fortemente. Algo não estava bem. A conversa se encerrou com a decisão do gestor de não contratar a candidata e, embora eu tenha acatado a decisão, aquilo me incomodou demais. Isso aconteceu há décadas, quando o discurso sobre diversidade e inclusão andava à frente da prática.

O tema 'diversidade' começou a fazer parte da agenda de grandes corporações no Brasil durante a década de 90, como consequência da globalização associada a movimentos sociais que passaram a denunciar desigualdades, estimulando também a criação de leis para proteção de minorias. Desde então, muito tem sido feito e mudado, porém, um olhar cuidadoso – que vá além dos *slogans*, das identidades visuais e campanhas de diversidade e inclusão – nos mostra que o caminho para que a verdadeira inclusão seja uma realidade ainda é longo.

Arrisco dizer que a natureza da mudança capaz de gerar um ambiente inclusivo é diferente daquela que sustenta o ajuste de um processo produtivo ou a revisão de uma política. Incluir passa essencialmente pela mudança de parâmetros de vivência e relacionamento. Valorizar e vivenciar a inclusão são mudanças que convocam à revisão de valores e crenças sobre a percepção e a forma de se relacionar com o próximo. Por isso, demanda tempo e coerência.

Penso que a coerência seja um grande desafio para o ser humano, porque implica agir de forma alinhada e fiel às ideias defendidas no dia a dia, e isso está longe de ser trivial. A coerência anda de mãos dadas com a integridade, a transparência e principalmente a coragem. Sempre tive um olhar atento a isso e, de modo geral, pessoas coerentes têm minha admiração. No ambiente corporativo, lideranças coerentes são como diamantes – raros e de imenso valor.

À luz destas questões, e percebendo que hoje o discurso sobre inclusão por vezes se sobrepõe à prática, compartilharei aqui recortes de experiências que tive em diferentes momentos e empresas, as quais contribuíram para fortalecer minha crença de que **a coerência é um fator essencial para a mudança**, seja ela qual for e onde for.

1º Recorte: Quando inclusão não era um tema, a falta dela parecia normal

A primeira de quatro situações que dividirei aqui remonta a um tempo em que diversidade e inclusão definitivamente não eram temas prioritários nas agendas corporativas. Foi um período em que trabalhei com pessoas muito interessantes. No geral eram mulheres inteligentes, resolutas, íntegras, autogerenciáveis, e que se preocupavam em realizar entregas com qualidade. Apesar de pequeno, era este time que cuidava dos principais projetos da empresa. Dividíamos o espaço de trabalho, o que facilitava todo e qualquer debate técnico e conceitual relacionado aos projetos e, principalmente, permitia que compartilhássemos opiniões pessoais sobre temas variados e reflexões relacionadas às escolhas de vida. As trocas eram riquíssimas e o clima daquele time era de total confiança e respeito. Sem nenhuma dúvida, as diferenças somente agregavam.

Em um determinado dia, recebi uma ligação informando que o caos havia se instalado na empresa quando uma importante liderança soube que uma das pessoas do time era homossexual e endereçou este assunto sem qualquer cuidado. Os desdobramentos desse acontecimento se arrastaram por dias com vários impactos. A pessoa em questão (sempre muito discreta) teve sua privacidade desrespeitosamente exposta e sua vida pessoal afetada, além disso, saiu imediatamente da empresa, o que prejudicou a dinâmica e entrega de vários projetos.

Nada me pareceu fazer sentido nessa situação. Por qual motivo a opção sexual de uma pessoa seria relevante e se tornaria tema público? Como algo tão privado foi tratado de forma tão exposta? O que se ganhou com essa situação toda? Não vejo como seria possível ter tido qualquer ganho. Após algum tempo, essa pessoa se recuperou e seguiu outros caminhos, continua gerando muito valor e sei que segue sendo admirável e diferenciada! Naquela ocasião todos perderam de alguma forma, mas para a empresa a conta foi mais alta e incluiu o impacto negativo na equipe, a falta de coerência entre o praticado e o que era vendido aos clientes e, sobretudo, o empobrecimento da pluralidade e capacidade crítica da equipe.

Ressalto que isso ocorreu quando diversidade e inclusão não eram temas de destaque entre os projetos de recursos humanos. Atualmente, é difícil imaginarmos uma situação como essa sem um desdobramento jurídico ou ainda exposição pública negativa da empresa.

2º Recorte: Quem inclui apenas um grupo específico carrega verdadeiramente a inclusão como valor?

Diferentemente da experiência anterior, nesta empresa encontrei um caminho já pavimentado no que dizia respeito à ética e *compliance*, com diretrizes explícitas sobre o respeito às diferenças individuais. Adicionalmente, ações de diversidade focadas na inclusão de "colaboradores com deficiência" já eram uma realidade. É interessante lembrar o conceito de inclusão que estava sendo utilizado naquela ocasião: "processo pelo qual a sociedade se adapta para poder incluir, em seus sistemas sociais gerais, pessoas com necessidades especiais e, simultaneamente, estas pessoas se preparam para assumir seus papéis na sociedade" (Sassaki, K. Romeu 1997).

É possível perceber que, nesse contexto, a proposta de inclusão era de certa forma seletiva – priorizando pessoas com necessidades especiais -, com as portas do debate e da conscientização abertas a um grupo bem definido e fortemente estimulado pela pressão de instituições e leis específicas. Enquanto mapeamentos de posições de trabalho, *workshops* e treinamentos de sensibilização de lideranças eram realizados preparando a empresa para lidar com colaboradores com deficiência, questões como obesidade e gênero pareciam prejudicar candidatos em processos seletivos, a maioria dos funcionários administrativos corporativos eram brancos, pouquíssimas pessoas eram homossexuais assumidas e o percentual de mulheres em posições de liderança era pouco expressivo.

Analisando com a lente daquele momento, os esforços estavam sendo feitos no que era a prioridade. Diversidade e Inclusão era mais um dos incontáveis temas que compunham a pauta corporativa. Para algumas pessoas, certamente isso representava a oportunidade de gerar uma mudança positiva, mas, para muitos, era apenas 'mais um tema', um projeto que possuía *sponsor*, orçamento e liderança. Uma ação a ser cumprida para resolver uma necessidade imposta pelo mercado ou por outros competidores, ou seja, uma iniciativa motivada **de fora para dentro.**

3º Recorte: Quando a inclusão é um valor compartilhado, a gente sabe, a gente vê!

A terceira situação é o contraponto do que contei até aqui. Aconteceu em uma empresa que possuía um modelo de gestão marcado pela informalidade processual e por aspectos culturais herdados de uma gestão familiar. Recordo-me claramente de meu primeiro dia naquele escritório corporativo e do sentimento que tive em relação a tanta diferença concentrada em um só espaço. Imediatamente percebi ali a mistura de pessoas, cores, gêneros e estilos. Ainda nas primeiras horas fui apresentada a um projeto que viabilizava a contratação de jovens com necessidades especiais, alguns dos quais lá trabalhavam há bastante tempo e estavam totalmente integrados e performando. Por mais de uma vez, presenciei conversas com os pais destes jovens, que faziam questão de contar sobre os saltos de desenvolvimento que a vivência profissional proporcionava aos seus filhos.

Gostaria de falar um pouco mais sobre o sentimento que tive no primeiro dia nesse local. Foi algo que me incomodou, senti um grande estranhamento. Percebi que eu nunca havia realmente vivenciado um ambiente tão diverso e inclusivo e que eu carregava alguns preconceitos e julgamentos automáticos, os quais não havia percebido até então. A isso chamamos viés inconsciente.

Pessoalmente ganhei muito com essa experiência. Tive a possibilidade de acessar realidades muito distintas da minha e precisei revisitar várias de minhas crenças.

O que considero a 'cereja do bolo' dessa experiência é o fato de que essa empresa não possuía um programa formal de diversidade e inclusão, não havia orçamento específico, investimento em campanhas e produção de materiais gráficos e não eram oferecidos treinamentos sobre o tema. A diversidade era parte daquela cultura. A inclusão fazia parte do gene daquele lugar, sempre esteve ali. Era algo que claramente vinha **de dentro da empresa para fora**.

4º Recorte: A coerência e o exemplo seguem sendo mais poderosos do que uma excelente campanha!

A última situação se passou em uma empresa cuja cultura era predominantemente orientada para resultados e estava iniciando a estruturação de programas e ações voltadas a Pessoas. O tema 'diversidade e inclusão' tinha tudo para ser priorizado: em muitos momentos se observavam exemplos de falta de inclusão, o que, por outro lado, era um componente cada vez mais relevante para uma empresa que queria ser competitiva e atrativa. Afinal, diferentemente da década de 90, a inclusão em seu sentido mais amplo já havia se tornado um tema socialmente relevante.

Entretanto, apesar da necessidade, havia uma resistência tácita à dedicação de tempo e energia para esse tema. Em resumo: faltava um *sponsor*, era difícil conseguir agenda dos executivos para falar a respeito e não havia orçamento. O cenário era pouco favorável a mudanças neste sentido.

Após um período de alterações importantes nos níveis executivos da empresa, as pessoas começaram a perceber que algumas lideranças tinham uma escuta atenta e preocupada com situações de não inclusão. Isso fez com que casos reais começassem a ganhar visibilidade, seja pelos canais de comunicação ou por estas lideranças. Assim, foi possível falar e endereçar de forma transparente situações como a ausência de vestiários femininos nas fábricas (o que dificultava a contratação e inclusão de mulheres), piadas raciais que ocorriam na operação, comentários homofóbicos e a recorrência da contratação de homens em processos seletivos com ótimos finalistas de outros gêneros.

Em certo momento ocorreu um evento simples, mas relevante para muitas iniciativas que vieram posteriormente. Participei de uma reunião *on-line* na qual havia apenas mais uma mulher. Os demais participantes eram homens, incluindo o diretor da área. Por várias vezes comecei a falar e fui interrompida por algum dos homens de modo que, após repetidas tentativas, comecei a aumentar gradativamente meu tom de voz até que o outro parasse para que eu conseguisse expor meu ponto de vista. Até aqui, nada de muito diferente, afinal o conceito de 'manterrupting' (comportamento de homens que interrompem mulheres durante conversas ou discussões, frequentemente desconsiderando o que elas estão dizendo) atualmente faz parte das conversas sobre diversidade e inclusão.

Voltando à reunião, minutos após encerrarmos, o diretor me ligou novamente compartilhando o seguinte fato: ele se conectou para esta reunião em sua casa sem o fone de ouvido e a esposa, que estava próxima, ouviu toda a sessão. Ao término da reunião ela comentou: "Na sua empresa parece difícil para as mulheres conseguirem falar". Ele quis saber se eu havia percebido da mesma forma e estava verdadeiramente surpreso pela consciência dessa situação.

Pareceu se surpreender ainda mais quando comentei que isso era recorrente – não somente comigo e não somente naquela empresa. Sugeri que estivesse atento a esse tipo de coisa nos próximos fóruns para que pudesse perceber o quanto era frequente. Essa foi uma conversa valiosa. Este diretor, que liderava uma área importante e impactava muitas pessoas, passou a ser um grande parceiro para todos os temas de diversidade, propondo e implementando inúmeras ações.

Até o ponto em que acompanhei essa história, nenhum programa de Diversidade e Inclusão foi formalmente implantado, entretanto foi ali onde vi acontecerem as conversas mais sinceras e relevantes para esse tipo de mudança. A iniciativa de lideranças executivas, que abriram espaço para debates tomaram a frente com ações inclusivas e não se omitiram diante de situações inaceitáveis, foi determinante para que, sem nenhuma campanha interna, mudanças começassem a acontecer.

Praticar a inclusão, seja ela qual for, é sem dúvida um projeto de transformação não apenas corporativo como também social, de grande complexidade e que ativa resistências de várias naturezas. Quando a inclusão é apenas uma pauta a ser cumprida para acompanhar as tendências de mercado, encontraremos facilmente campanhas internas impecáveis, postagens em redes sociais e o esforço de equipes dedicadas a isso, sendo silenciosamente minados por atitudes não inclusivas que sempre terão mais força e estarão sabotando a tentativa de mudança.

A sensibilização e a transformação das pessoas para a verdadeira aceitação de diferenças e a consequente prática inclusiva serão mais rápidas e verdadeiras na medida em que este movimento for motivado por uma crença compartilhada, motivada de dentro para fora. Quando esta crença é sincera e percebida principalmente nas atitudes da alta gestão, **há coerência entre o discurso e a prática e a mudança acontecerá de forma inquestionável e potente**.

Trilhando o caminho da inclusão: uma jornada de transformação e empoderamento

Daniela Matos Faria

Executiva de Educação e Desenvolvimento há mais de 20 anos nos segmentos de varejo, tech e financeiro. Relações públicas, tem na arte de comunicar a primeira paixão profissional. Mãe, do Kike e da Bia (e do Alfredo), esposa, filha da Dona Gui. Acredita na Educação como a válvula de mudança para um mundo mais inclusivo, justo e sustentável. E na boa intenção como a competência do futuro!

Muitas vezes a gente não entende porque veio ao mundo, até o mundo lhe mostrar como você pode de alguma forma contribuir com ele, ou devolver, para ele, muito do que ele mesmo ensinou para você.

Afinal, o que é a nossa jornada? Senão um grande e interminável livro de lições aprendidas e próximos passos ainda não testados. E se tem um aprendizado que já se solidificou por aqui é a certeza de que o tema da Educação não caiu "de paraquedas" na minha vida.

Para isso, voltemos ao começo...

Muito prazer, eu sou a Daniela, ou Dani para 99% da população que me conhece. Sinta-se à vontade para estar fora do 1%, que deve se resumir ao chamado de alguma espera em que o "Sra. Daniela..." quase que passa imperceptível aos meus ouvidos.

Sempre que me apresento gosto de falar de onde eu vim. Assim fica mais fácil entender para onde estou indo... e os porquês de algumas escolhas.

Origens e Determinação: o Legado de Dona Gui

Sou filha de uma retirante da Bahia, mãe solteira, chegando aos seus 77 anos. Empregada doméstica ativa, *workaholic*, não me lembro de vê-la UM dia faltando a nenhum dos seus empregos, sim, em alguns momentos da vida eles se sobrepuseram com jornadas noturnas e aos finais de semana... Dona Gui – 1,50 m de uma força que não sei de onde vem.

Além de cozinheira de mão cheia e ótima em relacionamentos interpessoais (aquela fofoquinha da rua), ela também é uma pessoa boa em ler cenários. Depois que eu nasci, ela entendeu que o quarto da empregada não era o meu lugar. E, para que eu pudesse estar além dele, precisava **ESTUDAR.** Acho que aí as conexões da vida e da intencionalidade começam a acontecer, afinal, ela é uma analfabeta funcional, mas movimentou com intenção clara a mudança que queria para mim.

Fui uma aluna estudiosa, ou esforçada, como costumava ouvir, bolsista de um bom colégio particular de São Paulo, não tinha espaço para "correr risco", era a única chance de ter uma vida diferente daquela que eu conhecia até então.

Educação como Transformação: a Jornada da Menina Sonhadora

A escola se tornou minha segunda casa, não pelos muitos amigos, porque ser incluída num meio adverso foi e segue sendo um desafio. Desafio este que muitas crianças e adolescentes **não são capazes de ultrapassar sozinhos**. É necessário ter **intencionalidade das pessoas e das instituições** para que esse processo de fato seja inclusivo. Falaremos mais sobre isso por aqui.

... e sim, a escola se tornou minha segunda casa, pois me apeguei àquele contexto social e o conectei com o que dali em diante chamei de sonho. O sonho grande da menina pequena. Eu queria ser mais, e entendi a frase da Dona Gui: "estuda, quem estuda vai além".

2024, cá estou eu, executiva de Recursos Humanos, especialista em Educação e Desenvolvimento. Coincidências da vida?

Ou fruto do aprendizado que ela me propiciou? Seja por qual via eu tenha chegado até aqui, uma certeza eu tenho: foi a educação que viabilizou o mudar de rota. É ela a mais potente válvula da inclusão e, principalmente, a mais eficaz "agulha" para furar as bolhas de desigualdade social.

Pela educação, tenho buscado influenciar cada organização pela qual eu passo, a serem fontes de impulso para que talentos (principalmente os mais vulneráveis) encontrem novos caminhos para suas novas histórias.

E aqui entra o compartilhar de alguns *cases* para desenvolvimento e inclusão de jovens pela educação no mercado de trabalho e a aceleração de talentos dos grupos minorizados.

Mas antes uma pequena informação que, espero, faça com você o mesmo que fez em mim: um incômodo diário para mudar essa realidade.

O censo da Educação Superior mostra que **3 em cada 4 jovens não têm acesso à faculdade** e a desigualdade social é um dos principais fatores que contribuem para esse cenário (dados do censo de 2022).

Outro dado que **"dorme" na minha cabeceira** é de que um jovem empregado formalmente aumenta em 63% a renda familiar.

Foi o que aconteceu por aqui, com o meu primeiro estágio consegui alugar uma casa para nós duas. Nossa primeira casa, e daí em diante tudo se transformou, na minha, na dela e hoje com impacto na vida deles: meus filhos.

Selecionei algumas ações que passaram pela minha trajetória nos últimos anos, e que delas levo lições, dicas e aprendizados valiosos.

A primeira provocação que gostaria de fazer é: como a sua organização olha para os programas de aprendizagem? Uma obrigação legal ou uma oportunidade de protagonizar talentos?

Vocês dedicam uma estrutura para programas de entrada? Complementam a jornada? Treinam tutores e gestores? Ampliam o olhar de chegada?

... pois é!

Este é um diamante bruto que poucas organizações lapidam com o devido valor. Jovens em seus primeiros empregos, ávidos por aprender, livres de vieses, pertencentes a grupos, em sua maioria, minorizados. Robustos das competências que eu chamo de vida.

O olhar para esse *pipeline* nas organizações permite fortalecimento da cultura desde a base. São grupos que podem ser porta-vozes organizacionais para as novas gerações. Seus índices de *turnover* são bem abaixo da média e, quando colocados na base da estratégia de talentos, viabilizam políticas internas reconhecidas pelos demais colaboradores no âmbito da carreira.

Eu gosto de dizer que somos responsáveis por formar a relação desse futuro profissional com o trabalho. O olhar inclusivo e responsável para este programa pode tornar a organização mais diversa, líderes mais preparados para a condução de multigerações e uma organização sem dúvida muito mais divertida.

Por onde passei, fiz questão de estruturar os programas como uma forte ação para marca empregadora, janelas exclusivas, ação de *onboarding*, plano de comunicação e marca para o programa. Sempre direcionei investimentos para a jornada complementar, pois assim, como para qualquer grupo minorizado, é preciso intencionalidade para tornar o lugar de chegada mais potente.

Desenvolvimento aportado, acompanhamento próximo e muitas vezes familiar. Gestores treinados, avaliações de desempenho e, o mais importante, geração de oportunidades para efetivação. É preciso colocar a organização a postos para a priorização da contratação.

Tudo isso sem falar que o olhar dedicado ao jovem, associado a uma boa e responsável instituição formadora, amplia suas possibilidades de programas sociais – adicionais ao programa de aprendizagem -, e estes aproximam a sua organização de ações reais para suporte ao plano de ESG.

Colhi esse depoimento de um ex-aprendiz, que hoje representa parte do time que lidera as ações de aprendizagem:

"... Fui de aprendiz para a pessoa que contribui com o time responsável pelo Programa Jovem Aprendiz e poder fazer parte da governança do programa foi uma virada de chave na minha trajetória profissional, pude contribuir com as minhas experiências como aprendiz e aplicar na prática uma reformulação do programa, com conteúdos mais assertivos, uma jornada específica, formação de um banco de talentos e muito mais. Oportunidades mudam vidas, acreditaram em mim e cá estou, gerando oportunidades e impulsionado a empregabilidade de jovens talentos".

Foi assim, colhendo depoimentos como este, que de pouco em pouco os pilares de programas foram tomando meu coração e eu fui ampliando o lugar deles nas organizações, gerando impacto dentro e fora delas.

Programas de desenvolvimento: potencializando talentos emergentes

Gosto de contar de um sábado de julho, no meio da pandemia, acordei de olho inchado, cabelo cacheado (que não era o meu dia a dia) e reunindo forças depois de saber que uma pessoa importante havia sido demitida. Para quem veio do nada, essa palavra gera pânico.

Mas a missão era importante. Incluir jovens negros num programa de estágio. E o cabelo cacheado pela primeira vez tinha virado para mim um símbolo de força. E a força desta pessoa a minha certeza de que tudo daria certo.

Este programa ganhou todo meu respeito e o meu amor. Não por ser um programa afirmativo, mas principalmente por termos conseguido mudar a rota do objetivo dele. Diferentemente dos demais programas que buscam jovens negros nas faculdades, nós buscamos potenciais talentos nas favelas de SP, e viabilizamos a inclusão deles no ensino superior, custeando toda a sua formação e mudando assim o "círculo dos mesmos" – teoria que eu inventei (rs) – e ampliando o *pool* de talentos negros dentro das universidades.

Nesta jornada eu tinha uma parceira potente, parte do meu time, que por destino da vida também está aqui nas páginas deste livro, e no seu capítulo ela contará como foi essa ação, em parceria com a CUFA, com todos os detalhes, afinal, ela tem esse lugar de fala, né, Mari?

Sobre programas afirmativos, minhas dicas são:

– eles deixam de fazer diferença, se a sua busca por talentos seguir os mesmos parâmetros de exigência de um programa não afirmativo.

– a organização e gestores precisam entender que o seu papel tem uma atuação de responsabilidade social e inclusão.

– buscar dos mesmos lugares não muda o cenário e não amplia o lugar de chegada. É preciso protagonizar a mudança na base da bolha - aquela gerada pela desigualdade social.

– jovens minorizados não estão na faculdade porque não trabalham, e não trabalham porque não conseguem estar na faculdade. Não normalizem ver um jovem sem emprego e sem trabalho e repetir: "mas é difícil de contratar..."

Enfim, este programa mudou a minha forma de olhar o

mundo. Apesar de as favelas terem sido parte do meu cotidiano, fiz parte do percentual mínimo que conseguiu "sair dela" (nunca morei em uma efetivamente, mas morava em condições muito similares). E, durante um tempo, eu confesso que achava que era só força de vontade. Ainda bem que a gente amadurece e tem chance de reparar pensamentos minúsculos como este.

Inclusão que transforma: o futuro da diversidade no ambiente corporativo

Aos poucos, comecei a influenciar as organizações onde atuei para um olhar mais ampliado de programas para impacto na sociedade e tive a sorte de encontrar gestoras (sim, mulheres) que toparam esse desafio comigo. Se você, leitor, é da área de RH, meu conselho é: comece. Se tem uma vaga, esta é a oportunidade.

Abrir as portas das organizações para que jovens possam se desenvolver. Ser ponte entre a escola e a empregabilidade. Viabilizar educação superior formal, e de quebra desenvolver muitos talentos potentes para a organização e a sociedade. Assim nascia o pilar dos programas sociais dentro do *frame* de *pipeline* de talentos que carrego para as estruturas de educação que lidero.

Um *case* mais fresquinho é o Start Tech. Com o desafio de novos talentos em tecnologia, por que não acelerar jovens talentos para a primeira empregabilidade na área Tech?

Diferentemente dos programas que mencionei anteriormente, neste, os integrantes do programa não possuem vínculo empregatício com a organização e os custos são mais acessíveis.

Só temos que abrir as portas das universidades corporativas para a função mais linda que elas podem ter, desenvolver novos talentos e dar continuidade à educação formal, tão deficitária, principalmente nos pós-pandemia.

Nosso *case* contou com 25 a 30 jovens por semestre que ficaram imersos na estrutura organizacional para se desenvolver. Com aulas teóricas e práticas **presenciais – sim, a inclusão digital ainda é um desafio em público vulnerável** - o programa contou com uma mentoria individual em que cada jovem é acompanhado por um padrinho - colaborador da organização, responsável por desenvolver o que chamamos de traquejo corporativo. Sabe aquela postura na entrevista, na reunião, na linguagem corporativa? Então, é isso.

Além de aulas técnicas, protagonizamos a responsabilidade social ao convocar instrutores internos para temas que podem complementar o aprendizado e preparação de jovens para o mundo do trabalho. A jornada voluntária proporciona de conhecimentos de educação financeira até sessão de fotos e preparação dos perfis no LinkedIn.

Lembra-se da parceria com a instituição formadora de aprendizagem que citei acima, pois bem, neste projeto todo apoio socioemocional e de acompanhamento do jovem fica sob a responsabilidade dela, liberando assim as nossas estruturas educacionais para o objetivo de desenvolvimento de habilidades e competências deste jovem.

Cada turma tem sua história, cada jornada um caminho, mas o que estamos colhendo são indicadores de sucesso. Mais de 65% dos jovens saem do curso empregados e, principalmente, mudando radicalmente sua vida e a dos seus familiares.

Do outro lado, também temos ganhos com o desenvolvimento de instrutores, profissionais mentores e uma organização educada para o olhar atento do desenvolvimento de talentos desde a base.

Para fechar, não posso deixar de contar sobre os aprendizados para programas afirmativos para inclusão de pessoas com deficiência. Estes com foco nos aceleradores de conhecimento e potencialização das carreiras.

Oportunizar e desenvolver são os pilares do programa que visa acelerar conhecimentos dentro de um plano de treinamento customizado depois da contratação e **antes** do início da jornada profissional do candidato selecionado.

Isso mesmo, contratamos a turma, e antes de cada integrante assumir suas funções, para as quais foi selecionado, fazemos uma imersão de 60 a 90 dias dedicada ao aprendizado. Seja ele técnico, de habilidades de *hard skills* ou de desenvolvimento de competências para utilização de ferramentas e sistemas na sua jornada.

"Mas, Dani, eles ficam três meses em treinamento?" SIM. E acompanhamos cada integrante de perto neste período para que ele possa chegar a sua máxima potência.

O Programa, que não foi criado para fim de ações afirmativas, se mostrou um grande aliado para a real inclusão. Uma vez que coordena diversas áreas em prol do objetivo central de aceleração de carreiras.

Nesta edição afirmativa unimos ao grupo, além da área demandante e gestores, a área de diversidade para que, ao final da imersão educacional, o processo de *onboarding* para as atividades e inclusão no time fosse fluido e sem barreiras de conhecimento e/ou estruturas.

Os resultados têm-se mostrado muito efetivos, com carreiras sendo aceleradas e potenciais profissionais atuando na sua máxima capacidade. E esse era nosso principal objetivo, não somente incluir, mas permitir e viabilizar o crescer das carreiras destes profissionais.

Ao revisar este texto passa um filme na minha cabeça, me

lembrei da minha primeira oportunidade profissional numa multinacional francesa, e da generosidade que tive de encontrar uma pessoa que acreditou que eu pudesse aprender. Afinal, eu nunca tinha ligado um computador na vida e só pedi uma semana a alguém que pudesse me ensinar.

Hoje, filha, mãe, esposa, executiva, 40+ e consciente das responsabilidades que tenho em todos estes papéis, busco somente devolver ao universo tudo que um dia ele me proporcionou. E que nestas poucas linhas eu possa ter gerado em você o desejo de começar. E lembre-se de que pode ser pequeno. Uma vida impactada pode um dia vir contar a história dela por aqui e impactar inúmeras outras.

Criando oportunidades

Débora Helena da Silva Pinto

É formada em Administração pelo Cefet/RJ. Possui doutorado em Sociologia pelo Iuperj e um mestrado em Economia pela Universidade Cândido Mendes. Tem pela mesma universidade uma pós-graduação em Gestão de RH. Recentemente, concluiu um MBA em Gestão Empresarial pela Universidade Cruzeiro do Sul. É diretora de Recursos Humanos da Generali Brasil desde 2021. Como executiva na área de RH há mais de 20 anos, passou por grandes organizações: Ambev, TIM, CHEVRON, Merck, Brookfield, Michelin, Allianz Global Corporate & Specialty e MAG Seguros. É coautora de algumas obras da Editora Leader e de um capítulo do livro *Trajetórias Negras na Universidade*, publicado pela Editora Uniedusul em 2020 (ISBN 978-65-86010-03-9).

O tema diversidade e inclusão sempre existiu, mas ninguém tem dúvidas que vem ganhando mais protagonismo desde o advento da Lei nº 12.711, ou simplesmente Lei das Cotas, sancionada em agosto de 2012 para inclusão de jovens negros em universidades públicas brasileiras.

Este capítulo não objetiva discutir se a política de cotas é eficaz ou não, mas sim debater um *case* de sucesso em que a oportunidade criada para uma jovem negra moradora da Baixada Fluminense do Rio de Janeiro contribuiu para sua mudança de vida.

Introdução

Dentro da temática diversidade e inclusão, é comum ouvirmos que não adianta chamar uma pessoa ao baile se ela não for convidada a dançar. No meio profissional, isso significa que, se queremos uma organização mais plural, com equidade e inclusão, precisamos pensar em mecanismos para aumentar a atratividade daquela pessoa pertencente a algum grupo minorizado ou menos privilegiado, assim como fornecer a ela condições para que seja incluída e sinta-se pertencente àquele ambiente.

Senso de pertencimento: é isso que precisamos buscar quando desenhamos um programa de diversidade, equidade e inclusão. No entanto, esse não pode ser um propósito apenas das organizações, entes públicos e outros institutos não governamentais. Cada indivíduo, dentro da sua realidade e das suas possibilidades, tem o dever de criar condições, ajudar e apoiar aqueles que em nossa sociedade são preteridos de alguma forma. Não podemos adotar atitudes *blasés* com o pensamento, "o problema da exclusão não é meu" e fingir que está tudo bem, pois isso perpetua a exclusão. No caso da população negra ou preta, em nosso país, estamos falando de um problema histórico e atitudes como essa só reforçam o racismo estrutural.

Portanto, no seu íntimo: o que você tem feito para mudar o cenário dos negros ou pretos em nosso país? Lembre-se de algum próximo a você. Em que profissão ele ou ela está? Em que bairro mora? Sabe se ele ou ela já passou por alguma situação de constrangimento em banco, loja ou supermercado? Em caso positivo, como ele ou ela se sentiu? Como você se sentiu ao ouvir essa história?

Este capítulo trará uma história de sucesso de uma jovem negra que trabalhou comigo, destacando seus contornos positivos. Isso não quer dizer, no entanto, que o caminho dessa jovem para chegar ao sucesso não tenha sido duro e difícil. O caminho até esse patamar, para a maioria dos jovens negros que chegam ali, não é uma linha reta, sólida e constante. Por vezes, é uma linha pontilhada pela descontinuidade imposta por circunstâncias adversas, ou mesmo uma linha ziguezague. A felicidade é que este *case* que apresento a vocês mostra que a partir de determinado momento na vida dessa jovem sua linha de crescimento foi exponencial.

Meu primeiro *insight*

Sempre enxerguei a educação como um divisor de águas na vida das pessoas. As dificuldades para se chegar até o nível de graduação ainda são inúmeras e podem se agravar dependendo da sua origem: conciliar o horário da universidade com trabalho e/ou filhos, problemas pessoais, falta de base no ensino médio, além de outros desafios econômicos e sociais.

Na minha época de vestibular, pois não existia ainda o Enem (Exame Nacional do Ensino Médio), a maior felicidade era ler seu nome no jornal como um dos aprovados em alguma instituição pública de ensino superior. Não havia tantas possibilidades de financiamento como o Prouni (Programa Universidade para Todos) ou Fies (Fundo de Financiamento Estudantil) para estudar em instituições privadas. Consegui fazer minha graduação em uma instituição pública, porém com dificuldade, pois precisava trabalhar e não tinha como pagar quatro ou cinco anos uma universidade privada. Poucos professores compreendiam a minha rotina e de alguns outros colegas de classe que também trabalhavam. Penso que se colocar no lugar do outro e valorizar o estudante-trabalhador, aqui trabalho no sentido de qualquer atividade remunerada, é entender que é preciso mais flexibilidade para incluir.

Recordo-me que havia apenas um estudante negro na minha turma e que também trabalhava. Já tinha uns trinta e poucos anos e a maioria da turma na faixa de 20. Sua condição social era boa, pois mais jovem fora aprovado em um bom concurso público. Uma exceção, certamente.

Anos mais tarde, depois de formada e já trabalhando numa empresa predominantemente branca, tive a oportunidade de contratar um estagiário. Eu havia mudado de filial nesta empresa e o ambiente de trabalho era novo para mim. Um ambiente novo é repleto de incertezas, de olhares duvidosos e curiosos sobre você, como então ser você mesmo quando se está inseguro? Como tomar uma atitude que podia ser considerada ousada para a ocasião?

Entrevistei dois candidatos: um deles era um rapaz branco, morador da Zona Sul do Rio de Janeiro, estudante da PUC-RJ (Pontifícia Universidade Católica do Rio de Janeiro), a outra, estudante negra da Uerj (Universidade do Estado do Rio de Janeiro), da primeira turma de cotas raciais desta instituição, moradora da Baixada Fluminense do Rio de Janeiro.

Pensei: um deles já tem mais oportunidades, pois fala idiomas, tem facilidade de deslocamento, tem uma condição econômica melhor e simplesmente pelo fato de ser branco. Decidi então selecionar a candidata negra. Eu me coloquei no lugar dela ao tomar esta decisão. Vou preservar sua identidade nesta obra, embora ela saiba o quanto me inspirou, inclusive no tema do meu doutorado em Sociologia.

Nossa jornada na empresa

Estávamos basicamente começando juntas. Eu ainda não conhecia bem as pessoas na empresa, tampouco ela. Eu só havia sentido que o ambiente era hostil e procurei logo dividir essa percepção com ela, de maneira cuidadosa, afinal, era sua primeira experiência profissional.

Fez muita diferença para essa jovem ter uma boa base familiar e religiosa. Ela conseguia ignorar olhares e atitudes perversas. No entanto, ao vivenciar com ela uma delas, expliquei que às vezes é importante enfrentar o opressor para não nos tornarmos oprimidos. Aconteceu no ônibus da empresa. Um funcionário que ali estava virou-se para ela e, com um tom nada bom e sem as devidas regras da boa educação, pediu que ela desencostasse as pernas detrás do assento da poltrona em que ele estava. Fiquei muito desconfortável com o que vi e sua atitude foi pedir desculpas. Agiu com subserviência. Simplesmente, não havia feito nada de errado.

De forma geral, durante pouco mais de um ano que trabalhamos juntas nesta empresa, esta foi uma situação isolada, mas bastante desagradável.

Tanto eu como ela fomos muito bem recebidas na empresa, mas algumas vezes nos sentíamos como "patos fora d'água" nas interações com os demais colegas. Lembro-me de um almoço em que os participantes relatavam viagens e experiências internacionais. A jovem estudante não teve nenhuma e eu só tinha tido uma única, a partir de um programa de rádio em que havia sido sorteada. Claro que para nós duas acabava sendo enriquecedor esse tipo de conversa para adquirirmos mais conhecimento, mas mostrava o quão distantes estávamos daquela realidade econômica, social e cultural.

Em comum a nós duas também estava a vontade de crescer e realizar sonhos. Então, para nós, adversidades só serviam de combustível.

Quero dar um destaque à atuação da jovem. Muito disciplinada, muito correta e cuidadosa. Procurou dar o seu melhor em todas as atividades a ela designadas. Mesmo quando não tinha o conhecimento necessário, buscava tê-lo. Acertou e errou, mas nunca omitiu nada. Foi muito profissional. Sei da sua gratidão a mim e ela sabe da minha a ela por tudo o que me ensinou.

distanciamo-nos e acabamos perdendo o contato quando saí dessa empresa. Anos mais tarde a encontrei por acaso em um concurso público. Ela também já havia saído da empresa e estava só estudando. Pensei como deveria estar a situação financeira na sua casa, mas preferi não perguntar. Ela demonstrava tanto foco para ser aprovada e eu tinha certeza que isso iria acontecer em algum momento. Estava certa: ela me disse que foi bem difícil no início, mas depois foram várias aprovações que lhe permitiram escolher em qual emprego ficaria.

Não sei precisar se a oportunidade para essa jovem foi a cota, ter sido selecionada por mim nessa empresa para a vaga de estágio ou ter-se dedicado aos estudos, ou um pouco de cada coisa. O que fica evidente é que à medida que uma pessoa negra ou preta passa a vivenciar ambientes que, por muitos anos, foram exclusivos de brancos ou de pessoas com classe econômica mais alta, é uma quebra de paradigmas.

Meu legado

Ter contratado a jovem negra pode ter parecido à primeira

vista uma atitude ousada para aquele ambiente de privilégios, predominantemente branco, mas abriu caminho para que outros gestores fizessem o mesmo.

Eu sou uma profissional com a pele branca, porém venho de uma família miscigenada e minha avó era negra. Talvez eu tenha uma sensibilidade maior ao tema por sentir as dores do outro mais de perto. Minha avó era uma mulher guerreira, educou quatro filhas e trabalhou até idosa. Casada com meu avô, um homem branco de olhos azuis, sempre teve que responder às perguntas indiscretas de se ela era mãe da minha mãe e de uma das minhas tias que nasceu bem branca, com os olhos verdes. Quem é mãe sabe o quanto dói ouvir isso.

Quantas e quantas famílias brasileiras são fruto dessa miscigenação e ainda assim, em nosso país, presenciamos frequentemente atitudes racistas e de discriminação.

Por que incomodou tanto e a tantas pessoas ter a população negra dividindo o espaço universitário com os brancos, que é um espaço de crítica e diálogo com a sociedade? Perda de privilégios? Maior concorrência?

Meus filhos são brancos e estudam em uma instituição privada na Zona Sul do Rio. São poucos alunos negros. Os poucos, em sua maioria, são bolsistas ou filhos de funcionários da escola. Procuro ensiná-los que a cor da pele não é critério diferenciador de capacidades e aptidões e que a maior riqueza do nosso povo é essa bela diversidade racial e identitária que temos.

Conclusão

Esse caso concreto que apresentei a vocês, queridos leitores, mostra que ao entrar na universidade a jovem negra começou a redirecionar sua história. Posteriormente, ao entrar no mercado de trabalho, pôde consolidar suas conquistas, mostrando para sua humilde família que o caminho podia e pôde de fato ser diferente.

Existem várias maneiras de individualmente contribuirmos para a quebra de paradigmas e não apenas com a contratação de um(a) profissional de um grupo minorizado ou simplesmente "sem privilégios" na nossa sociedade para a empresa na qual trabalhamos. Listarei a seguir alguns exemplos:

– Quando apoiamos uma ação de vestibular social, estamos criando a possibilidade para que indivíduos sem base escolar e sem condições de pagarem um curso preparatório sejam capacitados para o Enem.

– Quando nos disponibilizamos a atuar como mentores e mentoras de estudantes em situação de vulnerabilidade, fornecendo orientação profissional, também estamos contribuindo para a inclusão destes no mercado de trabalho.

– Quando internamente em nossas empresas e em nossas redes pessoais tocamos nessa "ferida" de diversidade, equidade e inclusão, trazendo um maior letramento racial e mostrando a importância de evitarmos os vieses inconscientes, também estamos contribuindo para a diversidade.

Assim, existem inúmeras possibilidades, mas é preciso querer ser um agente de transformação na sociedade.

Chamo atenção para um fenômeno muito comum quando falamos em inclusão: a criação do chamado "efeito brilho", a partir do qual se dá ênfase a determinada pessoa, simplesmente numa tentativa equivocada de mostrar para a sociedade que uma empresa é inclusiva ou que se preocupa com inclusão. Alguns exemplos desse "efeito brilho": quando uma empresa coloca sempre o mesmo profissional negro em eventos de destaque, quando dá ênfase a uma mesma pessoa do grupo LGBTQIA+ em ações da empresa, quando publica matérias nas redes sociais sempre com a pessoa com deficiência, etc.

Não podemos aceitar equívocos como o criado pelo "efeito

brilho" ou nos sujeitar à inércia da sociedade diante de situações de discriminação, seja com relação à população negra ou a outros grupos, tais como: as pessoas com deficiência, as pessoas com 50 anos ou mais, as mulheres, os nordestinos, aqueles com menor poder aquisitivo, a população LGBTQIA+, dentre outros sem privilégios. Precisamos acolher e incluir essas pessoas para que tenham o senso de pertencimento e não tenham medo de serem quem quiserem ser.

Também não podemos esquecer que as ações afirmativas podem contribuir bastante para a inclusão, mas elas não são suficientes. É preciso oferecer mecanismos que gerem condições para uma concorrência equivalente entre os diferentes grupos.

Existe, infelizmente, um debate intenso em torno das ações afirmativas em diferentes grupos da nossa sociedade. O pior é a constatação de que muitos indivíduos que delas dependeram e prosperaram agora argumentam que mudaram os rumos de suas vidas graças à meritocracia. É muito duro perceber que não existe uma uniformidade de opinião nem mesmo dentro do grupo que utilizou em algum momento uma ação afirmativa, seja para concorrer às vagas em universidades públicas ou em concursos públicos. As justificativas para isso são diversas e uma delas é o próprio racismo estrutural, no caso da cota racial.

Cada indivíduo deve ter consciência e fazer sua parte para uma sociedade mais justa e plural.

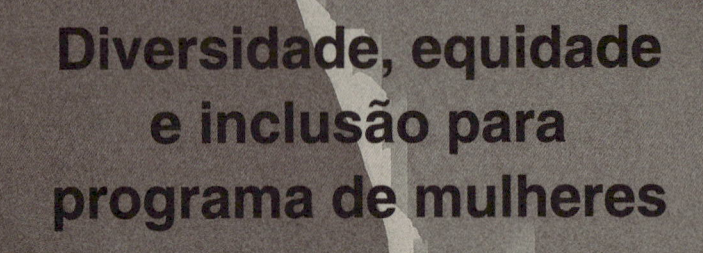

Diversidade, equidade e inclusão para programa de mulheres

Fernanda Burin

Executiva de Recursos Humanos, já atuou em áreas de negócio e nos diferentes subsistemas de RH em diferentes organizações como Natura, Unilever, ADP, Teleperformance, Banco Real/Santander, Bradesco, atualmente como CHROaaS. Atuando em processos de transformação organizacional há mais de 14 anos, também é professora de graduação na ESPM e pós-graduação no Insper, mentora voluntária no programa "Nós por Elas" do IVG, Academia do Universitário e do Patronos Unicamp. Mestre em Administração, FEA USP; pós-graduada ISE-IESE PMD, MBA FGV Gestão Empresarial e pela Fundação Dom Cabral em Gestão Mercado Financeiro; especialista em Ed. Corporativa pela FIA, Gestão de Projetos e Mercado de Baixa Renda pela ESPM. Graduada em Letras, Unicamp. Com certificações como Leader Coach pela ICI e Inst. Eco Social. Certificada nas ferramentas BIRKMAN, MBTI, Storytelling for Change, Design Thinking (IDEO), Culture Assessment, Barrett, Yellow Belt, Digital Transformation e Change Management.

Trabalhar em gestão de pessoas é um processo de aprendizado contínuo, repleto de desafios e realizações. Este projeto, que marcou o início da minha carreira, é um exemplo de sucesso que inspirou muitos outros ao longo dos anos: um programa de incentivo à carreira e empoderamento de mulheres.

A escolha desse tema foi motivada pela minha experiência com diferentes aspectos da diversidade, que foram abordados neste projeto. Como mulher, líder, gestora e mãe, compreendo a importância de criar um ambiente de trabalho inclusivo e de promover a carreira feminina.

Apresentando o projeto

Eu trabalhava em uma das maiores empresas de cosméticos do Brasil, a Natura, reconhecida por suas práticas de gestão de pessoas há mais de 20 anos. A empresa implementa ações para engajar funcionários e impulsionar carreiras femininas, com destaque para sua gestão de indicadores de RH, essenciais para justificar decisões aos acionistas. Meu primeiro aprendizado foi que medir e acompanhar indicadores facilita a tomada de decisão da liderança e ajuda os funcionários a entenderem o que precisa ser feito.

Esses indicadores revelaram, por exemplo, a necessidade de investigar a queda na pesquisa de clima organizacional. Isso resultou em *focus groups* e análises que identificaram a necessidade de ações focadas em mulheres e em questões relacionadas a filhos adolescentes. O acompanhamento constante de dados sobre satisfação dos funcionários, distribuição de gênero e índices de *turnover*, como a redução de 7,6% em 2005 para 6,7% em 2006, evidenciam a necessidade de planos de ação contínuos.

O compromisso da Natura com a diversidade evoluiu ao longo do tempo. A empresa conecta suas ações aos ODS (Objetivos de Desenvolvimento Sustentável) da ONU, especialmente o ODS 5, que visa à igualdade de gênero e ao empoderamento feminino. Compromissos públicos, como a assinatura dos Princípios de Empoderamento das Mulheres da ONU e a criação de uma política de igualdade de gênero, reforçam essa missão.

A diversidade e a inclusão não começaram com este projeto específico. A Natura se destacou desde a década de 80 pela contratação de profissionais com deficiência e, há mais de 25 anos, pelo berçário para filhos de funcionários. O desafio estava em aumentar a equidade nos diferentes níveis de liderança. Em 2019, o grupo Natura&CO foi a única empresa brasileira a entrar no ranking de diversidade da Refinitiv, destacando-se por buscar igualdade salarial desde 2021.

Estrutura estratégica do projeto

Após a primeira análise dos resultados de favorabilidade, realizamos *focus groups* conduzidos pelos *business partners* para identificar os fatores críticos que poderiam fazer diferença. O volume de ações e a profundidade dos temas nos permitiram apresentar ao grupo executivo a relevância do projeto e garantir investimento para contratar uma parceria que aprofundasse as análises e criasse soluções mais eficazes.

Nosso objetivo, definido junto aos executivos, foi criar um ambiente que favoreça a carreira corporativa das mulheres em diferentes momentos de vida, conectando-as ao ambiente profissional e potencializando suas carreiras. Dividimos o trabalho em três frentes: Mulher Prática, Mulher Mãe e Mulher Executiva. Em cada frente, avaliamos as soluções já existentes e identificamos o que seria necessário construir para acelerar o desenvolvimento de todas as mulheres, considerando que uma executiva poderia se enquadrar nos três perfis.

Para cada frente, analisamos produtos, serviços e soluções existentes, verificando a favorabilidade e se havia espaço para melhorias ou adaptações. Também dividimos a análise por estágio de vida/carreira: início, fase intermediária e maturidade, podendo seguir para especialização técnica ou cargos de liderança. Um ponto comum foi a Mulher Prática, já que todas enfrentam desafios de autocuidado. Na frente Mulher Mãe, o desafio é conciliar a agenda dos filhos com outras responsabilidades, especialmente os cuidados com crianças pequenas e o apoio a adolescentes em momentos de transições físicas, emocionais e decisões importantes, como o fim do ensino médio. Na frente Mulher Executiva, em todos os estágios de carreira, o desafio era manter o equilíbrio entre vida pessoal e profissional e contar com uma rede de apoio.

Implantando o Projeto

A implantação foi feita por fases e frentes/projetos. O que foi muito positivo é que cada solução teve sua comunicação, mas tudo já estava orquestrado para que fosse dentro da mesma linguagem. E só quando já tínhamos lançado as diferentes soluções comunicamos o programa, explicamos as diferentes frentes, a origem e porque relançamos algumas soluções. Falamos que tudo isso, todas as soluções faziam parte do guarda-chuva maior que era o programa Mulher, para empoderamento e encarreiramento da liderança feminina na companhia.

Frente: Mulher Prática

Avaliar os serviços disponibilizados e implantar melhorias era o foco para as soluções disponíveis para os escritórios. Avaliamos: clube com propostas de aulas e ações de saúde, ambulatórios e as especialidades e serviços médicos/saúde, que oferecíamos, serviços oferecidos por parceiros (costureira, sapateiro), serviços financeiros. Desse grupo vimos que seria positivo ampliar o horário de atividades de cuidado com a saúde próximo ao horário de almoço e para parte do público antes do horário de trabalho e pós--horário de trabalho. Assim, conseguiam utilizar, sem ter impacto na execução da atividade laboral. Criar programação casada entre atividade física e refeição, criar plano de aula que coubesse na hora de almoço junto com refeição rápida, e oferecer no mesmo ambiente. Essas foram algumas das ações, além de trazer outros prestadores de serviços como sapateiro, costureira, e a ampliação de serviços no PAB. O maior desafio para essa frente era atender e impactar o público externo aos escritórios.

Ações de Revitalização/Ampliação

— Área de serviços (ampliação e mais serviços), criar parcerias com empresas locais que tenham flexibilidade e queiram atuar dentro de uma organização. Não cobrar aluguel foi um elemento que atraiu muitos profissionais e quando levei essa ação para outras empresas, ter uma ideia de potenciais clientes para falar com fornecedores, combinar um um período de teste do serviço, na comunicação para funcionários deixar claro que é teste para ver o nível de adesão e utilização.

— Espaço para Treino + alimentação: criar treino (pedir para parceiro da academia) e uma refeição prática para pós-treino (parceiro de restaurante) permitiu que mais pessoas incluíssem na rotina do almoço a atividade, em outras empresas utilizamos salas de reunião com espaço fácil de alteração do *layout* para testar aderência, até aula de dança funcionou, meditação e yoga costuma funcionar bem quando não há estrutura para chuveiros. Pensar como ampliar para público de vendas e não escritório tem resolvido com parcerias com empresas como Wellhub e Totalpass.

– Reforço de comunicação das diferentes ações de saúde e bem-estar. Criamos calendário anual de comunicação para relembrar os funcionários dos benefícios dispostos e adequamos a comunicação ao público, ou seja, cada um recebia o que tinha acesso fácil e dando sensação de completude, anteriormente divulgamos coisas que tinham no escritório e era diferente para público externo, parecendo que faltava para o externo, mas era diferente, melhorou a percepção geral ao estar com a visão do que é deles.

Criação

– Criamos um salão de beleza, com massagem, manicure, cabeleireiro, e outros serviços comuns a um salão, fizemos o mesmo processo de teste por um período, validado pelo parceiro o giro/volume mantivemos;

– Parceria e subsídio com academias, o que atualmente deve ser Wellhub ou Totalpass;

– Cidades com alto volume de funcionários da área comercial, mapeamos parceiros e consultórios que permitem acompanhamento de elementos de saúde com maior frequência do público externo, com cobertura do plano.

– Capacitação de profissionais das casas das funcionárias que fossem mais administradores, conseguindo orquestrar lista de compras, cardápio, rotina de limpeza, etc., fizemos parceria com SENAC e foi um programa muito profundo de rotinas e práticas do lar (que impactou as outras frentes, mas trarei apenas aqui para não ser repetitiva).

Frente: Mulher Mãe

Mapear tudo que já era oferecido e reconhecido interna e externamente era fácil. O desafio de ter um berçário para recepcionar os bebês é a alta demanda, ou seja, muitas mães, mas também como suportar uma mãe que não tem como usar a mesma infra, criar parcerias, mapear possíveis escolas e comunicação que favoreça o aleitamento e outras ações de suporte à mãe. Outro desafio também é manter a mãe engajada e feliz com a empresa ao ter filhos fora da idade do berçário, como criar ações e programas que suportem e apoiem. Outra descoberta foi o desafio de ter uma rede de apoio familiar ou profissional que suportasse a criança ou a rotina da casa. Nesta frente hoje eu incluiria uma visão de parentalidade, de cuidado com a família. Os modelos familiares são mais amplos, homens e mulheres podem e têm papéis parentais, que podem ser com filhos e/ou pais. Cada vez mais estudos mostram como as gerações entre 50/60 estão cuidando dos filhos e dos pais, já que nossa população tem envelhecido cada vez mais[1]. Também levaria à discussão de licença parental de seis meses e auxílio creche até idade escolar. Pós-maternidade já acredito que inclusão de assessorias que apoiem aleitamento materno, como consultora de amamentação, odontopediatras para avaliação de freno-lingual, fisioterapeutas especializadas no pré e pós-parto para a mãe e criaria ou indicaria grupos de mãe, para trocas e conversas de apoio. E para adolescentes estudaria ampliar parceria com escolas digitais de fomento ao ENEM, vestibular e parcerias com empresas de testes de perfis, para inspirar nas decisões de carreira desse público.

Ações de Revitalização/Ampliação

– Ampliação do espaço berçário e vagas;

– Revisão do plano de comunicação, curso de gestantes e

---

[1] BBC – https://www.bbc.com/portuguese/articles/c3g7ppnwn0zo

formato, para ampliar atuação para 100% de funcionários (esposas não funcionárias);

– Ampliação do programa de férias de verão (já tinha de inverno);

– Revisão do tempo de licença-maternidade com e sem creche no local.

Criação

– Programa de férias para filhos adolescentes, com pegada de teste vocacional e miniestágio prático;

– Equipe de pediatras no ambulatório para atender às crianças dos berçários e filhos de funcionários em geral.

Frente: Mulher Executiva

Compreender os diferentes estágios de carreira conectados com os momentos de vida traz um bom desafio de como equilibrar, como orquestrar as frentes. Um dos primeiros passos foi compreender os caminhos de carreira possíveis das mulheres e aprofundar a compreensão do que e porque em algum momento tinha uma parada no crescimento/desenvolvimento de carreira. Conseguir pensar e divulgar quais são as possíveis trilhas de carreira para que as profissionais se inspirem e aprofundar nos motivadores que fizeram parar, ou questionar, reavaliar sua evolução de carreira. E revisitar programas de desenvolvimento/capacitação e também de *coach*, mentoria, já que existiam há muito tempo e estavam surgindo pouco efeito. Nos programas de desenvolvimento o desafio era explicar como aquele curso iria impactar na carreira, se para posição atual ou futura. E nos programas de *coach* e mentoria o desafio é que, se feito por pessoas da própria companhia, muitas vezes eram homens em cargos superiores.

Ações de Revitalização/Ampliação

– Revisão dos mentores e *coaches* internos;

– Revisão do modelo de comunicação de trilhas de carreira diretas ou indiretas, ou seja, sem precisar ser linear;

– Criar programas de desenvolvimento para cada fase e área de carreira.

Criação

– Programa de MBA, após aumentar peso do curriculum de gestão, considerando a comparação com homens;

– Programa de desenvolvimento para mulheres em momento de carreira de alta liderança para conseguir superar os desafios comuns e compreender como apoiar.

– Possibilidade de mentoria com profissionais de mercado, consultorias de mercado, para não ter pressão direta por ser da própria companhia.

Resultados

Os resultados podem ser acompanhados através dos relatórios integrados e tantas notícias e informações que são divulgadas pelo mercado e pela própria companhia. Um dos primeiros indicadores que acompanhamos no princípio do projeto foi de favorabilidade (pesquisa de clima) e em seguida o de presença de mulheres nos diferentes níveis organizacionais.

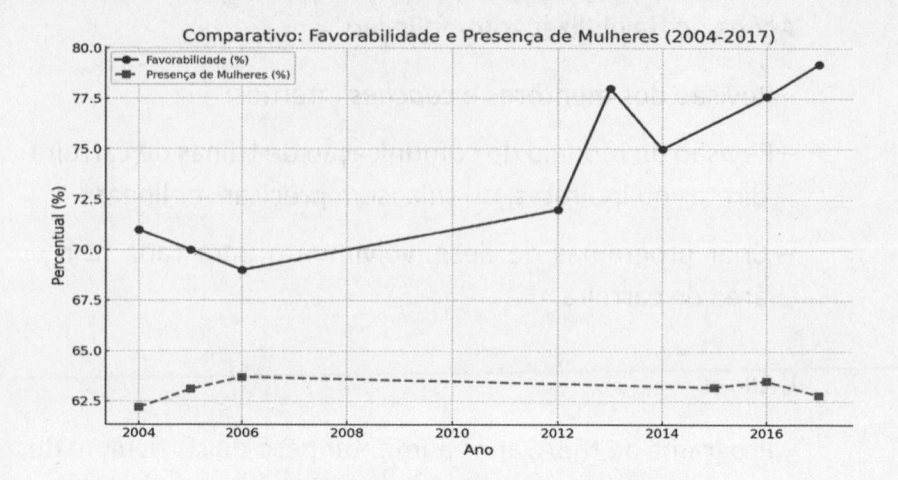

Comparativo: Favorabilidade e Presença de Mulheres (2004-2017)

Fonte: elaborado pela autora, com auxílio de IA,
fonte dos dados relatórios integrados, portal cia.

Um primeiro objetivo pode ver que dez anos após o projeto a favorabilidade subiu praticamente 10 pontos, o que mostra a constância do acompanhamento dos diferentes produtos do projeto, atualização constante das demandas e melhoria contínua. Já o volume de mulheres teve um crescimento, mas voltou ao patamar inicial, fazendo pouca evolução no volume total de mulheres.

Tabela 1: Percentual de Mulheres no Total de Colaboradores

Ano	Percentual de Mulheres (%)
2004	62,2%
2005	63,1%
2006	63,7%
2017	62,8%

Fonte: elaborado pela autora, com auxílio de IA,
fonte dos dados relatórios integrados, portal cia.

Avaliando a tabela, mostra a mesma visão de forma isolada, a seguir outros dados que podem auxiliar a análise de impacto em cargos mais altos, quase sem evolução.

Tabela 2: Percentual de Mulheres em Cargos Gerenciais

Ano	Percentual de Mulheres em Cargos Gerenciais (%)
2015	57,2%
2016	55,0%
2017	56,7%

Fonte: elaborado pela autora, com auxílio de IA,
fonte dos dados relatórios integrados, portal cia.

O que chama atenção é que são 8 pontos a menos que o percentual geral, há oportunidade de manter mais próximo do geral.

Tabela 3: Percentual de Mulheres em Cargos de Diretoria

Ano	Percentual de Mulheres em Cargo de Diretoria (%)
2015	25,9%
2016	29,6%
2017	32,7%

Fonte: elaborado pela autora, com auxílio de IA,
fonte dos dados relatórios integrados, portal cia.

E nos cargos de diretoria houve um bom avanço, este mostra que ações propositivas, afirmativas, trazem resultado significativo importante. O grande desafio é manter e ampliar, como nos cargos gerenciais e se aproximar dos dados gerais.

Tabela 4: Percentual de Mulheres Negras e Pardas no Total de Mulheres Colaboradoras

Ano	Percentual de Mulheres Negras e Pardas (%)
2004	20,3%
2005	24,0%
2006	21,9%

Fonte: elaborado pela autora, com auxílio de IA,
fonte dos dados relatórios integrados, portal cia.

E o acompanhar as interseccionalidades como questão de gênero e raça, gênero e deficiência, gênero e geracional pode ser uma boa forma de também de acompanhar e fazer evolução para programas como este, manter a organização ativa e refletindo sobre tudo que precisa olhar, cuidar, agir.

Para fechar e refletir

Poder acompanhar líderes seniores no começo da carreira como criam estratégia, análise para avaliar o que pode/deve ser feito para que tenha bons resultados com funcionários e assim ampliar performance foi crucial para formação como profissional de recursos humanos com repertório para diversidade. Ou seja, se preocupar genuinamente com as pessoas, mas construir projetos e soluções tendo conhecimento, dados sólidos que confirmem as análises. Fugir de percepção e ir para dados, fatos que fomentem uma boa estrutura para justificar a necessidade do projeto, investimento e quais possíveis soluções e impactos gerarão.

Outro item que aprendi, muito tempo depois, depois de ter replicado muitos aprendizados, é que empatia, simpatia nada se comparava ao ser tal qual o público que está construindo soluções, já acreditava na relevância da diversidade e representatividade, mas só agora vejo que pouco sabia sobre maternidade antes de ser mãe.

Busque um time diverso na essência com perfis, experiências, vivências e características que vão contribuir em todas as formas e etapas do projeto. E pense quais parceiros externos e estratégicos você já tem que permitem acelerar para uma entrega rápida importante, mas que permita que se torne interna e prática comum, que dê condições da organizar, continuar e assumir como sua, para que se torne valor e assim cultura da empresa.

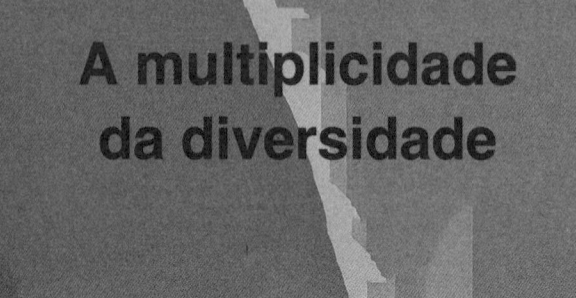

A multiplicidade da diversidade

Franciene Cristina da Silva

Graduada em Serviço Social na Unesp, com formação em Gestão Estratégica de Pessoas pela Fundação Getulio Vargas (FGV). Ama viajar, conhecer outras culturas e formas de ser e existir. Está gerente de Saúde e Bem-Estar, Diversidade e Cidadania Corporativa na Adecoagro. Atua há 24 anos com gestão de pessoas, e a maior parte do tempo no segmento do agronegócio. No momento, seu desafio é construir a sinergia entre saúde ocupacional, saúde assistencial, benefícios e desenvolvimento de programas para prevenção e cuidado, alavancar a jornada de diversidade, equidade e inclusão e tornar o investimento social privado ainda mais estratégico e alinhado aos compromissos de ESG (Ambiental, Social e Governança).

"Todo mundo tem que ser especial. Em oportunidades, em direitos, coisa e tal. Seja branco, preto, verde, azul ou lilás. E daí? Que diferença faz?" Gilberto Gil

V i e vivi muitas transformações e neste capítulo quero compartilhar uma delas; a diversidade, equidade e inclusão começam a fazer parte da estratégia de negócio do setor sucroalcooleiro, historicamente gerido por homens e com pouca representatividade de pessoas diferentes. A maior parte da minha carreira está acontecendo no agronegócio, tenho muito orgulho de trabalhar num setor que tem sustentabilidade no DNA, produz alimentos, combustível limpo, energia elétrica, gera emprego e renda e transforma vidas nas comunidades onde as empresas estão instaladas, mas é um setor que tem muito a avançar na pauta de diversidade, equidade e inclusão. Essa oportunidade de escrever veio num momento muito especial, de renovação, de ventos que sopram mudanças.

Para começo de conversa, sou uma liderança feminina, em várias reuniões fui a única mulher na sala, já tive dificuldades para ser ouvida e enfrentei obstáculos, trabalhar para que as empresas sejam mais inclusivas, respeitosas e humanas é um dos propósitos que me move, impulsiona seguir em frente. Há dez anos, quando se falava de diversidade no agronegócio, eu era até motivo de piadas, "não venha falar sobre isso, aqui não cola não, se contente em implantar um programa de inclusão para pessoas com deficiência, pois é lei e temos que cumprir". Tudo bem, vamos começar por essa diversidade. E como começar? Ouvindo as lideranças, as pessoas, os especialistas, a comunidade, compreendendo as barreiras visíveis e invisíveis.

O que ouvimos

Narrativas das lideranças

– Eu não quero pessoas com deficiência na minha área, é melhor a empresa pagar a multa e continuarmos a produzir, a pessoa com deficiência vai nos atrapalhar, não temos acessibilidade, não sabemos lidar com esse tipo de pessoa, eu acho importante, mas não na minha área, se contratar, depois não posso demitir, então nem penso em dar oportunidade e tantos outros argumentos capacitistas.

Narrativas de colaboradores

– Não temos nada contra a pessoa com deficiência, mas não é justo ganhar como eu, pois trabalha menos.

Narrativa da comunidade

– Não sabemos onde estão as pessoas com deficiência, a rede de atendimento não possui ações específicas para esse público, as cidades não têm planos de acessibilidade e de inclusão, as políticas públicas são insuficientes para dar conta de todas as necessidades de investimento.

Narrativa da empresa

– Há falta de profissionais com deficiências nas comunidades em que estamos inseridos com e sem qualificação, pouca acessibilidade nas cidades, o que dificulta o acesso à educação, existe medo de perder o Benefício de Prestação Continuada (BPC) com o ingresso no mercado de trabalho, mesmo na condição de aprendizagem, Programa de Reabilitação Profissional do INSS não funciona, e outras barreiras invisíveis, dificultam ainda mais a inclusão nas empresas.

Segundo a Pesquisa Nacional por Amostra de Domicílios (PNAD), 2022:

> "A maior parte das pessoas de 25 anos ou mais com deficiência não completaram a educação básica: 63,3% eram sem instrução ou com o fundamental incompleto e 11,1% tinham o ensino fundamental completo ou médio incompleto. Para as pessoas sem deficiência, esses percentuais foram, respectivamente, de 29,9% e 12,8%. Enquanto apenas 25,6% das pessoas com deficiência tinham concluído pelo menos o Ensino Médio, mais da metade das pessoas sem deficiência (57,3%) tinham esse nível de instrução. Já a proporção de pessoas com nível superior foi de 7,0% para as pessoas com deficiência e 20,9% para os sem deficiência".

Existem sim as barreiras visíveis e concretas, afinal, vivemos num mundo pensado para um padrão determinado de pessoas e todas as pessoas que fogem desse padrão têm dificuldades de acessar espaços e oportunidades, isso é um fato. Sabemos que os espaços públicos não são totalmente adaptados, falta de estrutura para transporte, mobiliário, acesso à educação e outras políticas públicas.

Considero muito interessante que quando falamos de pessoas com deficiência entende-se, de modo geral, que é um tema sobre o outro e não sobre nós mesmos, não se relaciona que podemos adquirir deficiências, costumo dizer que abrir portas para a inclusão é sobre nós que estamos falando e a maioria das portas são abertas do lado de dentro.

As barreiras invisíveis são as que não vemos e habitam nas pessoas, a literatura técnica denomina de vieses. O viés inconsciente que habita em mim saúda o viés inconsciente que habita em você. Sim, todos nós temos vieses inconscientes e o processo de desconstrução é um individual e coletivo ao mesmo tempo.

Cada pessoa enxerga o mundo e as situações com as lentes que possui, camadas cuidadosamente construídas a partir da sua realidade de existir, da família em que nasceu, da comunidade onde cresceu, da fé que escolheu, uma montagem engenhosa, sensível e complexa de se desmontar.

Somos "programados" para resistir à mudança, essa é uma constatação científica, nosso encéfalo é projetado para resistir, gosta do conforto, de manter estabilidade. Nos processos de transformação cultural, a resistência é esperada e temos que enfrentar as situações com empatia, ternura e firmeza.

A empresa pode e deve oferecer os "panos para limpar as lentes", através das capacitações, dos conteúdos divulgados na comunicação interna, nas falas da alta direção, nas suas políticas, códigos de conduta etc., mas as camadas ainda estão lá e alterar a composição das lentes, desembaçar é sempre um ato individual; nessa constatação reside o maior desafio de avançar na jornada de diversidade, equidade e inclusão.

Aprendizados de uma caminhante

A jornada da diversidade, equidade e inclusão é longa, tem curvas, você encontra uma multidão de pessoas querendo oportunidades, contando suas histórias e dificuldades e não admite atalhos. Toda jornada precisa ter um ponto de partida, rota, espaço para ajustes e diário de bordo para registros e reflexões dos diálogos que são construídos no caminho.

A jornada mais difícil de DE&I numa empresa é aquela que começa isolada, sem apoio da alta liderança, pois demanda um gasto enorme de energia e pouco avanço. Caminha, caminha, mas não sai do lugar. A diversidade não pode ser de uma área apenas, é patrimônio imaterial de uma empresa. As estratégias de DE&I precisam ser incorporadas à estratégia macro do negócio, combinadas, estruturadas, revisadas e permanentemente acompanhadas através de estudos e indicadores.

Somos diferentes, é uma certeza, não existe nenhuma pessoa igual a outra e quanto mais diferentes são as equipes mais potentes são, temos mais pontos de vista e possibilidades de vencer desafios com mais agilidade e sustentabilidade, tomar as melhores decisões.

São muitas as diversidades e a jornada precisa de um programa com pilares para parada, reflexão, transformação e mudanças. Nesse *case* analisado, a empresa optou por cinco pilares que representam os desafios de promover equidade e inclusão, ou seja, Pessoas com Deficiência, Gênero, Raça e Etnia, LGBTI+ e Gerações e Experiências.

De fato, os pilares precisam acontecer ao mesmo tempo, há "vozes" clamando por avanços na jornada e, para isso, um sistema de governança estruturado é fundamental para seguir, construir mais engajamento e permear a cultura da empresa.

As estratégias avançam conforme a maturidade da empresa, o primeiro passo é o letramento de lideranças, profissionais de Recursos Humanos, colaboradores e colaboradoras para o entendimento das diferenças, sua história, o movimento de limpar as lentes e revisar as camadas que a compõem para entender a paisagem nova, as cores, os aprendizados e a histórias dos grupos minorizados, nem tão minorizados assim, vide mulheres que são a maioria no mundo e ainda não alcançaram a representatividade em todas os espaços, é um processo lento, individual, pois a adesão de cada pessoa provoca mudanças e coletivo, das empresas, comunidades, sociedade como um todo.

Não posso me esquecer de mencionar a importância de as empresas incorporarem o respeito como uma premissa inegociável, lideranças inclusivas, respeitosas promovem um ambiente com segurança psicológica, protegem a saúde mental de todas as pessoas, promovem um ambiente saudável de valorização da aprendizagem e não do erro.

Nós, profissionais de gestão de pessoas, precisamos colocar uma lupa sobre as políticas, programas, processos, olhar com estranhamento, nos colocarmos no lugar das mulheres, pessoas negras, deficientes, LGBTI+, 50+ e avaliar como podemos ser mais inclusivos, onde precisamos promover equidade para ampliar a diversidade e, consequentemente, a inclusão. Uma forma de colocar a equidade em prática é enfrentar a cultura da meritocracia, uma armadilha perigosa que nivela as pessoas sem considerar as suas diferenças, fatores internos e externos muitas vezes invisíveis.

Os aliados são fundamentais, na jornada de DE&I identificar essas pessoas e fortalecer o seu papel é essencial, a caminhada não é solitária, torna-se coletiva e transforma-se em legado, para isso, é fundamental uma governança, envolvendo nessa teia todos os níveis hierárquicos que vão aportar recursos, investimentos e pessoas para que a jornada continue vigorosa e perene. A cada dia mais as pessoas querem sentir-se representadas, ouvidas e fazer parte, os grupos de afinidade fazem esse papel de escuta-ação.

Essa comunicação da jornada precisa acontecer sempre, a cada avanço, através de histórias, indicadores que mudaram, tudo precisa ser compartilhado, não importa o meio, e precisam chegar em todas as pessoas quer seja por material impresso, recursos tecnológicos, mas principalmente pela fala e exemplo das suas lideranças.

A adesão voluntária a compromissos públicos ajuda na jornada, impulsiona, traz mais força e direção, pois a empresa percebe que não está sozinha, aprende com outras empresas, traz movimento, elementos para repensar e incorporar novas práticas, mas não basta ter diversidade no papel, a adesão tem que ser consciente e responsável.

São muitos os desafios na jornada e pedras imensas para mover, abrir caminhos para que as pessoas sejam enxergadas por suas capacidades e não por suas diferenças. E, nessa jornada de tornar as empresas mais diversas e inclusivas, não importa a velocidade, mas sim a constância, um passo de cada vez, todos os dias e sempre, as empresas exercerem seu papel social e contribuírem para uma sociedade com mais oportunidades para todas as pessoas, gerando um ciclo virtuoso de vidas transformadas através do trabalho e da individualidade respeitada.

Ventos da mudança

Comecei escrevendo este capítulo falando de ventos de mudanças e, sim, estão sendo soprados para as organizações através do mercado, consumidores, comunidades, movimentos sociais e outros *stakeholders* impulsionados pelo movimento global de ESG (Ambiental, Social e Governança).

Diversidade, equidade e inclusão têm que fazer parte da estratégia dos negócios, ouso dizer que as empresas que não tiverem estratégias focadas, metas e engajamento estruturados em todos os níveis da organização terão dificuldades em se manterem competitivas, inovadoras e vão perder a oportunidade de contratar talentos incríveis e contribuir para mudanças importantes e necessárias que muitos segmentos da sociedade clamam há séculos.

Como esse *case* vai terminar? Não sei, pois tem muitas pedras para serem movidas ainda e a jornada está só começando; até há poucos anos, uma pessoa com tatuagens, o que hoje é visto como algo "normal", era olhada de um jeito diferente, deveria esconder esse fator de diferenciação para atuar em muitas empresas, porém, a maior parte das diferenças não pode ser escondida, as pessoas vivem com elas e nem sequer passavam da etapa de entrega do currículo com foto para oportunidades de trabalho, não eram atendidas enquanto consumidoras e tiveram que viver uma vida mais difícil e com mais barreiras para acessar espaços sociais. A diversidade é uma pauta que vem crescendo e ganhando força porque é importante para as pessoas e, consequentemente, para os negócios, o mercado começar a praticar um certo estranhamento com empresas homogêneas, com o mesmo jeito de pessoas e resultados, definitivamente, não é um bom lugar para investir, tem muito risco, não cumpre a sua finalidade social.

Se você leu minhas palavras, espero que tenha feito algum sentido para você esse ajuntamento de aprendizados da minha jornada pessoal e profissional, se não fez sentido algum ou discorda, tudo bem também, vou adorar conhecer seu ponto de vista, vamos dialogar, aprendo verdadeiramente mais com a diversidade do que com a igualdade. Um pedido especial de quem muitas vezes sentiu-se sozinha na jornada, junte-se às pessoas da sua empresa que estão conduzindo a jornada de diversidade, equidade e inclusão, revise seu modelo mental, seus processos de trabalho, permita-se desconstruir conceitos que já não cabem mais nessa nova realidade, abra portas por dentro, desenvolva, dê *feedbacks*, promova, escute outros pontos de vista e as histórias das pessoas que trabalham com você, torne-se uma pessoa aliada que pratica a equidade e inclusão de verdade, tudo começa pela gente.

E eu fico por aqui, trabalhando, aprendendo, desaprendendo e seguindo minha jornada de contribuir para que as empresas sejam lugares melhores para se trabalhar.

Dedico esta oportunidade a pessoas muito especiais nessa história toda: à equipe maravilhosa que sonha e realiza comigo, sobretudo a querida Simone Queiroz, uma profissional incrível que está comigo nesse desafio de fazer diversidade; aos amigos e amigas (em especial a Roseli Motta, que me indicou para a Editora Leader, ao Ronaldo Mendonça, por acreditar no meu trabalho), a minha família e ao meu companheiro de vida, por terem me incentivado a transbordar o que acredito.

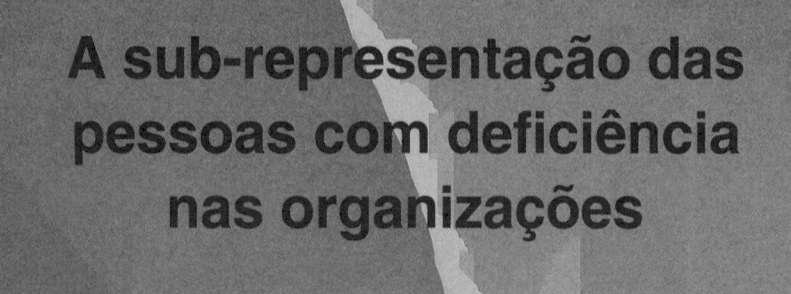

A sub-representação das pessoas com deficiência nas organizações

Hellen Rosa Ferreira

Mãe da Suellen, Bruno e Luiz Filipe e avó da Laura, atuando como executiva (CHRO) da área de Recursos Humanos com mais de 20 anos de carreira na área à frente da implementação, reestruturação e gestão de todos os subsistemas em empresas multinacionais e nacionais de diversos segmentos, com experiência internacional, liderando projetos globais de desenvolvimento de liderança, cultura e clima organizacional. Psicanalista, psicopedagoga, especialista em Recursos Humanos, Responsabilidade Social, Diversidade & Inclusão, Dinâmica dos Grupos, com Doutorado em Psicologia Social pela *Universidad Argentina John F. Kennedy* e Certificação internacional em Professional Coaching. Professora de pós-graduação do Grupo Ser Educacional e palestrante do I Congresso Sul-Americano de Psicologia Social – Buenos Aires/AR. Publicação de artigos e entrevistas para rádio e TV: Revista SBDG; Humanitas; Folha Dirigida; RH pra Você; Rádio TUPI; Rádio Nova Brasil; TV Globo; Rádio Roquette; Revista Fórum. Coautora do livro *As Donas da P**** Toda*. – Volume III.

PcD: Coitado ou herói?

> *"A unidade tem como tesouro a diversidade humana, e a diversidade humana, a unidade humana. Quando se compreende isso, pode-se também compreender quão desnecessário é, no mundo de hoje, querer que todas as pessoas sejam iguais quando a riqueza está nas diferenças."*

Meu nome é Hellen Rosa Ferreira. Sou mãe de três, psicanalista, executiva de Recursos Humanos, líder, especialista em Diversidade & Inclusão e PcD. Descobri minha deficiência há aproximadamente dez anos quando, em um exame de rotina, verifiquei que estava cega de uma vista, assim, recebi o laudo de monocular. Sempre acreditei que, como profissional da área, somos agentes de transformação, podendo sim construir um mundo melhor. E quando trazemos o tema inclusão de Pessoas com Deficiência no mercado de trabalho, sabemos que temos um longo caminho ainda bem difícil.

Quando avaliam uma Pessoa com Deficiência, há um tratamento diferente: somos tratados como coitados ou seres que se superam, tornando-nos então, objeto de nossa própria característica (a própria deficiência).

A deficiência é um estado de ser que deve ser comportado em um ambiente de diversidade e as Pessoas com Deficiência participam em deveres como cidadão, sendo dessa forma merecedores da equiparação dos direitos.

É sabido que temos muitas **lutas por inclusão, respeito e fim do preconceito** nesses últimos anos. Mas, muitos avanços ainda são extremamente necessários. Nos dias de hoje, vivemos um movimento de discussões sobre diversidade, equidade, inclusão e combate a qualquer tipo de discriminação. As discussões, os questionamentos ao machismo, racismo, LGBTfobia vêm ganhando cada vez mais espaço e provocando mudanças essenciais para a nossa sociedade. Mas, apesar da facilidade da internet, dos debates e de todas as informações, ainda estamos longe de construir uma sociedade justa, onde todos, em todas as suas formas, são respeitados.

Não é novidade que o **preconceito e a exclusão** são problemas que estão presentes e **enraizados na sociedade e** se manifestam de diversas formas. Uma delas é o capacitismo. O capacitismo é uma forma de **preconceito** com as pessoas com deficiência, que está arraigado na sociedade. O termo se refere a uma preconcepção sobre as **capacidades** que a pessoa tem ou não devido a uma deficiência e, ainda, **reduz** a pessoa a essa deficiência. Considera o corpo "normal" como o corpo que é "capaz" de fazer todas as coisas, em contrapartida, considera o corpo com deficiência um corpo anormal. Importante ainda ressaltar que o capacitismo surge, muitas vezes, de forma sutil, mesmo entre aqueles que dizem não ter nenhum preconceito. Trago como exemplo as narrativas que colocam as pessoas com diversidade funcional como guerreiras ou coitadas.

Pode ser que, em um primeiro momento, pareça uma atitude positiva e empática, como a **superproteção, a piedade e elogios exagerados** dirigidos a essas pessoas e, mesmo que de forma inconsciente e até mesmo velada, **essas manifestações reforçam estereótipos que colocam PcDs como incapazes.**

Só no Brasil temos 45 milhões de pessoas com deficiência, sendo que, deste total, apenas 7 milhões estão aptas ao mercado de trabalho, mesmo com a Lei de Cotas. E, apesar das cotas, PcDs são sub-representados nas empresas. E, quando contratados estão, na maioria das vezes, apenas em cargos de entrada. Podemos ainda afirmar que, mesmo com a obrigação deste cumprimento de cota, ainda falta inclusão.

O relatório **Diversidade, Representatividade e Percepção – Censo Multissetorial 2022**, realizado pela consultoria de diversidade Gestão Kairós, levou em consideração informações de 45 mil profissionais de diversos setores. Neste estudo, constatou-se que as pessoas com deficiência representam apenas 2,7% dos funcionários das organizações. Isto em um contexto em que 69% das empresas que participaram do estudo têm mais de 1.001 profissionais, o que significa que as empresas, segundo a Lei de Cotas, deveriam contar com 5% de funcionários PcD. O que isso quer dizer?

Que, mesmo com a "famosa" Lei de Cotas, as organizações não atingiram a margem mínima exigida por ela. A Lei de Cotas para Pessoas com Deficiência foi criada em 1991 e determina que as empresas, a partir de 100 funcionários, devem contar com 2% a 5% de pessoas com deficiência em seus quadros de funcionários. Porém, mesmo com a determinação e pagamento de multa pelo descumprimento, muitas empresas não atingem esse patamar. Neste censo, ainda temos uma questão mais crítica, entre as pessoas com deficiência que estão empregadas, pois apenas 0,8% delas são mulheres, número quase quatro vezes menor que o percentual de homens. Os dados ainda são mais alarmantes quando falamos de oportunidades de carreira e cargos de liderança para pessoas com deficiência. Menos de 10% dos profissionais com deficiência ocupam cargos de liderança. Esses dados refletem uma rasa inclusão desses profissionais. Neste cenário, encontram-se profissionais que, quando contratados, possuem baixas perspectivas profissionais e pessoais, somadas também à desmotivação e ao isolamento. É muito importante nos questionarmos: o que impede uma pessoa com deficiência de ter a capacidade de liderar e/ou crescer na carreira?

Dar visibilidade e oportunidade são fundamentais para tirarmos os profissionais com deficiência dos cargos de entrada.

Combater o capacitismo e construir uma sociedade mais inclusiva é um processo que exige a desconstrução individual, educação e mudanças de paradigmas.

'Deficiência não faz ninguém menor'

Por isso, trago este tema com lugar de fala.

Todos nós devemos falar sobre Diversidade, Equidade & Inclusão, com as pautas de racismo, machismo, homofobia, capacitismo. Mas só pode falar sobre experiência em primeira pessoa quem a vive. É fundamental que as causas sejam de todos NÓS, mas que o protagonismo seja de quem representa/vivencia a causa em sua própria trajetória. É sobre possibilitar o rompimento dos silenciamentos históricos.

A importância de ouvir!

Além de todo o aprendizado para estruturar um espaço de confiança e seguro para fomentar conversas e discussões, ressalto uma questão de suma importância: a alteridade. Sabemos que, nos últimos anos, a palavra empatia ganhou popularidade e realmente virou uma bandeira. Porém, podemos afirmar que empatia é, de fato, um exercício imaginário – colocar-se no lugar do outro. Todavia, alteridade é a capacidade de reconhecer a pessoa como ela é, com todas as diferenças que existem entre você e ela. Não é só o reconhecimento da diferença, a alteridade propõe um respeito ético ao outro como um ser singular. E só há uma forma de tornar isso realidade: ouvir, em vez de imaginar.

Promover a inclusão não significa apenas incluir PcDs na organização, mas construir uma rede de desenvolvimento sustentável para ela.

De acordo com a Convenção sobre os Direitos das Pessoas com Deficiência, promulgada pelo Decreto nº 6.949/2005, pessoa com deficiência é aquela que tem impedimentos de longo prazo, de natureza física, mental, intelectual ou sensorial que, em interação com diversas barreiras, pode ter obstruída sua participação plena e efetiva na sociedade, em igualdade de condições com as demais pessoas. A Lei Brasileira de Inclusão da Pessoa com Deficiência (LBI), Lei nº 13.146/2015, também conhecida como o Estatuto da Pessoa com Deficiência, traz o mesmo conceito de pessoa com deficiência. A deficiência sensorial está relacionada a uma disfunção parcial ou total de algum dos cinco sentidos (audição, paladar, visão, olfato e tato).

Como já mencionado anteriormente, as organizações devem cumprir a Lei de Cotas de Pessoas com Deficiência. Porém, ainda há diversas questões com essas contratações. Por isso e tantos outros motivos e, com o nosso propósito como área de Recursos Humanos, vendo que essas informações são, muitas vezes, negligenciadas, trago o tema para compartilhar experiências e reflexões.

Mesmo sabendo que é um passo fundamental para a construção de uma sociedade mais justa e inclusiva, a inclusão PcD ainda encontra grandes desafios, como preconceito no ambiente de trabalho; acesso ao ensino de qualidade; espaços de trabalho sem adaptações necessárias para Pessoas com Deficiência; dificuldade da própria equipe de contratação; falta de representatividade; entre tantos outros desafios enfrentados por este grupo.

Na pesquisa realizada pela Catho, com Pessoas com Deficiência, constatou-se que 49% das pessoas já sofreram algum tipo de preconceito no ambiente de trabalho, sendo 65% desse preconceito vindo de colegas e 54% dos casos vindo de gestores.

Antes de qualquer coisa, é necessário DIAGNOSTICAR e saber aonde queremos chegar na organização. QUAL A NOSSA META?

Em minhas experiências pude criar, estruturar e implementar muitas ações e projetos de Diversidade & Inclusão. Foram muitos aprendizados para que pudesse criar uma cultura inclusiva, de acolhimento e respeito.

Como construir essa cultura?

Vamos iniciar a nossa preparação? É essencial estar preparada para atender pessoas com deficiência no ambiente de trabalho. Descrevo algumas ações primordiais que precisamos seguir para realmente ter sucesso na inclusão de Pessoas com Deficiência.

1. Entenda as diferentes deficiências e suas necessidades – É crucial reconhecer que cada deficiência apresenta suas próprias complexidades e necessidades, para que, dessa forma, seja possível ter toda a estrutura necessária para a INCLUSÃO desta pessoa. A contratação deve considerar a necessidade de adaptação para que a pessoa com deficiência possa atuar com todo o conforto e qualidade de vida naquele ambiente. As adaptações precisam ser feitas respeitando a necessidade de cada pessoa.

2. Crie um ambiente inclusivo e promova a conscientização – É de suma importância desenvolver uma Política de Inclusão. Precisamos ter diretrizes para que a empresa seja inclusiva. Enfatizar o respeito independentemente das condições físicas ou intelectuais de cada um. Quando a cultura da empresa é inclusiva, é muito mais fácil fazer o processo de integração de Pessoas com Deficiência. Não adianta Diversidade sem INCLUSÃO. Informações, grupos de estudos, palestras e formas outras de aprendizado ajudarão a promover conhecimento e conscientização sobre o tema.

3. Crie Grupos de afinidades e/ou Comitês – Ainda há muita resistência à diversidade PcD no ambiente de trabalho. Isto ocorre pois existe um entendimento limitado ou até mesmo equivocado sobre o tema. Há inúmeros casos em que a falta de conscientização resultou em ambientes hostis e tóxicos. Quando compartilhamos experiências, conhecimento e discutimos ações e erros passados, como situações de preconceitos, podemos educar e sensibilizar de forma mais eficaz.

4. Ofereça condições/Estrutura para candidatos com deficiência – É fundamental que desde o processo seletivo haja acessibilidade para as pessoas deficientes. Deve-se pensar em todas as necessidades de candidatos para que tenham oportunidades iguais. Este é um ponto de muita atenção, para que não se cometam falhas que podem acabar excluindo ao invés de promover a inclusão.

5. Vamos de vagas afirmativas? Deficiência não faz ninguém menor! - Sim! Para que possamos realmente alcançar os nossos objetivos incluindo a diversidade com PcDs, precisamos reforçar as contratações. Vamos focar nas competências, sem preconceitos. Não limite a pessoa à sua deficiência. Ela decide quais são suas limitações.

6. Desenvolva a Liderança – A liderança deve estar engajada. A falta de suporte da liderança é um fator crítico que certamente leva ao fracasso iniciativas de inclusão. Muitas ações que tentamos implementar, apesar de políticas inclusivas, são ineficazes devido à falta de engajamento da liderança. Líderes engajados são essenciais para garantir que as ações e políticas de inclusão PcD, ou de qualquer outra categoria, sejam, além de implementadas, respeitadas e vividas, criando um ambiente de trabalho verdadeiramente inclusivo, de respeito e acolhedor.

7. Crie um ambiente de CONFIANÇA E SEGURO – É importante criar um ambiente seguro, de confiança e transparência para *feedbacks*. A falta de um ambiente de confiança e aberto ao *feedback* pode resultar em problemas de comunicação e descontentamento entre os colaboradores, que podem se sentir desvalorizados e incompreendidos. Quando criamos um ambiente seguro, com uma cultura de confiança e comunicação aberta, os líderes podem identificar e agir para correção de possíveis problemas de forma mais eficiente, melhorando

a satisfação e o clima da organização. Crie as rodas de conversa sobre o tema; traga relatos reais; ofereça canais de ouvidoria; divulgue histórias reais.

8. Busque oferecer condições de trabalho flexíveis – Algumas experiências demonstram a importância de oferecer condições de trabalho para adaptação às necessidades individuais dos colaboradores. Quando conseguimos adotar essa abordagem, permitimos que cada colaborador contribua com o seu melhor, respeitando suas particularidades.

9. Desenvolva as Pessoas com Deficiência – Crie programas de desenvolvimento profissional adaptados às necessidades individuais, incluindo treinamentos, mentorias e oportunidades de avanço e aceleração na carreira.

10. Acompanhe sempre - Criar uma cultura de inclusão não é uma ação pontual, é uma construção – CONSTÂNCIA. Acompanhamento e avaliações/pesquisas regulares garantem que a organização esteja sempre alinhada com as melhores práticas e identifique áreas de melhoria. A inclusão de Pessoas com Deficiência no ambiente corporativo é uma abordagem holística. Esta vai desde a conscientização até a implementação de infraestruturas adaptadas.

11. Reforce a importância da Diversidade – Destacar e aproveitar o potencial de cada colaborador para formar equipes diversas é que fará a diferença e trará o crescimento para as organizações. Equipes compostas por pessoas com deficiência aumentam as chances de incentivar a inclusão, fazendo com que os próprios colaboradores entendam a importância dessa diversidade. Crie um ambiente onde o respeito, a confiança e o sentimento de pertencimento do grupo são reforçados e vivenciados.

Promover a inclusão de pessoas com deficiência é parte do meu propósito. Quero que elas se sintam em um ambiente acolhedor e inspirador.

Ter processos de acompanhamento e desenvolvimento dos colaboradores com deficiência na empresa fará toda a diferença, por exemplo: adequação gradual dos espaços para torná-los acessíveis; equipamentos de apoio; intérprete de Libras; treinamentos e sensibilizações sobre inclusão para todos os colaboradores; emprego apoiado para profissionais com deficiência intelectual, autismo e Síndrome de Down; plano de carreira para PcDs.

Vamos possibilitar que mais pessoas com deficiência tenham oportunidades e sejam protagonistas de suas próprias histórias. Em minha trajetória pude implementar tais ações, com projetos e fortalecimento de uma cultura de Diversidade & Inclusão. Cada uma das dicas apresentadas contribuiu para a construção de um ambiente de trabalho mais inclusivo, diversificado e enriquecedor. É nosso papel realizar a promoção e inserção da inclusão PcD no ambiente corporativo. Uma pessoa com deficiência desenvolve muitas competências, como resiliência, coragem, criatividade.

Infelizmente, muitas organizações ainda nos procuram apenas por causa da sigla **"PcD" em nossas redes sociais ou currículos** e as primeiras perguntas que fazem são: "Você é deficiente? Qual a sua deficiência? Estou com uma oportunidade para vaga de auxiliar *xyz*. Você quer participar do processo seletivo?" ***Observação: vagas afirmativas sempre para cargos de entrada.***

Ainda não há preocupação com as nossas competências, por isso é fundamental o empoderamento das pessoas com deficiência para que elas mostrem suas habilidades e conhecimento, deixando de assumir o papel de "cumpridor de cota".

Além de tudo que já foi relatado, a inclusão de Pessoas com Deficiência resulta em uma série de benefícios para as organizações. A inclusão não é apenas uma questão de responsabilidade social ou cumprimento legal, é um meio também de refletir valores ESG

(Ambiental, Social e Governança). As organizações que têm foco na Diversidade & Inclusão demonstram um compromisso genuíno com a sustentabilidade social, reforçando sua reputação, enviando uma mensagem clara de que estão alinhadas com padrões éticos e de governança, fortalecendo sua posição no cenário corporativo global. A inclusão também promove um ambiente que estimula a inovação. Quando uma empresa contrata um grupo diverso para compor o seu time, é comum que ocorra um estímulo à inovação. Pois, onde a diversidade, seja PcD ou qualquer outra vertente, é acolhida, ouvida e valorizada, permite a inovação, fomentando a criatividade e garantindo que novas soluções sejam adotadas a partir da convivência entre pessoas diferentes.

Não é fácil este movimento de Inclusão de Pessoas com Deficiência no mercado de trabalho, mas creio que podemos contribuir para esta mudança. As deficiências do indivíduo não devem ser vistas como aquilo que o define, mas como uma parte de sua condição de vida. O nosso trabalho é estratégico, como área de Recursos Humanos, dessa forma, devemos atuar de forma educativa e preventiva para evitar que o capacitismo ocorra no ambiente de trabalho. Assim, estamos contribuindo para que todos possam atuar e apoiar a causa, independentemente de sua condição particular.

Hoje agradeço imensamente às minhas equipes, que sempre atuaram nessas ações e projetos, com muito empenho, contribuindo para a busca da inclusão e do respeito à diversidade e, também, a todos os líderes que tive a oportunidade e honra de trabalhar e que construíram junto conosco essa cultura de inclusão e acolhimento.

E deixo aqui um registro do meu maior respeito e agradecimento a todas as Pessoas com Deficiência que estão buscando dignidade, respeito e oportunidades.

"A inclusão social só será possível quando cada um se despir dos próprios preconceitos." Autor desconhecido

Oferecendo pílulas vermelhas

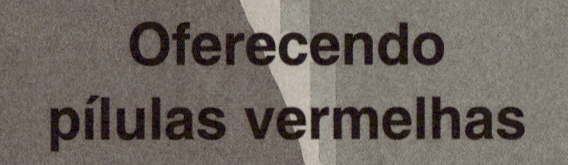

Lilian Turik Lapchik

Executiva Sênior de Recursos Humanos. Formada em Psicologia pela PUC-RS, com MBA pela Universidad Autónoma de Madrid e certificações em Coaching, MBTI e Gestão da Mudança. Sólida experiência construída ao longo de 18 anos de carreira em empresas de diversos segmentos em âmbito nacional e internacional. Filha do Mário Breno e da Denise, irmã da Giane, neta do Israel (Z"L), da Mina (Z"L), do Jayme e da Raquel (Z"L). Esposa do Fernando e mãe feliz e realizada do Eduardo.

Minha atuação e experiência profissional com Diversidade, Equidade e Inclusão (DE&I) se deu junto à minha jornada de autoconhecimento, por esse motivo, quero começar contando um pouco sobre mim.

Sou de origem judaica e, apesar de não ser religiosa, essa identidade tem um papel fundamental nos meus valores, calcados na *tzedaká*, palavra em hebraico que significa "justiça social" ou ainda um dever moral de fazer o bem ao outro. A minha família, como muitas outras, sempre teve o costume de se reunir no almoço de domingo. Neles, eu escutava dos meus avós sobre a nossa origem, e logo sobre os inúmeros episódios de discriminação sofridos ao longo da história, sendo um dos mais recentes e significativos o holocausto, que culminou na morte de mais de 6 milhões de judeus na Segunda Guerra Mundial. Neste período, não só os judeus foram alvo de extermínio, mas também negros, ciganos, homossexuais, pessoas com deficiência e tantas outras que eram apenas diferentes do que defendiam como uma "raça superior". Em razão destes episódios, a educação é um dos principais valores da nossa família, afinal, um povo acostumado à perseguição está sempre pronto para, através dela, recomeçar.

Você talvez esteja se perguntando: por que isso é relevante? Porque desde criança eu me perguntava como era possível alguém discriminar um outro alguém simplesmente por ter uma crença, cor de pele ou orientação afetivo-sexual diferente da sua. Aquilo nunca fez sentido pra mim, confesso que foi também objeto de muitos pesadelos durante a minha infância, e infelizmente um receio que segue presente nos dias de hoje. Algumas pessoas questionam por que o povo judeu fala tanto sobre o holocausto e o motivo é simples: nunca esquecer para que nunca se repita.

Assim como todas as coautoras deste livro, também sou mulher. Tenho muito orgulho de ser descendente de mulheres trabalhadoras, independentes financeiramente e foi desta forma que eu e a minha irmã fomos criadas. Desde pequena escuto da minha mãe que antes de casar precisávamos ter dinheiro para "comprar nossas próprias calcinhas" - um jeito leve de ensinar sobre o empoderamento feminino e a importância de não depender de parceiro algum, seja ele homem ou mulher.

Aos 23 anos, a partir do desejo de uma vivência internacional e, claramente, de um lugar de privilégio, morei na Espanha, onde convivi com pessoas das mais diferentes culturas, e lá também me tornei aliada da causa LGBTQIAPN+. Porque, de novo, na minha cabeça não fazia sentido algum uma pessoa não poder ser quem ela é, seja dentro de casa ou em uma mesa de bar. E, por esse motivo, você pode sim me encontrar em uma marcha de orgulho na *gran via* ou na avenida Paulista qualquer dia desses. Como dizia uma das minhas amigas: *"El amor es demasiado grande para quedarse en un armario"*.

Já aos 33 anos me tornei mãe e posso dizer com conhecimento de causa que a maternidade abre um novo olhar para o mundo e a necessidade de equidade social. Felizmente, as mulheres têm se libertado do ideal materno e já se fala muito sobre o equilíbrio de papéis entre homens e mulheres na criação dos filhos. Mas eu diria que isso está ainda mais distante do que a equidade de gênero no mercado de trabalho, além de serem temas bastante interdependentes.

Por fim, há ainda a pauta do etarismo, o preconceito com pessoas por causa da sua idade, da qual começo a me aproximar cada vez mais. Se tudo der certo, todos iremos envelhecer e, por consequência, também poderemos ter alguma deficiência adquirida, sendo a deficiência motora e a visual as mais comuns entre idosos, segundo o IBGE. Logo, com a expectativa de vida aumentando, a forma como a sociedade encara a produtividade de pessoas 50+ precisa estar em pauta desde já nas organizações e nas políticas públicas - na verdade, chegamos um pouco atrasados, mas antes tarde do que nunca!

Tudo isso para dizer que DE&I sempre estiveram presentes na minha vida, ainda que eu não soubesse nomear desta forma.

Minha primeira experiência profissional na área foi no meu último ano de faculdade, estagiando em uma consultoria de RH, quando a partir da Lei de Cotas (art. 93 da Lei nº 8.213/91) percebemos a oportunidade de atrair e selecionar pessoas com deficiência, capacitar as empresas para recebê-las e assim viabilizar de fato a inclusão. Uma oportunidade perfeita de alinhar trabalho a valores pessoais.

Foi durante essa experiência, em 2009, que decidi cursar a minha pós-graduação fora do país. Quando morava em Madrid, trabalhei em uma empresa multinacional com um forte senso de **meritocracia**, na qual os requisitos básicos para a contratação de profissionais eram ser recém formado em universidades "de primeira linha" e ter inglês avançado. Como resultado, nosso quadro de funcionários era majoritariamente branco, jovem, de classes sociais média e alta e masculino, já que contratávamos muitos profissionais de engenharias, nas quais, ainda hoje, temos uma predominância de homens. Se você me perguntasse, eu não estava intencionalmente buscando pessoas não diversas, tampouco acredito que essa fosse uma decisão consciente da alta liderança da empresa, só que os critérios de busca eliminavam concorrentes de outros marcadores sociais já na largada.

Meritocracia é uma palavra formada por 'mereo' (ser digno, merecedor) e o sufixo grego 'kratos' (poder, força). Ou seja, trata-se do alcance do poder através do merecimento. Segundo essa linha de pensamento, os objetivos são atingidos por aqueles que se dedicam e se esforçam em medida suficiente (FIA, 2020). Hoje, percebo que ela desconsidera um fator bastante relevante que é o contexto social ou o que eu chamo de ponto de partida, por isso muitos falam sobre o **mito da meritocracia**.

Recentemente, participei de uma dinâmica, chamada **jogo do privilégio,** que consiste em dispor um grupo de pessoas lado a lado formando uma linha e, na sequência, a pessoa facilitadora faz perguntas e convida você a se movimentar conforme a sua resposta: se não precisou trabalhar para pagar os seus estudos, dê um passo à frente; se teve dificuldades em fazer amizade, ser aceito ou arranjar emprego em função de sua aparência, dê um passo atrás; e assim por diante. Ao final, você observa o quanto ficou à frente ou atrás dos demais participantes e aí é que vem o principal: absolutamente nada do que lhe foi perguntado durante o jogo tem relação com o seu esforço. Essas condições lhe foram "dadas" pelas suas características físicas ou seu contexto social. Então, como podemos falar em meritocracia quando claramente todos começamos de lugares diferentes? Não é que o mérito não exista, os nossos resultados são também fruto dos nossos esforços, mas não só. Precisamos reconhecer que a maioria das pessoas não têm igual acesso às oportunidades e, portanto, muitas vezes "largamos" à frente delas e a isso chamamos de **lugar de privilégio.**

Já dizia uma querida colega: "Conhecimento em DE&I é igual a tomar a pílula vermelha do filme Matrix". No filme, oferecem ao personagem principal uma pílula azul para ele seguir "ignorante" ou vermelha para ele "ver a realidade", mas, uma vez escolhida a vermelha, ele nunca mais poderia "desvê-la". Nunca mais você vai entrar em um ambiente sem fazer o teste do pescoço, que consiste em olhar ao seu redor e observar quão diverso ele é. E a verdade é que o teste do pescoço, pelo menos por enquanto, reforça toda a falta de equidade que a gente vem trabalhando tanto para mudar.

Hoje, quase 20 anos depois da minha primeira experiência na área, ofereço a você algumas das minhas pílulas vermelhas:

1. Todos nós somos parte da diversidade

Segundo Bulgareli, "diversidade é o conjunto de diferenças e semelhanças que nos caracteriza, não apenas as diferenças". Todos temos características comuns e outras que nos diferenciam, já a inclusão visa acolher todas as pessoas nas suas singularidades. Logo, essa conversa é de todos nós.

2. Somos todos preconceituosos

Isso não quer dizer que todos sejamos propositalmente preconceituosos, no entanto temos o que chamamos de **vieses inconscientes** e trazer este conhecimento à tona ajuda bastante a acelerar essa agenda. Certa vez, um amigo negro me esperava na porta de um restaurante, quando um casal branco se aproximou e solicitou a ele uma mesa. Essa situação poderia ter acontecido com qualquer pessoa, "foi porque ele estava na porta". Mas aconteceu com ele, um homem negro em um ambiente em que costumamos ver negros trabalhando e brancos sendo servidos. Se perguntássemos ao casal, provavelmente não se considerariam preconceituosos, mas, de forma completamente automática, deduziram que uma pessoa negra, naquele local, estaria trabalhando. Quanto mais tomamos consciência dos nossos vieses, mais podemos monitorar e combatê-los.

3. Precisamos reconhecer que nós não somos todos iguais

Por muito tempo acreditei estar certa ao dizer que não vejo diferença entre as pessoas. Só que, para o avanço dessa agenda, reconhecer que somos todos diferentes é absolutamente necessário. Reduzir esse diálogo a "somos todos seres humanos" não ajuda a acelerar essa conversa. Nós temos histórias, marcadores sociais, pontos de partida diferentes e por isso precisamos de recursos diferentes para acessar as mesmas oportunidades.

4. Para ter inclusão, é preciso ter diversidade

Parece óbvio, mas nem sempre é. Você não precisa pertencer a um grupo minorizado para participar ou mesmo liderar a pauta de DE&I, mas precisa dar lugar à mesa para pessoas diferentes de você. Somente com elas podemos construir soluções que façam sentido para todas. A comunidade de pessoas com deficiência tem um mote que traduz isso muito bem: "nada sobre nós sem nós". Como posso eu, uma pessoa vidente, saber do que uma pessoa cega ou com baixa visão precisa para trabalhar? Somente ela pode me dizer qual é a sua necessidade para tornar o seu ambiente de trabalho acessível. Posso tentar com a melhor das intenções preparar este ambiente para ela, mas certamente vou falhar. Por isso, precisamos trazer as pessoas com toda a sua diversidade para essa construção.

5. Cerque-se de pessoas que sabem mais do que você

Isso vale para a liderança como um todo, mas tem tanto valor para DE&I que merece o reforço. Sendo uma área relativamente nova nas empresas, estamos aprendendo, acertando, errando e corrigindo rota. O mais importante, do meu ponto de vista, é a nossa intencionalidade e a vontade de fazer "o certo a ser feito" e com isso dar espaço para que as pessoas realizem o seu potencial. Foi assim que, na empresa em que estou hoje, alcançamos a maior parte dos nossos resultados. Eu não sou "dona" de absolutamente nada que construímos até aqui, mas sou responsável por impulsionar essa agenda e possibilitar que todas as pessoas possam individual ou coletivamente entregar o seu melhor.

6. A culpa é a nossa pior conselheira

Não precisamos nos sentir culpados, nem buscar culpados pelas desigualdades existentes. Elas são consequência de séculos de história e, infelizmente, os estudos apontam que precisaremos de mais de um século para equacionar tudo isso. Por isso, a culpa, que paralisa e polariza as relações, definitivamente não é necessária, mas sim a responsabilidade por encontrar e viabilizar as soluções.

7. Nós não estamos todos no mesmo nível de consciência

Ouvi em uma palestra da Rita von Hunty, personagem do professor Guilherme Pereira, que "a cabeça pensa onde o pé pisa". É um tanto injusto esperar que alguém que não tem contato com grupos minorizados, não conviveu com histórias diferentes das suas e que, de repente, ainda pensa que "somos todos iguais", tenha o mesmo conhecimento ou interesse em DE&I que alguém que precisou - ou decidiu - se aprofundar no assunto. Para que isso mude, o primeiro passo é trabalhar para ampliar essa consciência, afinal, se não vejo necessidade, para que mudar?

8. Não seja "policial da diversidade", estamos todos aprendendo

Não adianta ser aquela pessoa que está sempre pronta para apontar e julgar. Quanto mais a gente aponta, mais distantes as pessoas, principalmente as que já não estavam tão interessadas em dialogar sobre o tema, vão querer estar. Eu sempre fiquei muito desconfortável quando as pessoas usavam o verbo "judiar", que significa maltratar e tem sua origem em "tratar como judeu". Poucos anos atrás, já com um pouco mais de conhecimento em diversidade e também com uma dose extra de confiança e menor necessidade de aprovação externa, decidi sinalizar quando um amigo ou um colega usava essa palavra e passei a explicar o porquê do meu desconforto, partindo de dois pressupostos: 1. ele(a) não está intencionalmente querendo me ofender; 2. ele(a) não sabe a origem dessa palavra. A partir daí, entendi que, sempre de forma cuidadosa, posso sinalizar quando alguém usa uma palavra cuja origem é discriminatória, estereotipada e preconceituosa. Oferecer esse tipo de aprendizado e de conhecimento ajuda a construir pontes. Normalmente as pessoas se interessam e demonstram inclusive curiosidade pelo novo aprendizado. A maioria das pessoas não quer ser, pelo menos não conscientemente, racista, machista, homofóbica, capacitista, etc.

9. Nem todo mundo vai entrar nessa porque é o "certo a ser feito"

A pauta de DE&I está presente porque os consumidores mudaram, as novas gerações que chegam ao mercado de trabalho valorizam, as regulamentações exigem, e os investidores cobram. De uma maneira ou de outra, as empresas estão sendo compelidas não só a se posicionar, mas a tracionar a agenda. O importante é que todos ganham com ela.

10. Sem a alta liderança, não vamos muito longe

Dá para construir uma estratégia de DE&I *bottom up*? Dá, mas demanda muita energia e basta uma fala ou comportamento mal interpretado da liderança para colocar tudo por água abaixo. Então, se possível, comece sempre com um alinhamento claro com a alta liderança. Se impossível, apenas comece e acredite, haverá um momento de convergência.

Depois que você tomou as pílulas vermelhas, esta conversa inevitavelmente vai se estender também à mesa do bar e, adivinhe só, ao almoço de domingo em família. E essas situações serão bem mais desafiadoras.

Falar de DE&I com um colega é **relativamente** fácil, já que temos cada vez mais mecanismos, como o código de ética e conduta das empresas. Mas encarar piada preconceituosa na sua roda de amigos ou em família... aí é que são elas. A gente não consegue mais ficar indiferente, afinal, e a nossa coerência? No fim do dia, cabe a nós oferecer pílulas vermelhas com tanta generosidade que as pessoas queiram aceitar, aprender e se responsabilizar conosco.

Fontes citadas

Bulgareli, Reinaldo, 2008. *Diversos Somos Todos*.
FIA, 2020. *Meritocracia*: o que é, vantagens e como implantar nas empresas.

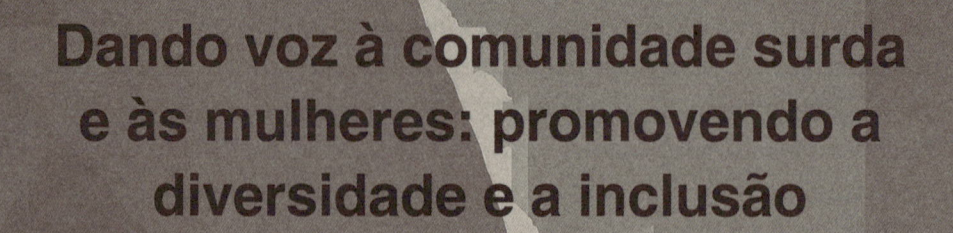

Dando voz à comunidade surda e às mulheres: promovendo a diversidade e a inclusão

Maiara Andrade Nascimento Pereira

Tem 37 anos, é casada e mãe de um filho de dois anos e nove meses que para ela é a representação do amor na forma humana. Ele tem Síndrome de Down e tem sido o maior professor sobre diversidade e inclusão, não apenas no âmbito profissional, mas principalmente na minha vida pessoal. Graduada em Psicologia pela Universidade do Grande ABC, com MBA em Gestão de Recursos Humanos pela FMU, é certificada em Coaching pela Lambent e certificação no módulo inicial de PNL pela Iluminatta. Com uma carreira de mais de 15 anos na área de Recursos Humanos, sua jornada teve início em consultoria de RH, onde adquiriu uma base sólida de conhecimento. Em seguida, dedicou quase quatro anos à indústria automotiva, trabalhando especificamente no ramo de borracha, em que enfrentou desafios estimulantes e adquiriu aprendizados únicos. Posteriormente, teve a oportunidade de ingressar no grupo ITW, começando como analista. Ao longo do tempo, avançou para cargo de gerência no segmento automotivo, com foco no ramo plástico, onde acumulou dez anos de experiência valiosa. E se sentiu muito honrada, porque este ano assumiu a posição de diretora de RH no segmento Químico dentro do grupo. Essa jornada tem sido enriquecedora e desafiadora, proporcionando-lhe oportunidades para aplicar e ampliar seus conhecimentos em gestão de pessoas, sempre com o compromisso de promover uma cultura organizacional inclusiva e acolhedora.

Desde a minha primeira experiência em RH na Indústria, tive o grande privilégio da aprendizagem e compreensão da Diversidade e Inclusão no ambiente de trabalho. Quando os funcionários se sentem genuinamente incluídos e valorizados, isso não apenas melhora sua satisfação no trabalho, mas também impulsiona seu desempenho e produtividade. A verdadeira inclusão vai além de simplesmente atender a metas de diversidade da empresa ou a lei de cotas; trata-se de criar um ambiente onde cada funcionário se sinta respeitado, apoiado e capacitado a contribuir com seu melhor. O compromisso em criar essa cultura de inclusão é fundamental para construir equipes mais fortes e empresas mais bem-sucedidas.

Em 2010, ao ingressar como RH na Paranoá Indústria de Borracha, deparei-me com um desafio significativo: um dos nossos colegas era surdo e, embora fosse hábil em Libras, não possuía alfabetização convencional. Essa limitação complicava consideravelmente a comunicação, já que nenhum de nós era proficiente em Libras.

Naquela época, fui incentivada pela minha liderança a realizar um curso de Libras, visando oferecer melhor suporte aos nossos funcionários surdos. Aceitei o desafio e completei tanto o curso básico quanto o intermediário. Essa experiência foi transformadora, pois consegui estabelecer uma comunicação eficaz com eles no dia a dia, respondendo a suas dúvidas e oferecendo o suporte necessário, e também em processo de contratação.

Além disso, esse aprendizado possibilitou que a empresa contratasse mais funcionários surdos, contribuindo para uma equipe mais diversificada e inclusiva.

Realizei meu MBA em Gestão de RH com um enfoque específico neste grupo, realizando um trabalho em campo, com o tema sobre a inclusão do surdo no mercado de trabalho: informações e reflexões, tratando-o em um estudo de caso em tempo real. Isso me permitiu não apenas compreender mais profundamente os desafios enfrentados, mas também identificar oportunidades de aprimoramento dentro da organização. Além disso, abriu espaço para dar voz ao novo, ao desconhecido e ao diferente, proporcionando oportunidades para que diversas perspectivas fossem ouvidas e consideradas.

Implementamos o "Projeto Mãos que Falam", visando atender às necessidades da comunidade surda. A iniciativa incluiu o mapeamento das suas necessidades e com o resultado realizamos algumas ações como: a disponibilização de comunicados e vídeos corporativos com tradução em Libras, além de um processo de *Onboarding* adaptado. Também oferecíamos treinamento para todos os funcionários, proporcionando o conhecimento básico da língua de sinais, incluindo o alfabeto e frases mais utilizadas.

Em quase quatro anos, mergulhei profundamente no universo da comunidade surda, trabalhando para garantir que se sentissem valorizados e plenamente incluídos. Ao final desse período, saí da experiência com um valioso aprendizado e uma grande satisfação em relação ao progresso que consegui impulsionar tanto pessoal quanto profissionalmente.

Após essa experiência enriquecedora, fui selecionada para integrar o grupo ITW no Segmento Automotivo, onde minha atuação em prol da diversidade e inclusão se expandiu para além da comunidade surda. Participei ativamente do grupo de Diversidade Feminina (*IWN – ITW Womens Network*), abordando uma variedade de temas relacionados à inclusão.

Na época, a empresa não contava com funcionários surdos, mas, com base na minha experiência e conhecimento em Libras, consegui iniciar um processo seletivo específico para a contratação de pessoas nessa condição.

Iniciamos o Programa "Meu Novo Mundo" do SENAI, visando promover a contratação de aprendizes com deficiência. Esse programa consistia em uma carga horária dividida entre aulas teóricas no SENAI e prática na empresa, com duração de dois anos de contrato. Os participantes desempenharam funções principalmente nas áreas administrativas, uma experiência nova para todos os envolvidos. Lembro-me vividamente de uma dessas funcionárias que trabalhava no departamento de Recursos Humanos, e, mesmo depois de algum tempo, ainda me via chamando-a pelo nome, por pura força do hábito. Consciente de sua deficiência auditiva, adotei o hábito de levantar-me da mesa para chamar sua atenção ou fazer com que me visse, garantindo assim uma comunicação eficaz entre nós. Ela compartilhou que adorava trabalhar no RH porque se sentia verdadeiramente incluída e parte da equipe.

Em outra ocasião, quatro dos profissionais chegaram irritados à sala após um final de semana. Ao questioná-los sobre o que havia acontecido, revelaram que participaram de um protesto em frente ao Cinemark, pois não havia filmes brasileiros legendados. Essa reclamação me fez refletir: como nunca havia considerado essa questão antes? Infelizmente, muitas vezes falhamos em não nos colocarmos no lugar do outro. O ambiente de trabalho deve ser um espaço onde essa abertura para acolher e ouvir seja prioridade.

Após dois anos, o programa chegou ao fim, deixando um legado significativo de aprendizado e experiência. Durante esse período, ficou evidente a necessidade de melhor preparar os funcionários para receber pessoas surdas. Era crucial que compreendessem não apenas a linguagem, mas também a cultura surda, para garantir um ambiente inclusivo e uma comunicação eficaz.

Tínhamos duas vagas abertas na produção e decidi conduzir o

processo seletivo com surdos. Antes mesmo de iniciar suas atividades, reconheci a importância de oferecer treinamento em Libras aos colegas de trabalho que teriam contato inicial com os novos funcionários surdos. Essa iniciativa não apenas facilitou a comunicação, mas também contribuiu para criar um ambiente mais acolhedor e inclusivo. Desde o primeiro dia, eles puderam sentir-se verdadeiramente parte da equipe.

O treinamento e a integração das duas profissionais ocorreram de forma tranquila, e elas expressaram sua gratidão e felicidade ao perceberem o compromisso da empresa em compreender melhor suas realidades. Além disso, elas sempre incentivaram os funcionários a aprenderem Libras, enfatizando a importância desse conhecimento para uma comunicação inclusiva e eficaz.

Após esse período inicial de foco na inclusão de surdos, decidimos estabelecer o Comitê de Diversidade e Inclusão, através do grupo *IWN (ITW Womens Network)*. Realizávamos reuniões trimestrais para planejar as ações do ano, as quais incluíram iniciativas como a criação de uma sala de apoio à amamentação, promoção de oportunidades para mulheres em áreas técnicas, programas de Aprendiz, Estágio e Trainee direcionados a mulheres e jovens profissionais, *coaching* para talentos femininos, além da continuidade dos treinamentos em Libras. Essas medidas foram apenas algumas das muitas ações significativas adotadas para promover a diversidade e a inclusão dentro da empresa.

Lembro-me claramente de um episódio antes de ser mãe, quando ainda não tínhamos uma sala de apoio à amamentação na empresa. Uma funcionária acabara de retornar da licença-maternidade e estava enfrentando dificuldades para retirar e armazenar o leite materno, pois tinha muito leite e não havia um local apropriado para isso. Mesmo sem ser mãe na época, aquela situação me tocou profundamente. Foi então que percebi a importância de oferecer um espaço que confortasse as mães, tanto para facilitar o retorno ao trabalho quanto para permitir que continuassem amamentando seus filhos com tranquilidade.

Conversei com a minha gestão na época, a qual me ofereceu total apoio para essa iniciativa, e a sala foi planejada, arquitetada da melhor forma para atender a essas funcionárias no retorno da licença-maternidade. A sala foi inaugurada em 2022 com o total apoio, comprometimento e entusiasmo da minha equipe de RH, e após a inauguração recebemos excelentes *feedbacks* sobre como ela apoiou e impulsionou o retorno das funcionárias mães ao trabalho. Uma delas compartilhou comigo sua história: seu filho tinha APLV (Alergia à Proteína do Leite de Vaca), o que a obrigava a seguir uma dieta rigorosa para poder continuar amamentando. A existência da sala de amamentação foi fundamental para ela, pois possibilitou que continuasse trabalhando sem comprometer a saúde e o bem-estar do filho. Ouvir relatos como esse é impagável, pois mostra que estávamos no caminho certo ao proporcionar condições que permitiam às mães conciliarem trabalho e cuidados familiares, promovendo assim sua continuidade na empresa e no crescimento na carreira.

Também foi crucial promover a presença de mulheres em áreas técnicas, especialmente em um ambiente como o segmento automotivo, tradicionalmente dominado por homens. Observamos uma escassez de mulheres nas áreas de Vendas, Engenharia, Ferramentaria e Manutenção no mercado. Abrir espaço para essas mulheres não apenas enriquece a diversidade do ambiente de trabalho, mas também promove a inclusão. É uma maneira excelente de construir uma equipe diversificada e representativa, que reflita a sociedade em que vivemos.

No início do programa de contratação de mulheres para áreas técnicas, recrutamos uma aprendiz do SENAI para o setor de Ferramentaria, tornando-a a primeira mulher a trabalhar nessa área. No entanto, percebi que o banheiro feminino estava sendo usado pelos homens e uma parte dele como armário, o que obrigava essa funcionária a atravessar a fábrica para utilizar o banheiro feminino. Após conversar com a liderança, realizamos uma limpeza e adequação no banheiro feminino para garantir que ela pudesse usá-lo adequadamente. Essa simples mudança fez uma grande diferença para ela, e os *feedbacks* que recebemos foram muito positivos. Ela se sentiu incluída e também houve um impacto positivo no ambiente do departamento, destacando a importância da diversidade. Seu testemunho ressaltou como pequenas ações podem fazer uma diferença significativa na promoção de um ambiente de trabalho respeitoso e inclusivo.

Ao ser promovida para um estágio técnico, essa mesma funcionária compartilhou comigo seu desejo de cursar Engenharia, mas expressou seus receios sobre sua aceitação no mercado de trabalho fora da empresa. Ela questionava se seria bem recebida como ela foi e se sentia incluída ali e se conseguiria um emprego efetivo. Apesar de termos planos de crescimento de carreira para ela, essa conversa me fez refletir sobre os desafios e medos que muitas mulheres ainda enfrentam ao buscar novas oportunidades. É evidente que, mesmo com talento e qualificações, muitas vezes elas duvidam se serão valorizadas e reconhecidas pelas empresas. É crucial que as empresas demonstrem abertura para contratar mulheres em todas as áreas e garantam que serão valorizadas por seu talento, competência e potencial de contribuição.

Durante essa conversa, compartilhei com ela que, atualmente, as empresas estão abrindo mais espaço para mulheres em áreas técnicas e que ela poderia seguir seu sonho de cursar Engenharia. Eu tinha certeza de que ela teria uma ótima carreira, e isso foi uma forma de encorajá-la a perseguir seus objetivos com confiança e determinação.

Todas essas questões eram discutidas no subcomitê, proporcionando um ambiente onde podíamos conversar sobre temas como desafios, oportunidades e experiências pessoais. Era um espaço seguro e encorajador, no qual podíamos nos expressar livremente, sem medo de julgamentos ou preconceitos. Esse ambiente facilitava a troca de ideias e a busca por soluções para promover a diversidade e a inclusão dentro da empresa.

Em um dos encontros trimestrais com o subcomitê, decidi

compartilhar alguns desafios e experiências sobre meu filho, que tem Síndrome de Down. Foi um momento de abertura e vulnerabilidade, que acabou encorajando outras colegas a compartilharem suas próprias experiências. Uma delas mencionou que seu filho estava passando por avaliação para diagnóstico de autismo, enquanto outra revelou que seu filho já tinha sido diagnosticado com TEA. Essa conversa franca e aberta foi muito significativa, pois demonstrou a importância de falar sobre essas questões no ambiente de trabalho. Passamos a maior parte do nosso dia na empresa, então é essencial que o ambiente seja inclusivo e receptivo a essas possibilidades. Ao compartilhar nossas experiências, abrimos portas para o entendimento mútuo e para o crescimento pessoal e profissional. Se não falamos sobre esses temas, não aprendemos, e as pessoas ao nosso redor não conseguem oferecer o apoio e a compreensão necessários. Esses diálogos nos permitem criar um ambiente de trabalho verdadeiramente diferente, onde todos se sintam valorizados e respeitados.

Finalizo chamando a atenção para algo fundamental: como gestão do departamento de Recursos Humanos, devemos constantemente nos questionar se os grupos diversos se sentem verdadeiramente acolhidos e parte da empresa. Devemos nos perguntar se eles têm espaço para expressar suas experiências e como se sentem mais incluídos. Somente quando todos os membros da equipe se sentem valorizados e respeitados é que podemos criar um ambiente de trabalho genuinamente inclusivo e diversificado, onde cada indivíduo possa prosperar e contribuir plenamente.

Vamos direcionar nosso olhar para o novo, pois é por meio da diversidade que encontramos novas perspectivas e oportunidades de crescimento, tanto como empresa quanto como seres humanos. Ao abraçarmos a diversidade, estamos não apenas enriquecendo nosso ambiente de trabalho, mas também expandindo nossos horizontes e fortalecendo nossa conexão uns com os outros. Que possamos continuar a promover uma cultura inclusiva e acolhedora, em que cada indivíduo seja valorizado pelo que é e pelo que pode contribuir.

Agradecimentos

Gostaria de expressar minha profunda gratidão a Deus, cuja orientação e proteção são a bússola que guia minha vida.

Agradeço imensamente ao meu marido por seu apoio constante, encorajamento, amor e parceria não apenas na vida pessoal, mas também na jornada profissional. Sou grata pelo crescimento e aprendizado mútuo que estamos obtendo um com o outro.

Sou infinitamente grata ao meu filho, minha fonte de inspiração constante, por me incentivar a ser uma pessoa melhor a cada dia e por me mostrar que as diferenças são oportunidades de aprendizado.

Aos meus pais, meu eterno agradecimento por serem minha base sólida, meu exemplo de dedicação e amor, e por terem me transmitido os valores e conhecimentos que moldaram quem sou hoje.

A minha família e amigos, que me apoiaram e incentivaram a cada passo da minha jornada.

Gostaria de expressar minha sincera gratidão à gestão e equipes das empresas nas quais atuei, pelo comprometimento, pelas oportunidades de aprendizado e por ter contribuído para a criação de um ambiente mais diverso e inclusivo. Também agradeço à minha gestão atual na ITW Polímeros e Fluídos pela oportunidade e pela liberdade de atuação no âmbito da diversidade e inclusão. Estou profundamente grata por ter feito parte e continuar fazendo parte de organizações que valorizam e promovem a diversidade.

E meu agradecimento a Lilia Vieira pelo apoio e convite para ser coautora deste livro.

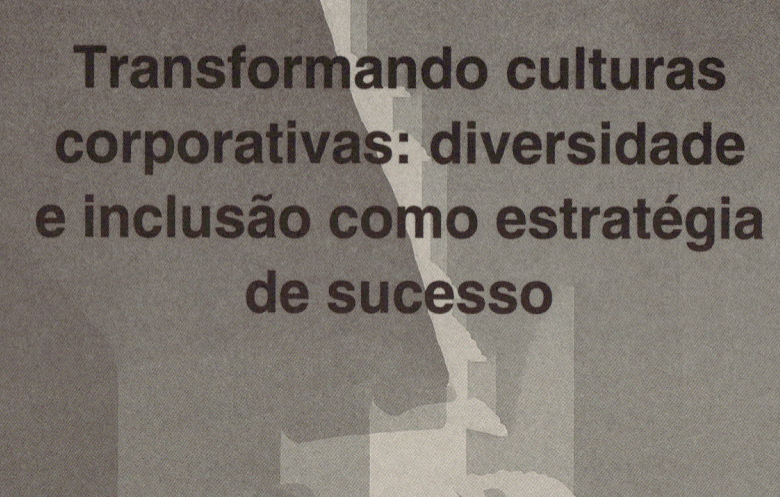

Transformando culturas corporativas: diversidade e inclusão como estratégia de sucesso

Maria do Carmo Vieira

Vivência de mais de 20 anos em Recursos Humanos, atuando em Gestão de Talentos, Desenvolvimento, Cultura, Remuneração, etc. Graduada em Psicologia e pós-graduada em Gestão Organizacional e Especialização em modelagem. Liderança em diversos projetos, sempre com enfoque em transformar a organização em um espaço de trabalho moderno, produtivo e inclusivo.

Entendendo Diversidade e Inclusão

Quando penso em diversidade, penso em histórias diferentes que geram como resultado "quem somos".

No meu caso, nasci em condições muito privilegiadas: uma família estruturada, com condições de me alimentar, pagar meus estudos, pude fazer esporte, branca.... sim, hoje tenho consciência desse privilégio, por coisas que não fiz, absolutamente, nenhum esforço para "merecer".

É desse lugar que entendo diversidade e inclusão, atualmente. Minha jornada com a diversidade começou de maneira mais forte em 2016. A empresa já tinha um posicionamento em relação à diversidade e o passo seguinte era estruturar o tema de maneira objetiva.

Tivemos o apoio de uma consultoria especializada em Diversidade e Inclusão, que trouxe muitos dados e modelos, os quais serviram como referência.

Aqui vale compartilhar uma história: essa mesma consultoria trouxe a questão de cotas ou vagas exclusivas e eu naquela ocasião era contra (é um pouco vergonhoso...). Os profissionais dessa consultoria tentaram me explicar, de várias formas, a importância das cotas (*gaps* estruturais, pontos de partida diferentes, competição desigual, etc.).

De verdade, eu só entendi quando eles me mostraram uma

figura (a seguir) que mostrava três meninos, com alturas diferentes, tentando olhar por cima de uma cerca e, ao lado, outra figura com os mesmos meninos, com alturas diferentes, subindo em caixotes para conseguirem ver por cima da cerca...

Eles me disseram: "Isso é diversidade e inclusão". Eu entendi! A partir disso, comecei a olhar o tema de uma maneira completamente diferente.

Do ponto de vista de Recursos Humanos, promover a diversidade significa reconhecer e valorizar as diferenças individuais de cada pessoa, sejam elas de gênero, etnia, orientação sexual, idade, deficiência, origem cultural, entre outras. Essa pluralidade enriquece a cultura organizacional e impulsiona a inovação e a criatividade.

Aprendi na prática que empresas que abraçam a diversidade expandem seu potencial de recrutamento, atraindo talentos diversos que oferecem perspectivas únicas e habilidades complementares. Entre tantos outros ganhos.

Diversidade e inclusão são pilares essenciais para o sucesso de qualquer estratégia de Recursos Humanos moderna e progressiva.

Não se trata apenas de cumprir cotas ou obrigações legais, mas de criar um ambiente de trabalho onde todas as pessoas se sintam valorizadas, respeitadas, capazes de contribuir plenamente e tenham oportunidades reais.

Times diversos melhoram a capacidade da empresa de resolver problemas de maneira eficaz e fortalecem sua capacidade de adaptação, sem dúvida uma vantagem competitiva importante neste mundo globalizado e multicultural.

A área de Recursos Humanos tem o papel de construir políticas e práticas que promovam a igualdade de oportunidades, como recrutamento imparcial, desenvolvimento de talentos baseado em competências e em fomento de diversidade e inclusão.

Outro ponto muito relevante é o fortalecimento da reputação da empresa e, a longo prazo, isso pode resultar em melhor desempenho financeiro, menor *turnover* e uma marca empregadora mais forte.

Organizar e trabalhar o tema de forma intencional faz toda a diferença e é possível constatar isso, por meio dos números, dos resultados, que são claramente percebidos. Vivemos uma experiência muito positiva na área de Engenharia.

Programas e Ações Intencionais

A área de Serviços ao Cliente (técnicos) sempre teve uma predominância masculina e começamos a questionar o motivo de não haver mulheres nessa área.

A resposta era sempre ligada ao escopo do trabalho: "muito pesado, necessário força…". Mapeamos a atividade em profundidade e percebemos que havia outras formas de realizar a atividade, que não necessariamente exigissem "força".

Então nasceu o programa "Mulheres de Fibra". Estruturamos um programa com foco em visibilidade para atração de mulheres que tivessem interesse na atividade e formação para exercê-la.

O resultado desse projeto foi espetacular, porque contratamos 300 mulheres para a atividade e os indicadores de qualidade do trabalho dessas colaboradoras é excelente. Esse projeto nos mostrou que, muitas vezes, o que pensamos ser impeditivo é um olhar com viés, que nos impede de ver a situação de forma diferente.

Aqui vale comentar o que ajuda a neutralizar nossos vieses inconscientes: furar a "bolha".

Quando convivemos com pessoas muito "parecidas" conosco, que compartilham ideias, interesses, valores ou comportamentos semelhantes é muito provável que estejamos dentro de uma "bolha".

Essa "bolha" pode ocorrer em contextos físicos ou digitais e causam consequências negativas, como polarização, desinformação, falta de empatia, etc.

A boa notícia é que há estratégias que podem nos ajudar a romper essas bolhas:

– Educação e conscientização: ter consciência da existência das bolhas sociais pode ajudar a buscar informações diversificadas;

– Diversificação de fontes de informação: consumir diferentes meios de comunicação e interação com pessoas de diversas origens;

– Diálogo e Debate: criar espaços para debates respeitosos e construtivos para fomentar a compreensão entre diferentes pontos de vista.

– Reconhecer e abordar esse tema é crucial para fomentar uma sociedade mais inclusiva e informada.

Sem representatividade de pessoas diversas, criamos um modelo de ideias engessadas, que não alcançam o que está fora daquela "bolha".

A promoção da diversidade e inclusão requer esforços coordenados e contínuos de todos os setores da sociedade. O Estado, as empresas, o sistema educacional e as famílias têm papéis complementares essenciais nesse processo.

Às vezes, fico um pouco desanimada quanto à evolução, mas pequenas coisas me dão ânimo e mostram que estamos no caminho certo. Acredito que as próximas gerações farão um trabalho melhor.

Quero compartilhar um fato que aconteceu na minha casa.

Meu filho chegou da escola e me perguntou por que na sala dele havia apenas um aluno negro.

Eu devolvi a pergunta: "Por que você acha que tem apenas um aluno negro, se a maioria da população brasileira é negra?" Essa foi a oportunidade para uma conversa.

Para mim, o mais importante disso tudo foi o fato dele ter achado estranho, ter só um colega negro na sala. É o primeiro passo, ter consciência.

Nas empresas, não é diferente, ter consciência de que temos um problema estrutural nos direciona para ações mais contundentes.

Na VIVO, temos um programa de diversidade, estruturado em pilares: Gênero, Raça, Pessoas com Deficiência e LGBTQI+, além de 50+.

Todas as vagas que divulgamos são afirmativas e parte delas é exclusiva para provimento com profissionais diversos.

Além disso, temos programas com vagas direcionadas exclusivamente para determinados pilares de diversidade. Por exemplo: o programa Trainee teve 60% das vagas preenchidas por negros.

Somente de maneira intencional podemos mudar o contexto atual.

Tão importante quanto diversidade nas empresas é a inclusão. Nesse sentido, é essencial gerar equidade, ofertando recursos necessários, para que as pessoas sejam inseridas no ambiente, de verdade.

"Não basta convidar para o baile, é necessário chamar para dançar."

A Importância da Representatividade e da Equidade

Em um mundo onde a inclusão é mais do que uma tendência, mas uma necessidade urgente, a liderança feminina tem um papel fundamental.

Como estamos falando de questões estruturais, é muito importante que na formulação de políticas públicas haja representatividade, ou seja, deve haver diversidade de pensamento, pois só assim teremos mais inclusão, para impulsionar mudanças significativas e abrir novos caminhos para um futuro mais inclusivo.

Ter representatividade na base das discussões é fundamental para um futuro mais justo, equitativo e acessível para todos.

O papel das mulheres líderes na construção de organizações mais equitativas é fundamental.

Um bom exemplo é Rachel Maia na liderança empresarial. Como a primeira mulher negra a assumir a presidência do conselho do Pacto Global da ONU no Brasil, Rachel não apenas desbrava novos caminhos, mas também inspira outros a seguirem seus passos em direção a um futuro mais sustentável e inclusivo.

Sob sua liderança, o Pacto Global da ONU no Brasil tem alcançado novos patamares de impacto e engajamento, ampliando sua abrangência e influência.

Esse é um exemplo concreto de uma liderança que está impulsionando mudanças positivas e tangíveis em direção a um futuro mais justo e equitativo para todos.

Estamos vivendo num mundo onde o amor e a aceitação dividem espaço com a intolerância e o preconceito. Mas temos a oportunidade de corrigir isso.

Hoje temos uma pauta social forte para acertar as coisas e construir um futuro melhor. Temos o privilégio de discutir temas fundamentais e contribuir genuinamente para a transformação social e do mundo.

Ainda temos muito trabalho a fazer e como profissional de Recursos Humanos penso que preparar a liderança e os times é um bom caminho para a evolução das organizações!

Criar espaços de inclusão e de crescimento para que todos tenham chances reais de evolução.

Este é o tempo de celebrar a pluralidade para que possamos ser quem somos.

Quero compartilhar um parágrafo de um poema da Angela Davis, que bem que poderia ser uma "receita de felicidade", e diz o seguinte:

> *"Abençoe-nos com a libertação da mera tolerância – substituindo-a por respeito genuíno e a calorosa aceitação das nossas diferenças e a compreensão de que, em nossa diversidade, somos mais fortes."*

Que possamos viver cada vez mais livres para construir esse futuro melhor, mais inclusivo e mais humano, para nós e para as próximas gerações.

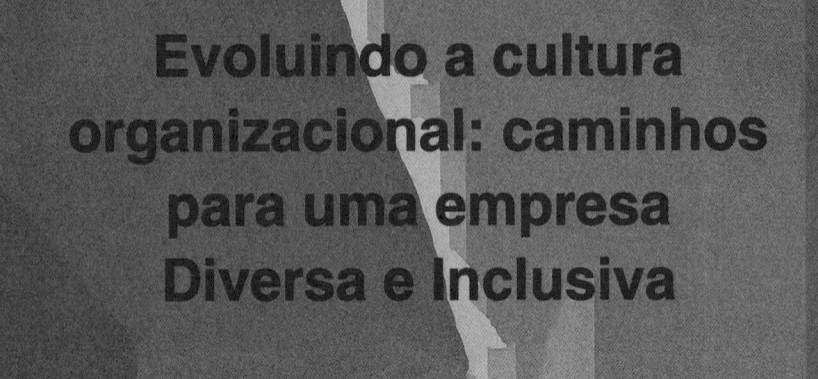

Evoluindo a cultura organizacional: caminhos para uma empresa Diversa e Inclusiva

Marília Cordeiro Paiva Ganem Salomão

Psicóloga formada pelo Instituto Brasileiro de Medicina e Reabilitação (IBMR) no Rio de Janeiro e pós-graduada em Gestão e Recursos Humanos pela Escola de Negócios (IAG) da PUC-RJ. Com mais de 23 anos de experiência corporativa, sendo quase 20 deles na área de Recursos Humanos, fez diversos cursos e especializações em Psicologia Organizacional, Gestão e Liderança. Iniciou sua carreira corporativa na FARM, onde fundou a área de RH e atua até hoje como diretora de Gente, Gestão e Sustentabilidade. Ao longo de sua jornada, desempenhou um papel fundamental na transformação da empresa: alavancou o modelo de gestão, fomentando o *mindset agile*; avançou com a frente de D&I, construindo uma cultura diversa e inclusiva; incentivou o movimento de inovação e constante atualização criativa da marca; lidera atualmente o *redesign* organizacional global da marca. Sua visão estratégica e seu compromisso com a excelência foram essenciais para o crescimento exponencial do negócio e a construção de uma cultura organizacional sólida, culminando no nascimento de uma empresa multinacional de sucesso. Especialista em aceleração de negócios e em desenvolvimento de grandes lideranças e times, é reconhecida por sua habilidade em inspirar e capacitar indivíduos a alcançarem seu pleno potencial.

Uma cultura de inovação e evolução

Trabalho numa empresa com uma cultura forte, onde os atributos são bastante específicos e estão sempre a serviço da verdade. Uma empresa que para além dessas características tende a buscar inovação e evolução, o que certamente é um dos motivos pelos quais me fazem estar feliz nela há mais de 20 anos. Hoje atuo como diretora de Gente, Gestão & Sustentabilidade da marca, em um ambiente desafiador, acelerado e que potencializa o talento individual em prol da evolução coletiva.

Temos como foco olhar sempre para dentro e entender primeiro como podemos ser uma melhor empresa para se trabalhar, ouvindo nosso time, descobrindo seus anseios e oportunidades para avançar. Sempre com o olhar para o futuro e para nossa evolução. Olhar para nossas dificuldades e falhas nos motiva a buscar transformações para nossa organização.

O encontro com a sustentabilidade

Em uma dessas evoluções, conhecemos a Taciana Abreu, uma profissional incrível, competente, forte, doce e sensível. Era uma entrevista para uma posição de *head* de marketing da empresa, mas a sua agenda pessoal era muito além da área de comunicação. Ela possuía uma agenda mais profunda, ela queria mesmo transformar o mundo, a partir da sustentabilidade.

Gosto sempre de dizer que, quando sabemos o que queremos, ao encontrarmos, reconhecemos. Esse foi um encontro perfeito e foi nessa verdade, que também já era nossa, de transformar o mundo, que nos conectamos. Nossa empresa nunca foi sobre vendas apenas, é sobre transformar, elevar a autoestima das pessoas, tornar o mundo mais belo, na forma mais profunda dessa definição. A missão da nossa roupa é espalhar emoção, beleza, autoestima e felicidade.

Nossa marca tem o compromisso com a cultura brasileira, em toda sua potência e diversidade. Cada vez mais, nos vemos no papel de representar o Brasil e colaborar na construção da identidade do que é nosso, do país que queremos ser e ver. O nosso meio é a nossa empresa de varejo de moda e nossas roupas o produto que nos permite sonhar.

E foi em 2016 que iniciamos nossa jornada, no que hoje é conhecido no mundo corporativo de ESG, e demos passos relevantes entendendo que podemos contribuir na transformação da sociedade. Hoje com 27 anos de marca, 2.400 funcionários, 115 lojas no Brasil e quatro nos EUA e Europa e resultados fora da curva nos negócios, temos como objetivo ser a maior "marca de moda responsável" do país e uma das 10 melhores marcas do mundo.

Pretendo abordar com vocês as principais lições aprendidas de uma empresa de sucesso, que cresce de forma agressiva, inclusive internacionalmente, e quer se transformar e contribuir para um mundo melhor a partir da sustentabilidade e que no caminho decidiu com um dos pilares, o da Diversidade & Inclusão, transformar sua cultura interna para se tornar uma empresa verdadeiramente diversa e inclusiva.

Nossa área de sustentabilidade se constituiu em 2017 com foco em quatro pilares: Gente, Natureza, Cultura e Circularidade e na cadeia da moda busca minimizar impactos negativos e maximizar impactos positivos. No pilar Gente, queremos representar a diversidade do Brasil, garantindo representatividade e igualdade de oportunidades na FARM. Acreditamos que a diversidade é transformadora.

Compromisso com a diversidade

Logo assumimos o compromisso com a igualdade racial e a diversidade de gêneros, assim como diversas identidades e expressões dentro da FARM. Em 2019 criamos o Comitê de Igualdade Racial e o Comitê LGBTQIAPN+, e promovíamos a partir deles, entre outras ações, programas de treinamento e letramento, estimulando a transformação da cultura sob a lente da diversidade e inclusão.

Ainda neste ano, elaboramos o primeiro manifesto LGBTQIAPN+, o primeiro ABC da raça, com introdução sobre o tema racismo na organização, e realizamos o primeiro censo em setembro. Todo esse movimento foi suportado por consultorias especializadas em diversidade e inclusão.

Em maio de 2020, os comitês ganharam força com a urgência da pauta racial debatida a nível global a partir do assassinato de George Floyd. No Brasil temos 55% de pessoas pretas e pardas e entendíamos que na empresa deveríamos ter a mesma representatividade.

Em parceria com o Instituto de Identidades do Brasil (ID_Br) e da consultoria Mezcla Diversidade, em 2020 realizamos em torno de 15 encontros e mais de 3 mil visualizações de treinamentos sobre diversidade e direitos humanos. Os temas abordados foram linguagem inclusiva, viés inconsciente e criação de uma cultura interna antirracista.

Para a área comercial da empresa, elaboramos treinamentos que abordavam, conteúdos sobre condutas e valores da marca, temáticas LGBTQIAPN+ e racial. Além desses treinamentos, elaboramos a cartilha de diversidade e inclusão, com foco em orientar nosso time de loja.

A partir desse momento os sócios diretores da empresa começaram a entender que, para essa área avançar ainda mais e a cultura ser disseminada, deveria ir para a área de Gente & Gestão, a que eu liderava. Confesso que naquele momento eu tive bastante receio de como eu, uma mulher branca, socioeconomicamente privilegiada, em um país tão desigual, que por mais dedicada e batalhadora que fosse e tivesse corrido muito atrás para chegar aonde eu cheguei, sem o lugar de fala dos grupos sub-representados da empresa, conseguiria impulsionar essa pauta.

Pesquisas como a do IBGE e o relatório "Women in Business", da Grant Thornton de 2023, indicaram que cerca de 20% a 25% das posições de liderança no Brasil são ocupadas por mulheres. Esses estudos mostram que, apesar de avanços, a representatividade ainda é limitada e varia conforme o setor e o porte da empresa.

Eu, muitas vezes, em uma empresa majoritariamente feminina, já me vi como a única mulher em um fórum de líderes. Ainda assim, me faltava conhecimento e especialidade no assunto. Sempre tive a responsabilidade e crença de que em tudo que fazemos precisamos buscar a excelência, fazer absolutamente correto e com a máxima potência. A primeira coisa que pedi então foi uma especialista no assunto para junto comigo construir essa área e nossos objetivos a atingir.

Passados longos seis meses, em dezembro de 2020, encontrei a pessoa ideal para desbravar esse desafio comigo: Caroline Sodré é professora de História e historiadora afrocentrada, uma profissional forte e criativa e com uma superaderência à cultura dinâmica da marca. Meu combinado desde o dia zero com ela foi de que eu estaria ali para abrir caminhos literalmente e facilitar essa transformação e 100% aberta a aprender e me conectar com todo o conteúdo que ela trazia.

Mal poderia imaginar que a transformação avassaladora começaria por mim e que me daria uma chacoalhada daquelas de perder o rumo. E foi o que aconteceu e agradeço todos os dias por essa oportunidade. Quanto mais eu aprendia, mais vontade de transformar eu tinha e assim foram os três anos de trabalho que tivemos juntas.

Tudo começou pela educação e mudança de ponto de vista. Tivemos que passar por um letramento que chamamos de avançado, por ser realmente profundo. Toda liderança participou de forma obrigatória. A cada encontro sentia o impacto da transformação no semblante das pessoas que participavam e sentia em mim o peso da responsabilidade de avançar cada vez mais.

Em 2021 aceleramos ainda mais o processo de ampliação da diversidade, equidade e inclusão, iniciado em 2019. Essa decisão veio a partir da tomada de consciência que tivemos de que ainda tínhamos um grande processo de amadurecimento pela frente ao viver nossa pior crise, catalisada pela forma como atuamos diante da notícia do assassinato de uma colaboradora negra.

Lições aprendidas

Três lições muito importantes que aprendemos foram: a necessidade de transformar a forma como escutávamos os nossos colaboradores, a importância de seguir incluindo pessoas de grupos minorizados em todos os níveis hierárquicos da empresa, especialmente liderança; e a necessidade de reforçarmos ações de responsabilidade social no nosso território.

Entendemos a importância de trocar as nossas lentes e ter de fato tratativas específicas para cada pessoa colaboradora. A minha antiga "bíblia do RH", com todos os caminhos construídos para cada situação apresentada, certamente havia caducado.

Escutamos atentamente em 14 encontros mais de 800 colaboradoras e colaboradores como forma de aprendizado deste processo e construímos um plano de aceleração da Diversidade e Inclusão, divulgado publicamente no site da marca, com cinco compromissos e metas objetivas, que vêm impactando nossa cultura organizacional.

O primeiro compromisso é sobre transformar a cultura organizacional da FARM através da diversidade e inclusão, colocando-as no centro das decisões. Entendemos que a lente da diversidade precisa estar em tudo que fazemos.

Incluir pelo menos um objetivo por trimestre relacionado à diversidade e inclusão para todos os diretores e *heads* da empresa, garantindo a transparência do andamento dos objetivos, foi uma das ações de curto prazo elaboradas.

Além disso, incluir a pauta na discussão do planejamento estratégico do ano seguinte, junto com a contratação de duas altas lideranças negras para a empresa, e a elaboração e comunicação de uma política interna de tolerância zero para racismo foram metas estabelecidas para serem concluídas até dezembro de 2021.

O segundo compromisso falava sobre reformular a área de Gente & Gestão, ampliando o olhar para a diversidade e a partir dele o time de Gente e Gestão ganhou novas pessoas e também a Diversidade e Inclusão no nome, tornando-se GGD&I, gente, gestão, diversidade e inclusão, assumindo que estes pilares estariam no centro das decisões estratégicas da FARM.

A principal ação de médio prazo para esse compromisso foi desenhar e implantar uma nova estrutura para a área de Gente & Gestão, investindo em temas como carreira e sucessão, recrutamento, acolhimento, desenvolvimento, comunicação interna, benefícios, remuneração e diversidade, começando em julho de 2021 e finalizando até dezembro de 2022.

Incluir e acelerar a carreira de pessoas negras e indígenas em todos os níveis e áreas da empresa sem dúvida era fundamental para avançarmos, pois de nada adianta ter vagas afirmativas e elevar o percentual de pessoas contratadas, se estas estiverem apenas na base da organização. Por isso este foi o terceiro compromisso definido e a partir dele, ainda em 2021, iniciamos um programa de movimentações internas, para ampliar o desenvolvimento profissional de nosso time comercial.

Além de priorizar o recrutamento interno, começando pela área comercial e seguindo para o escritório e área operacional como ação de curto prazo, nos comprometemos também com ações de médio prazo, como relançar o programa jovem aprendiz, criar um banco de talentos interno para recrutamento e seleção com entendimento de raça e etnia, gênero, LGBTQIAPN+ e PcDs.

Rumo ao futuro

Como ações de longo prazo, temos a meta de ao menos 20% da liderança ser composta de pessoas negras e indígenas e 10% de pessoas de grupo sub-representados. No quadro geral de colaboradores, nosso foco é ter ao menos 30% de pessoas negras e indígenas e 30% da área de Gente, Gestão & Sustentabilidade composta por pessoas negras e indígenas e 20% de pessoas de grupo sub-representado.

As metas acima são para atingimento até 2026, sendo esta última da área de gente já atingida. Mas é importante ressaltar que precisamos ter ações de retenção desses talentos, pois a meta em percentual de cada área ou da empresa é viva e se atualiza a cada rescisão e nova contratação. Este certamente é também um desafio, o de manter os patamares conquistados.

Já o quarto pilar fala sobre ampliar e aprofundar letramento sobre diversidade e inclusão para toda a empresa, e neste sentido estamos trabalhando a cada ano com trilhas de letramento básico e avançado, além de um letramento inicial na ambientação de novos colaboradores. Não posso deixar de incluir nesta frente as nossas semanas da diversidade, em que a cada ano fazemos um evento lindo e inovador com conteúdos inspiradores sobre o tema.

Seguimos com nossos processos de letramento de forma ainda mais abrangente e estrutural, para que possamos formar um corpo de colaboradores e, principalmente, líderes que compreendam e estejam atentos para não reproduzirem comportamentos e atitudes racistas, muitas vezes pelos vieses inconscientes.

Em 2022 lançamos o RE-FARM CRIA, o quinto compromisso focado na responsabilidade social com a cidade do Rio De Janeiro e fomento à cultura em que a chamada era apoiar o desenvolvimento de projetos e ações das juventudes das periferias com aporte de recursos financeiros a iniciativas de cunho social, cultural e humano.

Essa primeira edição financiou 81 projetos, mobilizou quase um milhão de reais e promoveu mais de 600 ações socioculturais que alcançaram mais de 30 mil pessoas por todo o país. No Rio De Janeiro, premiamos 51 projetos ligados a moda, criatividade, educação e equidade, com o investimento de meio milhão de reais.

Em 2023 este mesmo projeto teve foco nos jovens talentos da moda e destinamos R$ 500 mil para projetos e pessoas em todo o Brasil. Ganhamos com o RE-FARM CRIA uma premiação que muito nos orgulha: recebemos o Prêmio Faz Diferença, do jornal O Globo, na categoria Desenvolvimento do Rio.

Ainda neste ano, com 92,3% de mulheres e 51,9% de pessoas pretas e pardas no quadro de colaboradores, a FARM Rio, sendo uma marca SOMA, comemora a certificação do Grupo como uma Empresa B no mês de outubro. Essa certificação é atribuída a empresas que almejam gerar impacto positivo não apenas em termos financeiros, como também ambientais e sociais.

Em 2023, seguimos nossa estratégia de ampliar a diversidade interna da FARM Rio e sentimos a necessidade de revisar o Plano de Aceleração de Diversidade e Inclusão, entendendo, com base de comparação o mercado, como estava de fato este avanço e quais eram os pontos prioritários para o plano futuro.

Foi a partir desta necessidade que contratamos a Transcendemos, uma consultoria de diversidade e inclusão, fundada em 2017, com a missão de auxiliar organizações a se tornarem mais diversas e inclusivas. Com uma abordagem leve e didática, a consultoria tem expertise para promover mudanças significativas na cultura organizacional, fomentando ambientes mais acolhedores e inovadores.

Nosso objetivo era então, com a ajuda da Transcendemos, fazer um diagnóstico das ações de D&I da FARM, saber o grau de maturidade da nossa empresa nessa frente de atuação, entendendo lacunas a serem preenchidas e prioridades no plano de ação futuro com o compromisso de construir um ambiente diverso, com respeito às diferenças de estéticas corporais, opiniões, pensamentos, religiões, gerações, entre outros.

Ficamos felizes com o resultado de que estamos num estágio avançado, entre 3 e 4, sendo este o último. Nossas ações em D&I fazem nossa empresa ser reconhecida por maior engajamento e comprometimento, bem como ter boas estratégias para suas ações, maior representatividade e estratégias de treinamento e ações afirmativas.

Ainda precisamos avançar em algumas frentes para a empresa ser reconhecida como exemplar em todas as ações e líder de mercado, mas sem dúvida estamos no caminho certo. Lançamos este ano o nosso programa *trainee* para negros e indígenas e esta ação está a serviço de transformarmos a nossa liderança em uma liderança diversa.

Como ações prioritárias para nosso avanço, precisamos investir no engajamento nos grupos de afinidade e governança estruturada para esses grupos. Ter acessibilidade no escritório e lojas para habilitar o trabalho com colaboradores com deficiência e diminuir a dificuldade de contratação para cumprimento da cota.

Temos também um desafio com a nossa liderança, que hoje é muito comprometida e parte do sucesso no avanço da pauta, mas muitos ainda não se sentem preparados para administrar equipes diversas e precisamos avançar neste quesito. Por último e talvez o mais importante, é sem dúvida ter representatividade em cargos de alta liderança.

Veio o selo B, o selo EDR (Empresa De Respeito) pela Transcendemos, o "Prêmio faz diferença do Globo", mas veio sobretudo uma volta às nossas origens e o que nos fez chegar até aqui. Crescemos, evoluímos, nos destacamos e fomos reconhecidos, inclusive internacionalmente, como uma das primeiras marcas a ter na sua essência a brasilidade. A diversidade da nossa cultura é a nossa essência e foi o elemento mais importante para chegarmos até aqui.

Sigo com o compromisso sólido com a promoção da diversidade, equidade e inclusão e a transformação cultural da empresa, entendendo que a melhor forma com que eu posso contribuir para o avanço da sociedade é usar o meu espaço de liderança, poder e privilégio para a redução das desigualdades e construção de uma sociedade mais justa para todas e todos.

Impacto e inclusão: a evolução de DE&I no RH

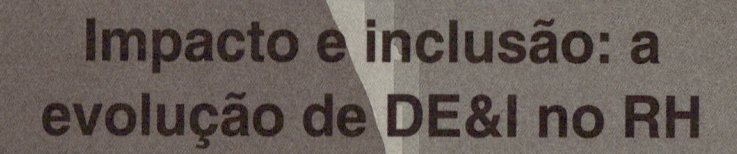

Marina Hóss

Diretora de Recursos Humanos com atuação em diversos segmentos desde grandes multinacionais como Unilever e Monsanto até *startups* em *early stage* e *hyper growth* como Loft e Rappi. Esteve à frente do programa "Donas do ar" da Avianca para inclusão de mulheres na carreira de pilota e foi idealizadora do programa de enfrentamento à violência contra a mulher das lojas Marisa. Liderou a área global de desenvolvimento social da Rappi, sendo responsável por nove países na América Latina. Formada em Comunicação Social pela ECA-USP com pós-graduação em semiótica psicanalítica pela PUC-SP, também é fundadora da Miríade, um *hub* para impulsionar a performance nas organizações por meio da diversidade, equidade e inclusão.

"Não sou livre enquanto outra mulher for prisioneira, mesmo que as correntes dela sejam diferentes das minhas." Audre Lorde

Quando eu tinha 18 anos e fiz minha inscrição para o vestibular, havia um questionário sobre o perfil dos vestibulandos e uma das perguntas era: "Qual sua motivação para escolha do seu curso universitário?" Eu ainda não fazia ideia de qual curso escolher (conto aqui um segredo: deixei todo o formulário pronto, mas só assinalei o curso na fila para entrega da inscrição) e não me lembro de todas as alternativas, mas lembro como se fosse ontem que a opção que escolhi foi "poder contribuir positivamente para a sociedade".

Essa é uma das poucas certezas que eu tinha ainda tão jovem e uma das raras coisas que não mudou absolutamente nada na minha forma de encarar o mundo e nos valores que me guiam. Agora, com quase 40 anos, eu tenho convicção de que mudamos muito nossa forma de ver o mundo com o passar do tempo, mas esse é um dos poucos pensamentos que nunca mudou em mim.

Hoje, depois de diversas experiências profissionais e pessoais, de conhecer pessoas completamente diferentes que me ensinaram e me mostraram outra visão de mundo, eu posso dizer com alguma confiança que é possível, sim, contribuir positivamente para o mundo, independentemente da sua profissão. E posso afirmar com ainda mais certeza que essa contribuição pode e deve andar junto com performance, resultado e desenvolvimento de negócio. Na verdade, acredito genuinamente que fazer um negócio prosperar deveria ser a forma de fazer a sociedade evoluir como um todo, gerar mais empregos, mais oportunidades, melhorar a economia e facilitar acessos.

Todos nós, não importa nossa posição nem escopo de trabalho, temos algum poder nas nossas mãos, e se estamos em uma posição de liderança esse poder pode ter um impacto ainda maior. Todos os dias temos a oportunidade de usar esse poder da forma como estão orientados nossos valores. Eu posso usar meu poder como líder de recursos humanos para romper vieses ou simplesmente me conformar em entregar as minhas metas. Eu posso usar meu poder para promover metas de inclusão nos meus processos seletivos ou posso apenas entregar os processos dentro de SLAs acordados.

Eu começo este capítulo lembrando que o que me impulsionou a assinalar a opção "contribuir positivamente para a sociedade" foi meu desconforto com a desigualdade de gênero – que eu já percebia naquela época -, a minha indignação por perceber que no meu colégio particular não havia muitos negros, não me conformar por ver pessoas que viviam nas ruas e morriam de fome. Hoje, escrevendo este capítulo e pensando no poder que tem um livro, eu poderia contar para vocês o quanto diversidade, equidade e inclusão alavancam a performance, como os negócios são beneficiados pela diversidade de pensamento, e o quanto DE&I é importante para inovação. Tudo isso é verdade, e certamente entrarei nesses pontos, mas escolho aqui, neste começo de capítulo, dizer a vocês que promover diversidade, equidade e inclusão é a coisa certa a se fazer. Os resultados virão, mas eles podem vir apenas da excelência da execução, ou podem vir com você escolhendo todo dia usar seu poder para, junto com os resultados, promover um impacto positivo na sociedade.

Minha história com DE&I

Durante meus 17 anos de carreira em RH eu pude acompanhar diferentes momentos das ações de DE&I pelas organizações onde passei, por privilégio e por escolha pessoal. Em todas elas fui parte de algum comitê ou liderei projetos e, felizmente, minha vivência foi presenciando uma evolução importante e necessária com alguns marcos que acompanham também o desenvolvimento da sociedade. Acho importante contextualizar aqui que, no Brasil, as iniciativas dentro das organizações ganharam progressivamente mais força a partir de 1995, pois foi no primeiro governo de Fernando Henrique Cardoso que o racismo passou a ser reconhecido e legitimado, e, ao longo dos anos, importantes movimentos sociais trabalharam para que as desigualdades começassem a ser expostas, com pressão e influência para que políticas públicas fossem criadas para diminuir esse *gap* social.

Dito isso, um resumo da evolução que eu vivenciei é o seguinte:

2007: Estava apenas iniciando a minha carreira em uma multinacional de bens de consumo e fazia parte do comitê de diversidade da empresa. Nesse momento havia uma intenção genuína, mas as ações eram muito mais focadas em gerar um senso de pertencimento (que é muito importante) do que na promoção da inclusão de grupos minorizados.

2012: Já com algum tempo de carreira, quando trabalhei em uma multinacional de biotecnologia, as iniciativas de diversidade não eram apenas responsabilidade de um comitê, mas, sim, uma estrutura oficial dentro de uma área bem definida. Não se falava claramente em inclusão, mas já havia metas de contratação de grupos minorizados, por exemplo. (Devido às metas de contratação era comum que a responsabilidade pela diversidade fosse da área de aquisição de talentos.)

2015: Começam a se solidificar as conversas sobre inclusão. Quem nunca viu a famosa frase da Verna Myers, na época VP de inclusão da Netflix: "Diversidade é chamar para a festa, inclusão é chamar pra dançar"? A partir deste ano pude felizmente liderar projetos incríveis que visavam à inclusão de forma estruturada, pensando não só em contratação, mas nas necessidades de grupos minorizados e em como promover o seu pertencimento.

2020: Este ano foi marcado pela pandemia de Covid-19, que trouxe uma importante reflexão sobre desigualdade e como as pessoas mais vulneráveis são as mais afetadas por uma crise sanitária. Os casos de violência doméstica, por exemplo, aumentaram 20% nesse período devido ao isolamento de mulheres com seus potenciais agressores. Esse mesmo ano foi marcado pela morte de George Floyd nos Estados Unidos, vítima de racismo, e pela morte de um homem negro, também vítima de racismo, em uma rede de supermercados no Brasil. Todos esses acontecimentos levaram as organizações a repensarem o posicionamento com relação a DE&I, criando estruturas específicas para cuidar dessas iniciativas. Nesse momento eu atuava como executiva em uma grande *tech company* e pude liderar não apenas projetos pontuais, mas a criação de políticas, treinamentos e métricas, que mostravam a evolução do tema, cada vez mais inserido como parte da cultura e do posicionamento esperado pela liderança.

Durante esses anos acompanhando a evolução das iniciativas de DE&I aprendi importantes lições sobre o sucesso da implementação da estratégia que considero fundamentais para que sigamos evoluindo. Compartilho um pouco desses aprendizados com vocês:

1. Não basta ter paixão pelo tema

Fico feliz e aliviada em saber que muitas pessoas se consideram aliadas de grupos minorizados, ainda que não façam parte deles, e ainda mais feliz por ver pessoas que fazem parte de um grupo minorizado querendo mostrar apoio para que outras não vivam as dificuldades que eles viveram. Obviamente, todo apoio é bem-vindo, mas se queremos de verdade um posicionamento estratégico é preciso entender tecnicamente sobre o tema e articular uma estratégia baseada nesse conhecimento técnico. Caso contrário, DE&I sempre será entendido como "a atividade extracurricular" e não sob a perspectiva estratégica que precisa ter.

2. O papel dos grupos de afinidade

Em linha com o tópico anterior, aprendi que os grupos de afinidade e os ERGs (*employee resources groups*) são fundamentais, principalmente para gerar senso de pertencimento, representatividade e para pressionar de forma saudável a organização, deixando claras e transparentes as necessidades de todos os colaboradores. Mas eles não são suficientes para sustentar a estratégia de DE&I. É importante esclarecer papéis e expectativas: se por um lado os grupos sustentam a representatividade e o *advocacy*, por outro é importante existirem responsáveis definidos e com escopo certo para mover as iniciativas que sejam capazes de construir tecnicamente as soluções e responder pelos resultados.

3. Ações afirmativas

É importantíssima a sensibilização, o diálogo e o letramento de toda a população dentro de uma organização, mas isso por si só não é suficiente. Em seu livro "Racismo, Sexismo e Desigualdade no Brasil" a filósofa e escritora Sueli Carneiro compartilha resultados de algumas de suas pesquisas, que mostram que apenas a prosperidade econômica não é capaz de reduzir as desigualdades; isso só aconteceu quando ações afirmativas foram implementadas no Brasil. O mesmo ocorre nas organizações: é preciso intencionalidade, metas a serem atingidas e programas e estratégias que suportam isso. Não adianta, por exemplo, eu aumentar o número de mulheres na liderança sem identificar quais as barreiras para que elas estejam lá e criar programas que as derrubem. A ganhadora do prêmio Nobel de Economia, Claudia Goldin, provou no seu trabalho que a maternidade é um dos principais fatores de desigualdade salarial entre homens e mulheres; logo, jamais teremos mulheres em posição de liderança se não oferecermos licença parental, por exemplo.

4. Metas, métricas e resultados

Trabalhar pela inclusão é um exercício diário do viés da nossa tomada de decisão. Dedicar tempo, pessoas e dinheiro a isso, não. Por isso, nenhum programa será sustentado sem objetivos claros, definição de metas e métricas que mostrem o avanço e a comprovação de resultados. Uma estratégia de DE&I de sucesso precisa apresentar isso e usar análise de dados para mostrar que vale a pena seguir investindo e priorizando a estrutura.

Com esses aprendizados consegui importantes resultados na minha atuação em DE&I, e compartilho um dos mais importantes até agora.

Donas do Ar

Em 2016 eu já tocava ações de DE&I como líder de Recursos Humanos na Avianca quando recebi um dos maiores desafios da minha carreira nessa área: um pedido do CEO para que tivéssemos uma turma de contratação de pilotos só com mulheres. Aproveito aqui para dizer que esse trabalho só foi possível graças a um time apaixonado, engajado e preparado tecnicamente, que superou esse desafio da forma mais estratégica possível. O CEO, Frederico Pedreira, que foi não só *sponsor,* mas quem colocou esse desafio como uma meta importante para toda a empresa, a minha líder de Talent Acquisition, Andrezza Dantas, que foi além da meta de contratação e ajudou a desenhar um plano de inclusão de mulheres na aviação, e o time: Nathalia Cunha, Luana Meira e Caroline Gasparetto, que entre estratégia e execução colocaram o Donas do Ar de pé.

Durante o programa tivemos importantes aprendizados, que possibilitaram a construção de uma estratégia de sucesso:

1. Sem métricas, sem estratégia: a análise demográfica já era um indicador importante dentro dos KPIs de RH, e graças a isso identificamos que apenas 1,6% da população de pilotos eram mulheres; sem essa medida clara seria muito difícil chamar atenção para esse problema. Uma dica que posso dar aqui é: comecem pela análise demográfica, ela vai ser um importante dado concreto para construir sua estratégia.

2. Não é apenas sobre recrutamento: dos 1.683 currículos que tínhamos cadastrados para a posição de piloto naquele momento, apenas 5% eram de mulheres. Comparando com outras aéreas do Brasil, o número de mulheres pilotas variava entre 1% e 3%, e quando buscamos as escolas de aviação descobrimos que lá o número também era baixo. Mais uma vez ressalto a importância de avaliar os dados: sem essa análise teríamos apenas tentado convocatórias sem resultado nenhum, mas aqui percebemos que teríamos de pensar numa estratégia muito mais focada de recrutamento, e também pensando em como fechar esse *gap*.

3. A importância das ações afirmativas: para atingir as horas de voo necessárias para assumir a função de piloto é necessário dinheiro e tempo. Considerando que mulheres ganham cerca de 80% do salário de um homem e têm uma jornada de trabalho doméstico em média de 8 horas semanais a mais que eles, ficou claro que aí estava uma das hipóteses para o baixo número de mulheres. Sendo assim, assumimos que para mulheres seria exigido um número menor de horas de voo para a seleção e que isso seria compensado com treinamentos mais longos.

4. DE&I é sobre cultura: se toda liderança e, principalmente, toda área de operações de voo não estivesse 100% comprometida com esse projeto, ele não teria sucesso. Nesse ponto foi muito importante a sensibilização, treinamentos sobre vieses inconscientes e liderança inclusiva, comunicação do projeto com o CEO como *sponsor* e um *onboarding* muito bem estruturado, que possibilitaram a inclusão das novas pilotas de forma consistente.

5. Representatividade importa: durante o programa percebemos que, não importava o esforço que fizéssemos, jamais chegaríamos à equidade de gênero apenas recrutando e treinando. A nossa sociedade é imersa em um estereótipo que prega existência de profissões para homens e para mulheres, e sem essa desconstrução nunca aumentaremos o número de mulheres na aviação. Por isso, nos dedicamos a ações como levar nossas pilotas a diversas escolas de ensino fundamental e médio para conversas com crianças e adolescentes que poderiam se sentir inspiradas, participação em fóruns, dando visibilidade para mulheres na aviação e assinatura dos Women's Empowerment Principles, comprometendo a Avianca a seguir apoiando a equidade de gênero.

Ao final, tivemos a primeira contratação de uma turma com 13 pilotas e uma meta constante de participação de mulheres nas próximas turmas. De imediato saímos de 1,6% para 5% de profissionais e esse número foi crescendo organicamente. O que era um pedido de contratação virou um plano estruturado com análise de dados, estratégias e diferentes frentes de atuação: atração e seleção de talentos, desenvolvimento, cultura e impacto social. Fomos destaque em alguns fóruns da ONU pelo nosso esforço em incluir mulheres em carreiras tradicionalmente masculinas e até hoje eu tenho um grande orgulho em ter mostrado como uma boa estratégia de DE&I pode ter um impacto tão grande. O plano estava longe de ser perfeito; faltou, por exemplo, trabalhar interseccionalidade na seleção, mas com certeza foi um passo gigantesco pela equidade de gênero na aviação.

E agora? Qual o futuro da Diversidade, Equidade, Inclusão e Pertencimento?

Escrever este capítulo acontece num momento muito importante e crítico: estamos vivendo o *backlash* de DE&I nos Estados Unidos e algumas importantes empresas já anunciaram o desmonte de suas estruturas, priorizando outras iniciativas, focando em lucratividade no curto prazo. Poder falar sobre DE&I aqui, sabendo que eu e minhas colegas vamos chegar a muitos leitores e leitoras nesse momento tão crucial, é um alívio de esperança importante.

Mais do que nunca, propor uma estratégia e medir resultados vai ser crucial, mas acredito também que precisamos enxergar, na crise, uma oportunidade. Na minha visão, esse é o momento de parar de entender DE&I como o *push* de um grupo específico de pessoas dentro do RH e levar a pauta como disciplina fundamental para a gestão de pessoas. Da mesma forma que cobramos (e ensinamos) os líderes a dar *feedback*, desenvolver seu time, fazer uma boa entrevista, é definitivamente a hora de "promover a inclusão" e "eliminar vieses" serem também habilidades mandatórias para os líderes. E digo o mesmo com relação ao time de recursos humanos, que precisa entender de aquisição de talentos, gestão de remuneração e gestão de talentos, e agora definitivamente precisa entender de gestão da diversidade e colocar no seu portfólio de capacidades a inclusão e pertencimento. Se somos obrigados a aprender novas ferramentas o tempo todo, tomados pela inovação, a chegada da Inteligência Artificial, novas metodologias etc., o que impede que todos aprendam o certo a se fazer para equidade, inclusão e pertencimento?

Retomo aqui o começo deste capítulo: todos nós temos algum poder nas nossas mãos, e agora é a hora de os líderes mostrarem qual decisão irão tomar, mesmo que não exista uma cobrança formal sobre isso. Eu deixo aqui o meu convite a todos que lerem este capítulo: escolham todos os dias fazer o certo, fazer o melhor. Isso não custa nada, mas pode custar muito – pode custar um mundo mais violento, desigual e sem prosperidade econômica.

Um projeto que MUDOU vidas, vidas negras!

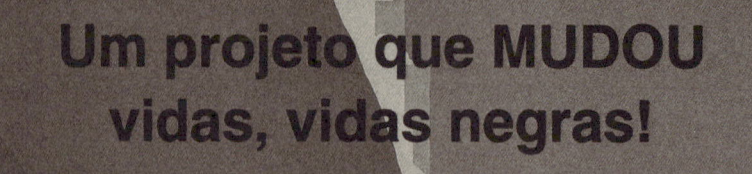

Marinildes Amorim de Queiroz

É gerente sênior de Cultura, Desenvolvimento Organizacional e Comunicação na Up Brasil, onde se dedica a criar produtos e serviços que simplificam a vida de indivíduos e organizações. Tem mais de 30 anos de experiência em Recursos Humanos e Desenvolvimento Organizacional, é mãe do coração de Bruno e Diego, apaixonada por pessoas. A sua expertise abrange áreas como Carreira e Sucessão, Avaliação de Competências, Gestão de Talentos e Programas de Desenvolvimento de Líderes. Certificada em ferramentas de análise de perfil comportamental, como o Índice Preditivo e o Inventário Hogan, possui certificação profissional em Coaching. Atuou também como mentora voluntária no Programa de Mentoria do IVG – Nós por Elas e tem experiência em diversos setores, incluindo Mineração, Indústria Química, Setor Elétrico, Varejo e Telecomunicações.

Meu nome é Marinildes Amorim de Queiroz, Mári, como sou comumente chamada nas organizações. Sou uma mulher preta, tenho 58 anos, moro em São Paulo e há oito anos me tornei mãe de dois irmãos negros, Bruno e Diego, meus filhos amados que não nasceram de mim, mas nasceram para mim.

Sim, me tornei mãe aos 50 anos, e agora quando olho pra trás e vejo a importante escolha que fiz e que mudou a minha vida completamente, em todos os aspectos possíveis, percebo que fui movida a desafios e escolhas disruptivas e corajosas, e entendo o porquê, quando fui convidada para contribuir com este livro, o primeiro projeto que me veio à mente foi exatamente um dos mais disruptivos e desafiadores que tive na minha carreira.

Falo do projeto de estágio para pessoas negras, moradoras de favelas de São Paulo, que realizamos em parceria com a CUFA (Central Única das Favelas) em 2021, em plena pandemia do Covid-19. Este projeto fez parte dos oito compromissos que o Grupo Carrefour Brasil assumiu com a sociedade para combate ao racismo estrutural no país.

Na época, eu trabalhava como coordenadora de Desenvolvimento Organizacional na matriz do Grupo e tive o privilégio de implementá-lo, pois era a responsável pelos Programas de Entrada na Companhia, e seguramente foi um dos projetos que mais me trouxeram aprendizados e, por que não dizer, lições de vida, e agora tenho a oportunidade de compartilhá-lo com vocês.

Como surgiu a ideia

Todos os anos realizávamos uma ou duas turmas do programa de estágio na empresa. O programa era sempre aberto ao público diverso (mulheres, negros e negras, PcDs, e LGBT+), porém o número de diversos que tínhamos ao finalizar o processo seletivo não passava de 35% dos selecionados.

Lembro que chegamos a fazer uma série de pequenas mudanças no processo seletivo no intuito de trazer mais diversidade para dentro de casa, por exemplo: implantamos um treinamento de sensibilização dos líderes para a importância de ter diversidade nas equipes e no programa, não divulgávamos nomes das faculdades dos candidatos, treinávamos os selecionadores nos temas vieses inconscientes e técnicas de seleção, retiramos a apresentação dos candidatos por vídeos gravados, pois tivemos acesso a dados que indicavam que o número de candidatos negros diminuía quando tínhamos esta etapa, enfim, foram muitas tentativas, mas o aumento no índice final de contratação era quase imperceptível.

Uns anos antes deste projeto, eu e Daniela Matos Faria, que era a gerente da área na época, vínhamos pensando em uma forma de efetivamente "mexer com o ponteiro" da inclusão de pessoas negras no programa de estágio. Chegamos até a levar a ideia deste projeto para a Diretoria, mas nossa proposta foi vetada, pois a estratégia ainda era a inclusão do diverso em geral, ou seja, todo o público considerado minorizado e não uma ação afirmativa só para negros.

Assim, quando a empresa assumiu os oito compromissos de combate ao racismo estrutural com a sociedade, e definiu um orçamento relevante para os projetos, vimos a oportunidade de trazer mais uma vez a nossa proposta para a mesa e dessa vez ela foi aprovada.

Como é o projeto

O projeto de estágio afirmativo para negras e negros das favelas de São Paulo tinha como objetivo selecionar, capacitar e formar moradores negros da favela que tinham ensino médio completo, grande interesse em cursar o ensino superior e ser contratado como estagiário.

Isso mesmo, a ideia não era selecionar estagiários negros que já estavam cursando o ensino superior e prontos para realizar um estágio. Vínhamos percebendo que cada vez mais a concorrência era grande por este grupo, todos os programas de estágio abertos na época concorriam com o mesmo público e o número de negros e negras na faculdade era cada vez menor.

Dessa forma, nosso projeto visava sair dessa concorrência e contribuir para aumentar o número de pessoas negras na faculdade. Para isso, iríamos custear a faculdade dos selecionados durante os dois primeiros anos em 80% e nos demais anos em 50%. Uaaau!

Estávamos certas de que, enfim, iríamos conseguir tirar do papel o velho sonho de efetivamente "mexer o ponteiro" da inclusão de pessoas negras na faculdade, no mercado de trabalho e, ao mesmo tempo, no programa de estágio da empresa. Estávamos muito felizes e orgulhosas dessa conquista.

O detalhamento do projeto:

Não existia restrição de idade nem de gênero para a inscrição dos candidatos, era necessário que fossem negros ou negras (autodeclarados pardos e pretos), que tivessem o ensino médio completo e que morassem em uma das cinco favelas que escolhemos para realizar o projeto.

Tínhamos vagas para estágio em diversas áreas e negócios do Grupo, portanto, o leque de cursos superiores que o candidato poderia escolher era bem extenso e acreditávamos que eles conseguiriam encontrar o curso de sua preferência e o tipo de graduação que preferissem (tecnólogo – curso superior de dois anos de duração – ou bacharelado – curso superior de quatro ou cinco anos).

A escolha do tipo de graduação foi um dos importantes aprendizados que tivemos, ao discutir com a nossa parceira CUFA sobre o tema. Vou compartilhar esse aprendizado aqui com vocês. Eu e Daniela tínhamos as melhores intenções ao defender o curso de tecnólogo para o Programa. Era um curso superior mais rápido, os candidatos teriam o subsídio de 80% da graduação inteira, e terminariam juntos o período de estágio e da formação superior.

Foi então que, ao levar nossa ideia para a CUFA, um dos diretores nos alertou e nos disse que ao ofertarmos apenas a graduação de tecnólogo poderíamos estar passando uma mensagem ruim aos candidatos, pois seguramente iriam pensar: "Ah, então vocês estão dizendo que só porque eu sou um preto da favela não tenho a capacidade de fazer um curso superior e me formar como bacharel? Para mim o que é disponibilizado é apenas o curso de tecnólogo, é só isso o que nós, negros da favela, poderemos sonhar e almejar?" Para nós foi um tremendo susto essa fala. Não era nada disso que pretendíamos. Então, vimos que realmente era necessário mudar, pois, ao disponibilizar apenas os cursos de tecnólogo, poderíamos realmente estar limitando as possibilidades deles. E mais, nos demos conta de que existia sim um viés inconsciente e um preconceito velado e que nem uma de nós estava percebendo. Assim, no mesmo momento, pedimos desculpas, agradecemos esse importante aprendizado e fomos discutir as regras para inclusão também dos cursos de bacharelado no Programa. Para vocês, deixo este relato para que redobrem a atenção e cuidados ao idealizar uma ação afirmativa.

A importância das parcerias no Processo Seletivo

Como coloquei no exemplo acima, a CUFA foi uma das

primeiras parcerias do Projeto e ela foi fundamental, principalmente nas primeiras etapas.

Um dos primeiros aportes da CUFA foi definir conosco onde deveríamos focar, em quais favelas buscar os candidatos. Após algumas análises optamos por concentrar esforços em cinco delas: Paraisópolis, Heliópolis, Parque Santo Antônio, Brasilândia e 1010. Escolhemos essas por termos uma boa estrutura da CUFA, o que seria fundamental para a pré-seleção dos candidatos.

A pré-seleção consistia em um cadastro nas sedes da CUFA nas cinco favelas, onde o candidato demonstrava seu interesse e atendimento aos pré-requisitos do Programa. Esta etapa foi muito importante, pois os líderes comunitários e diretores da CUFA conheciam as pessoas dessas comunidades e sabiam realmente quem estava interessado em um programa como o que estávamos ofertando.

Chegamos a quase 500 candidatos selecionados pela CUFA e em seguida marcamos um dia "D" para as inscrições no processo seletivo e, claro, seria a primeira interação dos candidatos com o Carrefour.

O dia escolhido foi 17 de julho. Juntamente com a CUFA, montamos uma estrutura tecnológica gigante nas cinco favelas, para que entrássemos *on-line* de forma simultânea em todas. A ideia é que falássemos ao vivo com os cerca de 500 candidatos inscritos. Foi um desafio e uma grande emoção para nós e para eles.

Explicamos como funcionaria o processo seletivo e suas etapas eliminatórias, agradecemos, parabenizamos por eles estarem ali interessados em se desenvolver, crescer e mudar seus destinos. Éramos muitos, unidos pelo mesmo propósito: Carrefour, CUFA e Companhia de Estágios, que seria responsável pelo processo seletivo dos candidatos.

A Companhia de Estágios estava junto conosco neste dia D, já que fez parte deste momento a inscrição do candidato diretamente no site. E claro, nós tínhamos os parceiros da CUFA presencialmente e também do Carrefour. Foi necessário apoiá-los na inscrição e a internet da sede da CUFA ficou disponível para que todos pudessem se inscrever na fase de seleção, seja por computador ou celular. Tínhamos pessoas negras de todas as idades nas quadras das favelas querendo inscrever-se e foi muito bonito e emocionante viver esse movimento de busca pelo aprendizado e oportunidade de mudar seus destinos e suas vidas.

No link a seguir você pode conferir um pouco desse momento na matéria do *Metropolis*: https://www.metropoles.com/janela-indiscreta/carrefour-vai-bancar-ate-80-da-faculdade-de-estagiarios-negros

Nosso outro parceiro foi a Faculdade Anhanguera, escolhida entre tantas outras por ter unidades próximas ou de fácil acesso às cinco favelas e também pelo leque de cursos disponíveis para que eles pudessem realizar seus sonhos.

Como sabem, estamos falando de um programa de estágio diferente dos demais, neste os candidatos ainda não tiveram acesso à faculdade, assim, precisamos trazer para o processo seletivo também o vestibular. E lá estávamos nós junto com os candidatos selecionados pela Companhia de Estágios, no dia da prova de vestibular em uma das unidades da Anhanguera. Foi outro momento tenso e bonito demais de ser vivido. Neste dia tivemos até a cobertura do SP TV da Rede Globo. Confira a matéria no link: https://pt-br.facebook.com/CufaSP/videos/3053495608260337

Abaixo as etapas do processo seletivo:

1. Inscrições: até 23 de julho no site

2. Seleção: de 26 de julho a 6 de agosto

3. Painel com gestores do Carrefour: 9 a 12 de agosto

4. Vestibular: 18 de agosto

5. Processo admissional: 20 a 28 de agosto

6. Início do estágio: setembro de 2021

A chegada na empresa!

Na primeira semana de setembro tivemos a felicidade de admitir a 1ª. turma de estagiários, 100% negra, e moradora de favela. Estávamos todos muito felizes, a equipe de RH, gestores, parceiros e principalmente nossos novos estagiários, que se sentiam (e eram) vitoriosos e muito orgulhosos em ver aonde conseguiram chegar.

Abaixo um trecho da carta que enviamos aos gestores e áreas que receberam os novos estagiários:

"Hoje eles chegaram! E esta foi uma jornada de reconstrução.

Dos nossos 'saberes', das nossas certezas, dos nossos processos. Não foi e não será só mais um programa de estágio.

Está sendo e será um novo ponto de partida para os programas de entrada. Um novo olhar para programas que MUDAM vidas!"

Realizamos um acolhimento bem diferente para eles. Queríamos que tudo desse certo e o 1º. dia na empresa fosse mágico. Ainda estávamos no final da pandemia e por isso a sede estava um pouco vazia. Reunimo-nos no auditório e, junto com nosso parceiro Instituto Ser Mais, realizamos uma palestra de acolhimento e depois cada um recebeu seu kit boas-vindas, com mochila, camiseta, notebook, agenda, pacote de internet para trabalhar de casa, etc.

Apresentamos a empresa, seus gestores, realizamos algumas palestras sobre a empresa e o programa. Em seguida iniciamos uma capacitação básica do pacote Office, para deixá-los mais familiarizados com as ferramentas que iriam precisar para o trabalho.

Preparamos também os gestores para os receber. Essa capacitação foi realizada pelo presidente da CUFA, Preto Zezé. Nosso objetivo era que os gestores entendessem que para apoiá-los e desenvolvê-los precisavam conhecer um pouco melhor suas realidades, que mundo era esse aonde viviam e, para isso, Preto Zezé contou sua história, de onde veio, os desafios diários dos negros da favela, etc. Ele trouxe a realidade e a sensibilidade que precisávamos reforçar nos gestores.

O Instituto Ser Mais também foi fundamental na fase de acompanhamento e desenvolvimento deste grupo, pois como sabíamos que já seria uma carga extra começar a faculdade e o trabalho ao mesmo tempo, fomos bastante cuidadosos para não sobrecarregar a agenda deles, pois não queríamos que eles desistissem por entenderem que não seriam capazes de seguir nas duas jornadas.

Para apoiá-los e acolhê-los em qualquer dificuldade que estivessem passando, durante os primeiros seis meses cada estagiário teve o apoio de um mentor – líder da Organização. Este foi um processo de formação bem bonito. A escolha dos mentores para a capacitação com o Instituto Ser Mais foi voluntária, e tínhamos desde coordenadores de RH, gerente de Diversidade e Inclusão, gerente de Comunicação Interna, diretora de RH e até nosso vice-presidente de RH se voluntariou para ser mentor dos estagiários dessa turma.

Assim, durante os seis meses iniciais os estagiários tiveram mentoria individualizada, além do acompanhamento do Instituto, e dessa forma não tivemos nenhuma evasão da Faculdade nem pedido de desligamento por parte dos estagiários. Foi um sucesso!

Acompanhei o Programa durante dois anos e tínhamos duas analistas da equipe de RH muito próximas do dia a dia dos estagiários, acolhendo suas dificuldades, desafios e tratando os casos de forma rápida e eficiente. Vivenciamos muitos desafios e aprendizados durante esse período. Todos sabemos que esse caminho da Diversidade e Inclusão no Brasil não é simples e tranquilo, e precisamos sempre nos adaptar e solucionar muito rapidamente todas as questões que surgem. Quando olhamos para trás e nos deparamos com o sucesso deles, o engajamento, o brilho no olho, a efetivação na empresa, a garra e vontade de seguir construindo sua carreira, entendemos que tudo valeu a pena, cada stress passado, cada desafio superado, cada conquista conjunta, enfim, temos muita gratidão.

Estamos certos de que tudo isso só foi possível pelo time que formamos e assim começam os meus agradecimentos: na linha de frente, obrigada, Andressa Araújo, Daiane Cangussu, e Maiara Nunes, vocês foram incríveis durante essa jornada. Aos nossos líderes e mentores: obrigada, Cristiane Lacerda, João Senise e todos os mentores e mentoras que fizeram parte desse lindo projeto. Agradeço aos parceiros da CUFA: diretores (Léo e Giovanna) e seu presidente, Preto Zezé. Aos parceiros da Companhia de Estágios, Instituto Ser Mais e Faculdade Anhanguera, muito obrigada pelo excelente trabalho em time que realizamos.

Agradeço especialmente a Daniela Matos Faria (Dani), que também escreveu um capítulo neste livro. Você foi a idealizadora deste projeto e esteve muito presente em cada etapa, em cada detalhe em cada apresentação e defesa dele. Foi muito bom sonharmos juntas e concretizar esse projeto. Sabemos o quanto ele impactou a vida de tanta gente, e nós acreditamos e somos "provas vivas" da mudança de vida através da Educação. E por fim agradeço à Lilian Lapchick, que, apesar de não ter feito parte do projeto, me indicou para que eu fizesse parte deste livro.

Para finalizar, nada melhor do que ter o depoimento de uma das participantes do projeto. Deixo vocês com a Lara Santana.

> *"Sou grata por ter feito parte desse projeto tão importante que deu início à minha carreira profissional e de tantas outras pessoas. Ter sido selecionada entre tantas outras pessoas me deu um gás para iniciar uma carreira sólida e desafiadora com confiança. Minha jornada até agora foi de muitas experiências incríveis e muito aprendizado. No Grupo Carrefour Brasil, me*

senti muito acolhida, respeitada e integrada, fatores que fazem com que eu queira continuar contribuindo com a cultura da empresa. Minhas expectativas estão altas para um futuro promissor na área que escolhi". Lara Santana

Ex-estagiária – Atual analista de marketing digital – Grupo Carrefour Brasil

Para conferir a emoção deles na aprovação do vestibular, em matéria veiculada no SP TV, da Globo, compartilho o endereço: https://pt-br.facebook.com/CufaSP/videos/3053495608260337/

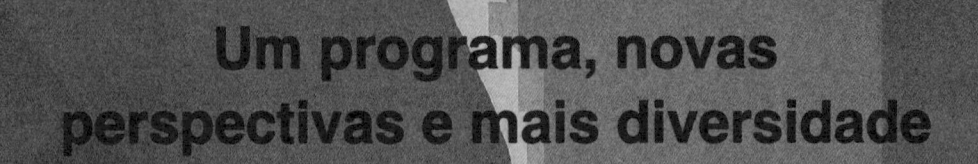

Um programa, novas perspectivas e mais diversidade

Nathalia Sobral

Executiva com mais de 19 anos de experiência em Recursos Humanos, em empresas de diversos ramos. Atualmente é líder de Talent Acquisition para América Latina, na empresa Cargill Agrícola.

Mãe da Lílian e da Elisa, graduada em Pedagogia e pós-graduada em Gestão Estratégica de Pessoas, pela Universidade Presbiteriana Mackenzie, atuou em diversas frentes de Recursos Humanos, como Treinamento e Desenvolvimento, HR Business Partner e Change Management, até chegar a um papel de liderança da área de Talent Acquisition em uma das maiores empresas de Agronegócio do mundo.

Aliada e ativista, exerce a função de representante de Diversidade, Equidade e Inclusão para o Brasil, com foco na atração de talentos, educação e sensibilização e lidera a Rede de Parentalidade.

Como uma mulher, branca, a consciência chegou após adulta. Claro que vivenciei situações em que o racismo, *bullying*, preconceito e outros aspectos foram evidenciados, porém, assim como muitas pessoas, na minha cabeça era o "normal".

Foi através do meu casamento inter-racial, que formou uma linda família, que o despertar aconteceu. Imagens, vivências e situações do passado começaram a ressurgir na minha mente, levando-me a uma profunda reflexão. Foi então que percebi o quanto nossa sociedade está impregnada de vieses e preconceitos. Essa nova perspectiva me fez enxergar claramente as injustiças e desigualdades que antes passavam despercebidas, revelando a necessidade urgente de mudança e conscientização.

Entre tantos momentos, um episódio foi particularmente tocante: ver uma criança de apenas três anos pedir para mudar de cor de pele, pois queria ser mais parecida com suas amigas. Esse foi o gatilho que faltava para que eu deixasse de ser apenas uma observadora passiva e me transformasse em uma ativista. A partir desse instante, tornei-me uma defensora e apoiadora de ações afirmativas e intencionais voltadas para grupos marginalizados pela nossa sociedade. "Não basta só reconhecer o privilégio, precisa ter ação antirracista de fato (...)" (Ribeiro, 2020).

Compreendi que era essencial compartilhar minha experiência, não apenas com meu grupo de amigos e minha família, mas de maneira mais ampla. Sentia a necessidade de compartilhar e promover diálogo sobre a importância de reconhecer e combater os preconceitos e vieses presentes em nossa sociedade.

Felizmente, no meu caso, a empresa já havia iniciado sua jornada, revisando e implementando mudanças. Essas ações tinham como objetivo criar um ambiente mais democrático e inclusivo. Com a criação de grupos de afinidades e a formação de um Comitê Nacional de Diversidade, as pessoas começaram a se sentir mais seguras para expressar seus sentimentos e inquietações. Foram estabelecidos espaços para compartilhamento e troca de experiências. Em um desses encontros, senti-me profundamente inspirada a compartilhar minha história e formalizar meu comprometimento com as iniciativas de Diversidade, Equidade e Inclusão (DE&I) da empresa.

A jornada com DE&I é um processo contínuo de aprendizado diário. É uma jornada que exige que tenhamos consciência crítica, ajustemos nossa rota quando necessário e revisemos nossos valores e crenças constantemente. A Diversidade é o reconhecimento e a valorização da variedade de pessoas, cada uma trazendo suas próprias experiências, perspectivas e identidades únicas.

A Equidade vai além da simples igualdade. Ela promove oportunidades justas e busca garantir que todas as pessoas tenham acesso às ferramentas e informações necessárias para prosperar, de acordo com suas necessidades específicas. Não se trata apenas de tratar todos de maneira igual, mas sim de tratar cada um de maneira justa, reconhecendo e atendendo às suas necessidades individuais. A Inclusão, por sua vez, é o processo de criar um ambiente onde todos se sintam acolhidos, valorizados e respeitados. Esses três conceitos – Diversidade, Equidade e Inclusão – são interdependentes. Se focarmos apenas um deles, o processo de transformação não será eficaz. Sem uma abordagem integrada, as pessoas não serão verdadeiramente impactadas e a sociedade não alcançará a mudança necessária para se tornar mais justa e inclusiva.

Com meu despertar, passei a participar mais ativamente das discussões e a propor iniciativas que refletissem, mesmo que minimamente, a representatividade dos grupos minorizados em nossa empresa, em nossas fábricas, escritórios e demais localidades.

Início da jornada

Implementar mudanças e melhorias pode gerar desconfortos, e quando falamos de DE&I o impacto é ainda maior. Valores pessoais e histórias de vida são expostos a tal ponto que podem causar incômodo, revolta e até negação. No entanto, esses processos são necessários para que possamos efetuar mudanças reais em nossa sociedade, em nossas empresas e organizações. Em meio a esse cenário de desconforto, propusemos uma mudança significativa: revisitar um dos programas mais tradicionais da empresa.

Quando ingressei na área de Talent Acquisition uma das iniciativas que assumi foi o Programa de Estágio Brasil. Com um histórico de muitos anos, o projeto chegou até mim carregado de responsabilidade e com uma alta expectativa de sucesso.

Antes de realizar qualquer ação, pesquisei, analisei e ouvi atentamente sobre o que era o programa. Compreendi, então, que não se tratava apenas de entregar um programa de estágio, mas de introduzir um novo conceito e um novo propósito. Nosso objetivo era criar um programa de estágio renovado, com uma proposta inovadora que refletisse os valores e as aspirações da empresa em relação à diversidade, equidade e inclusão. Queríamos que o programa representasse um compromisso genuíno com esses princípios, alinhando-se à visão da empresa de promover um ambiente mais inclusivo e diversificado.

Antes de mim, já havia ações em andamento para a evolução do programa, mas precisávamos fazer mais, especialmente na sensibilização e compreensão da liderança sobre a importância de DE&I na contratação. Precisávamos que os líderes entendessem que os talentos que contratamos hoje seriam os que, no futuro, ocupariam posições-chave e de alta relevância, capazes de influenciar pessoas e decisões.

> *"Os líderes, cabe destacar, ocupam uma função primordial na disseminação da cultura da organização e na implementação de interações cada vez mais inclusivas e equitativas entre profissionais" (Delloite, 2023).*

Sabemos que quando uma empresa propõe ações afirmativas e intencionais ela demonstra um compromisso real com a equidade e a inclusão. Isso significa que pessoas de grupos minorizados, como mulheres, negros, LGBTQIA+, pessoas com deficiência e outros, terão espaço e voz para se destacar e alcançar seu pleno potencial. Nosso objetivo era garantir que esse compromisso fosse refletido no Programa de Estágio Brasil, criando um ambiente onde todos pudessem prosperar.

As ações afirmativas desempenham importante papel no combate à desigualdade social e às segregações... Não se trata de concessão de benefícios ou privilégios, mas da efetivação de direitos assegurados pela Constituição (Mundo Educação).

Embora frequentemente criticadas por alguns indivíduos que as veem como uma forma de "discriminação reversa" ou "preconceito reverso", é crucial entender que ações afirmativas não são sobre favorecer uns em detrimento de outros, mas sim sobre oferecer oportunidades justas e equitativas para todos, especialmente para aqueles que historicamente foram marginalizados e excluídos.

Implementação do novo Programa de Estágio

Em nosso novo programa, propusemos várias modificações, como a implementação de um processo de seleção totalmente *on-line*, eliminando a necessidade de deslocamento dos candidatos para nossas unidades para participar de dinâmicas ou painéis de avaliação. Compreendemos que, em uma sociedade marcada por diferenças incontestáveis, muitos talentos acabam não participando de processos seletivos devido à falta de recursos financeiros. Isso resulta em menos oportunidades para esses indivíduos desenvolverem suas competências, ampliando o abismo social.

Jovens enfrentam um acesso desigual às inúmeras oportunidades de emprego disponíveis. Há lacunas tanto em políticas públicas quanto em práticas empresariais. Nosso objetivo com essas mudanças foi reduzir as disparidades, proporcionando a todos os candidatos uma chance justa, independentemente de sua situação socioeconômica.

Outra ação importante foi a ampliação da prática do currículo oculto. Os *stakeholders* da empresa, incluindo o RH, gestores de vagas e demais entrevistadores, não tiveram acesso ao nome completo, data de nascimento, etnia, gênero e instituição de ensino do estudante.

Estudos mostram que candidatos negros e latinos têm 40% menos chances de serem entrevistados do que candidatos brancos com as mesmas qualificações (Glassdoor, 2021). Implementando o currículo oculto, buscamos promover uma seleção mais justa e equitativa, garantindo que todos os candidatos tenham a mesma oportunidade de avançar no processo seletivo com base em suas competências e habilidades reais.

Os vieses em um processo seletivo começam já na leitura do currículo. Entre tantos exemplos, um deles é a atenção dada à instituição de formação do profissional. Quando o líder da vaga percebe que a universidade não é considerada uma das melhores, ele já questiona se o candidato atenderá às expectativas, como se apenas a instituição de ensino definisse a qualidade do profissional. Essa perspectiva pode excluir excelentes profissionais, talentos e potenciais, além de não considerar a falta de acesso de pessoas de comunidades periféricas a cursos privados, seja pelos custos elevados ou por não se enquadrarem no "perfil padrão pré-definido" pela instituição.

Lembro-me de um gestor que se queixava de que os candidatos não se adequavam à posição de estágio na sua área. Após uma longa conversa, chegamos à conclusão de que ele desejava uma pessoa que, além de ter estudado na mesma universidade que ele, também tivesse feito uma disciplina específica, fora do currículo do curso. Disciplina esta que era frequentada majoritariamente por homens brancos. Felizmente, o líder compreendeu a situação e revisou sua solicitação, reconhecendo a necessidade de ampliar os critérios de seleção para ter mais diversidade de candidatos.

Infelizmente, ele não é o único gestor em empresas que adota essa postura. Muitos líderes ainda seguem critérios restritivos e preconceituosos, limitando a diversidade e a inclusão no ambiente de trabalho

Uma última mudança, talvez a mais difícil para os gestores, foi informar que, a partir daquele momento, os candidatos não abririam mais as câmeras durante as entrevistas. Isso significava que não apenas o currículo seria oculto, mas também as entrevistas seriam conduzidas sem a visualização dos candidatos.

Por que tomamos essa decisão? Porque ver as pessoas significa trazer à tona nossos vieses conscientes. Enxergar nossa dificuldade de aceitar aqueles que não se vestem como nós, que não se parecem com nosso círculo de relacionamento, que não pertencem ao "nosso" mundo. Essa medida visa eliminar preconceitos visuais e garantir que os candidatos sejam avaliados exclusivamente por suas competências e habilidades.

Parcerias e apoio

É difícil implementar um programa com um novo conceito e uma nova proposta, mas, ao contar com o apoio da liderança sênior, o processo se torna viável. Com o apoio das redes internas de diversidade e do Comitê de Diversidade Brasil, desenvolvemos e conduzimos o programa. Todos esses elementos foram fundamentais para a disseminação, divulgação e reforço do nosso compromisso.

O envolvimento de áreas que em algum momento fariam parte do programa foi igualmente importante. Além de fornecerem apoio, essas áreas nos permitiram disponibilizar ferramentas para tornar o processo mais acessível, oferecer treinamento para gestores e candidatos e responder a possíveis questionamentos (internos e externos) sobre a proposta do programa.

Também foi necessário realizar um mapeamento prévio nas unidades para analisar e identificar se seriam necessárias adaptações para algum candidato, especialmente para o público-alvo já mencionado.

Com o objetivo de reforçar nosso propósito junto aos candidatos, criamos peças de comunicação direcionadas aos grupos minorizados. Participamos de *lives* para explicar nossa metodologia, visitamos universidades, instituições e faculdades de formação tecnóloga (formação aceita em nosso programa).

Mobilizamos a equipe de mídias sociais e comunicação para acompanhar comentários, *feedbacks* e impressões no mercado e de nossos candidatos. Elaboramos um cronograma de sensibilização para os gestores, que começou no primeiro encontro e se estendeu até o último, reforçando continuamente o compromisso proposto pelo programa. Essas sessões foram dedicadas a compartilhar dados do processo, informações sobre a chegada dos profissionais e, igualmente importante, ouvir as experiências de cada gestor. Dessa forma, garantimos um diálogo aberto e construtivo, fundamental para o sucesso da iniciativa.

Não foi um movimento fácil, sem resistências, porém seguimos com nosso propósito, trazer mais diversidade, representatividade, principalmente, cumprir com nosso propósito de colocar as pessoas em primeiro lugar, viabilizando espaços, equipamentos, condições para que possam progredir em suas carreiras.

Resultados e reflexão

Desde a implementação do novo modelo de seleção, realizamos mais de 500 contratações, com um crescimento de mais de 15% no número de profissionais que representam grupos minorizados. Atualmente, já vemos gestores entendendo nosso propósito e reconhecendo a diferença que um processo seletivo oculto pode fazer. Recebemos *feedbacks* como: "Sem ver a pessoa, não fiquei observando onde ela estava e o que ela vestia, mas sim o que ela falava e o que tinha a agregar para minha área". Esses comentários demonstram a efetividade do nosso método em focar nas competências e habilidades dos candidatos, eliminando vieses visuais.

A implementação dessas iniciativas foi importante. Atualmente o modelo também é aplicado para outros países da América Latina.

Durante todo esse tempo, eu e a equipe envolvida nessa nova jornada aprendemos mais sobre nossos próprios vieses, nossos valores e como poderíamos efetivamente transformar a visão dos envolvidos. Houve inúmeras reuniões e conversas, nas quais compartilhamos ideias e desabafos.

Em um mundo ideal, essas ações não seriam necessárias. Pessoas, independentemente de sua etnia, gênero, orientação sexual ou deficiência, teriam as mesmas oportunidades e acessos, sem precisar se provar o tempo todo. As empresas realizariam processos seletivos sem predileções, sem analisar onde e quando a pessoa se formou. Infelizmente, ainda não chegamos a esse ponto, e por isso as ações afirmativas são essenciais. A intencionalidade precisa estar por trás dos processos seletivos, garantindo que todos tenham a chance de mostrar seu verdadeiro potencial sem serem prejudicados por preconceitos ou discriminações.

Não será uma única iniciativa que transformará a empresa em um lugar verdadeiramente diverso, mas sim um conjunto de ações intencionais. É fundamental criar ambientes que respeitem as necessidades individuais e proporcionem condições adequadas de trabalho, algo básico para qualquer empresa.

Movimentos afirmativos nos levam à reflexão e, principalmente, à necessidade de revisitar nossos valores e entendimentos. Eles representam apenas uma pequena parcela do que podemos fazer, mas são importantíssimos, pois com eles meninas de três anos, com certeza, poderão se orgulhar da cor de sua pele.

Referências

Ribeiro, Djamila. *Racismo no Brasil*: todo mundo sabe que existe, mas ninguém acha que é racista. Disponível em: https://www.bbc.com/portuguese/brasil-52922015. Acesso em: 18 mai. 2024.

Delloite, 2023. *Pesquisa*: Diversidade, Equidade e Inclusão nas Organizações, página 17.

Glassdoor, 2021. *Black at Work*: A First Look at Glassdoor Ratings by Race/Ethnicity, 2021.

Mundo Educação – UOL. *Ações Afirmativas*. Disponível em: https://mundoeducacao.uol.com.br/sociologia. Acesso em: 20 mai. 2024.

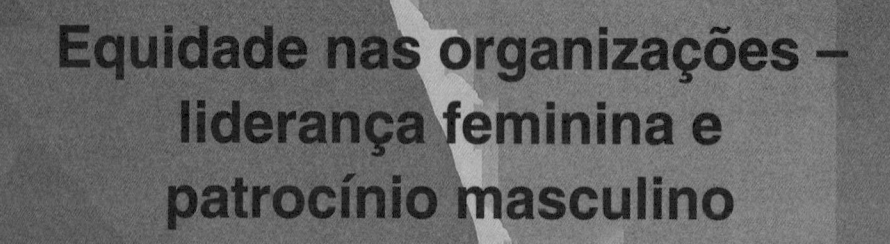

Equidade nas organizações – liderança feminina e patrocínio masculino

Paula Pereira Cardoso

Graduada em Administração pela Universidade Católica de Santos, pós-graduada em Gestão Estratégica de Pessoas pela FIA.

Atua há mais de 20 anos em Recursos Humanos com vivência em grandes organizações de diversos segmentos como Korn Ferry, Nestlé, Red Bull, Phibro, DSM e Galderma.

Aliada de temas de DE&I, liderou o pilar de gênero para América Latina onde implementou ações para o crescimento da liderança feminina. Na pandemia, atuou em ações de saúde mental e em parceria com o Instituto Avon, no combate à violência contra mulheres e meninas.

Liderou projetos regionais e globais voltados a desenvolvimento e liderança e atuou estrategicamente em processos de M&A e gestão da mudança. Sua curiosidade sempre a levou a buscar aprendizados de vários formatos, continuamente.

Começando pelo começo

Acredito que a maioria de nós cresceu em um lar onde as histórias dos nossos pais eram compartilhadas com os filhos, histórias estas que ficam em nosso consciente e constroem alguns dos nossos valores. Uma das que marcou a minha infância foi a saída da minha mãe do mercado de trabalho.

Não sei ao certo quando a minha mãe começou a contar orgulhosa a sua trajetória como bancária em uma já extinta instituição. Foram ao todo sete anos de dedicação que ainda permitem a ela compartilhar suas experiências com brilho nos olhos. Ora pelos relacionamentos com colegas de trabalho, ora os clientes que ela conquistava com seu bom atendimento e simpatia, ou até mesmo os presentes que os funcionários recebiam aos finais de ano dos correntistas mais assíduos. Havia um certo *glamour* na sua independência financeira que fora conquistada com tanto esforço.

Mas a história da minha mãe, assim como de tantas outras mulheres no mercado de trabalho, não termina com o mesmo brilho. Depois de seis anos de dedicação veio a maternidade, e um retorno de licença-maternidade que não correspondeu em nada às suas expectativas.

O gerente da sua agência havia sido transferido e a vaga estava disponível. Inicialmente ela deveria ser a sucessora, mas foi surpreendida com a promoção de outro colega. Ao questionar a razão ouviu que aquela decisão era a melhor para a agência, pois homens não engravidam e ter um na posição evitaria que houvesse a necessidade de uma licença mais prolongada. Pediram então que ela treinasse o novo gerente, o que ela se recusou a fazer com a justificativa de que, se ele havia sido promovido para o cargo, era porque ele tinha o conhecimento necessário para ocupá-lo. Meses depois ela tomou a decisão de se desligar do banco para se dedicar à maternidade.

Tenho muito orgulho da decisão de minha mãe em se posicionar diante de tal demérito. O meu desejo era que outras mulheres tivessem o privilégio de terem a mesma atitude em situações semelhantes.

A minha jornada com Diversidade e Inclusão

Em 2007 eu iniciei a minha carreira pós-formada em uma consultoria de *executive search* focada em profissionais C-Level. Era parte da minha rotina diária abordar executivos, ouvir sobre suas experiências e conquistas.

Em determinado momento me dei conta que 95% do meu público era masculino, isso só me chamou a atenção por conta de outro fato, os 5% de mulheres que eu abordava eram completamente fora da curva, suas histórias de coragem e brilhantismo me impressionaram. Foi então que pensei: por que mulheres precisam ser tão diferenciadas para ocupar as mesmas posições que os homens?

Anos depois o mercado trouxe luz a um grande problema, a falta de diversidade, equidade e inclusão (DE&I) nas empresas. E que bom que naquele momento eu me encontrava em uma empresa que estava sempre na vanguarda e que genuinamente se importava com o tema.

Como parte do Center of Expertise (CoE) de Desenvolvimento de Talentos para a América Latina, junto ao time global iniciamos a nossa jornada com a formação de facilitadores de DE&I. Trabalhamos e influenciamos diversos grupos sobre a importância da diversidade para o resultado dos negócios, vieses inconscientes, rótulos e estereótipos, como reconhecê-los e mitigá-los. Formaram-se então os 5 pilares de afinidade – gênero, LGBTQIA+, raça, pessoas com deficiência e nacionalidade/gerações.

Não pensei duas vezes em me voluntariar a fazer parte do pilar de gênero, trabalhar com liderança feminina sempre foi um propósito. Passados dois meses tive a honra de ser convidada a assumir a liderança do pilar para América Latina.

Começamos com mapeamento de mulheres na liderança e junto aos demais pilares discutimos os benefícios que tínhamos e quais seriam essenciais implementarmos para garantirmos inclusão; definimos também os KPIs esperados para a região. Garantimos ainda parcerias com instituições relevantes de cada pilar, no nosso caso, com a ONU Mulheres e com a coalizão empresarial pelo fim da violência contra mulheres e meninas, que tem à frente o Instituto Avon. Ambas as instituições foram fantásticas em nos apoiar com treinamentos e materiais educativos para disseminação aos nossos colaboradores.

Nasce o projeto *Female Sponsorship*

Em determinado ponto a América Latina havia se tornado referência global em temas de DE&I. Compartilhávamos nossos *cases* e resultados com outras regiões como *benchmark*.

Foi então que o vice-presidente global de Operações, sabendo do desafio que existe de mulheres no segmento, levou à *business partner* global de RH para Operações (*HRBP Ops*) a demanda de um programa específico para a sua área. Havia urgência em reconhecer talentos femininos em Operações. Foi nesse momento que o meu nome foi lembrado e eu recebi o convite para estruturar e implementar o programa global chamado *"Female Sponsorship"*, em tradução livre "Patrocínio Feminino".

A ideia do programa era não apenas expor mulheres aos tomadores de decisão, mas também trazer a responsabilidade do crescimento dessas mulheres para eles. Explicarei mais a respeito adiante.

Para estruturar o programa, comecei com um material compartilhado pela *HRBP Ops* de uma empresa que já havia implementado esse mesmo programa, mas foi fundamental fazer a minha lição de casa. Logo no início da minha pesquisa me deparei com um artigo da Harvard Business Review (HBR)[1] escrito por Herminia Ibarra, professora de Comportamento Organizacional da London Business School. Nele constam informações fundamentais para participantes desse programa.

Primeiro, Herminia esclarece a diferença entre mentoria e patrocínio:

> *"A mentoria clássica é relacionamento, aquele em que o mentor fornece aconselhamento e apoio pessoal de forma privada, sem mais em jogo do que o tempo investido."* (...) já *"patrocínio é um tipo de relacionamento de ajuda em que pessoas sêniores e poderosas usam sua influência pessoal para falar, defender e colocar uma pessoa mais jovem em um papel importante. Embora um mentor seja alguém que tem conhecimento e o compartilhará com você, um patrocinador é uma pessoa que tem poder e o usará para você".*

Então Herminia compartilha a discrepância que enxerga no desenvolvimento de mulheres:

> *"A evidência é clara: as mulheres tendem a ser superorientadas e subpatrocinadas. Pesquisa feita por mim e meus colegas encontraram que ter um mentor aumentou a probabilidade de promoção dois anos depois para homens, mas não teve efeito na promoção para mulheres. Um dos motivos era que as mentoras das mulheres eram menos seniores do que as dos homens e, como resultado, não tinham a influência necessária para defendê-las."*

---

[1] https://hbr.org/2019/08/a-lack-of-sponsorship-is-keeping-women-from-advancing-into-leadership?language=pt

As pesquisas de Herminia mostram que "poucas mulheres estão chegando ao topo de suas organizações, e um grande motivo é que elas não estão recebendo as tarefas de alto risco que são pré-requisitos para uma vaga na diretoria. Muitas vezes, isso se deve à falta de patrocinadores poderosos que exijam e garantam que elas consigam esses cargos importantes".

O papel fundamental dos homens no desenvolvimento de líderes mulheres

Um outro artigo da Catalyst[2] explica que "mulheres emergentes geralmente preferem mentoras e patrocinadoras porque estas valorizam os conselhos das pessoas que enfrentaram alguns dos mesmos dilemas que elas (...) um estudo conduzido por David Smith e Brad Johnson na Academia Naval e na Faculdade de Guerra dos EUA, por exemplo, descobriu que, quando as mulheres são orientadas por homens, elas ganham mais dinheiro, conseguem mais promoções e têm melhores resultados profissionais – não porque os homens são melhores mentores, mas porque têm mais poder".

Acredito que essas pesquisas não apenas trazem dados, como também esclarecem os fatos. Ou seja, confirmam diagnósticos que fazemos no dia a dia.

O projeto me proporciona o sentimento de poder contribuir para um mercado de trabalho diferente do que minha mãe vivenciou, e isso me motiva!

Voltando à estrutura do projeto, tivemos como público-alvo os líderes seniores com poder de tomada de decisão em suas unidades de negócios e cinco mulheres em cargo de gerência, previamente mapeadas pela organização. Este primeiro passo estava dado, o reconhecimento, e como contribuir com esta trajetória?

---

[2] https://www.catalyst.org/wp-content/uploads/2019/01/sponsoring_women_to_success.pdf

Nosso grande objetivo, portanto, era aumentar o número de líderes seniores mulheres, guiá-las na direção dos seus objetivos de carreira e inspirar outros possíveis patrocinadores/patrocinadas.

Implementação e jornada

O programa foi estruturado para ter a duração de 12 meses.

Abrimos o projeto com uma *webinar* de apresentação do programa, onde o vice-presidente global de operações reforçou o seu objetivo com o programa. Apresentamos aos participantes quais seriam os próximos passos.

Mês 1: Realização dos pré-works

Todos os participantes receberam de presente um exemplar do livro "Faça acontecer", da Sheryl Sandberg (ex-COO Meta e Google), que além de compartilhar os desafios da autora enquanto mulher no ambiente corporativo, traz também observações do quanto homens e mulheres veem a carreira de formas diferentes, os comportamentos das mulheres e o impacto deles na carreira. Realizaram também treinamento on-line sobre liderança e desenvolvimento feminino e a leitura completa do artigo da HBR mencionado neste capítulo. As patrocinadas realizaram o preenchimento de um *assessment* comportamental e revisitaram os seus PDIs junto às suas lideranças e HRBP para apresentação posterior aos seus patrocinadores.

Mês 2: Compartilhamento dos nomes

Quem seria o patrocinador de cada patrocinada, definidos pela HRBP global de operações, e *kick-off* das reuniões.

Meses 3 a 5: Sessões de entrosamento

As três primeiras sessões tiveram como objetivo dar espaço

para que o patrocinador conhecesse melhor a patrocinada. Neste período deve-se mentorar e empoderar a patrocinada quanto ao seus próximos passos de carreira. Compartilhar conselhos, suporte e *coaching*.

Meses 6 a 11: Sessões de ação

Nesse período, já conhecendo o potencial da sua patrocinada, o patrocinador terá o papel de:

- Ser **mentor**, compartilhar conselhos, suporte e *coaching*;

- Ser **estrategista**, dar direcionamentos que auxiliem o crescimento, traçar estratégias para progressão de carreira da patrocinada;

- Ser **conector**, fazer apresentações e influenciar as pessoas. Conversar com seus colegas sobre a sua patrocinada;

- Ser **caçador** de oportunidades e proporcionar alta visibilidade à patrocinada;

- **Defender** publicamente uma promoção: lutar por ela no ambiente onde ela não pode lutar por si mesma.

Mês 12: Encerramento do ciclo

Reunião de encerramento com os envolvidos: *feedback* e avaliação do programa. Alocação de novo *sponsor* para o próximo ciclo – aumentar exposição da patrocinada.

Ao longo da jornada, HRBP e o CoE de Desenvolvimento de Talentos realizam reuniões periódicas com os envolvidos.

Para que as pessoas se entregassem à jornada, foi importante perceberem o seu valor. Foi fundamental compartilhar informação e gerar conhecimento. Dar direcionamento também auxiliou que o processo ocorresse de uma forma que os participantes se sentissem mais seguros de que estavam no caminho certo, por isso norteamos também os temas que deveriam ser trabalhados ao longo desse relacionamento: navegabilidade política e *networking*, relacionamentos e exposição, comunicação, liderança e desenvolvimento de equipes, inteligência emocional, *business awareness*, desenvolvimento de negócios e questões comerciais.

Com a abordagem desses tópicos, criamos oportunidades de desenvolvimento, aumento da confiança e empoderamento, crescimento da visibilidade das líderes na organização, identificação dos seus pontos fortes e melhoria do relacionamento e exposição junto a lideranças sêniores.

Elaborei também os indicadores de sucesso do programa. Três deles foram:

- Número de mulheres que foram promovidas ou mudaram de área desde o início do programa;
- Aumento do índice/faixa de remuneração do público feminino;
- Participação das mulheres em projetos globais relevantes.

Resultados precoces do programa

Já na primeira etapa pudemos ver que os materiais pré-trabalho trouxeram informações que não eram percebidas e que geraram grande consciência. Ficou claro a todos os participantes que homens e mulheres entendem e planejam carreira de formas diferentes e que isso precisa mudar. Precisamos sim identificar e trabalhar os nossos vieses, mas devemos especialmente **desafiar o *status quo***, e esse deve ser um exercício constante.

No decorrer do programa tivemos a felicidade de colher frutos muito antes do esperado. Em quatro meses uma das patrocinadas foi convidada a assumir a liderança de uma planta de grande relevância. Ela não estava na lista de sucessão daquela posição, mas a exposição que o programa trouxe a ela mostrou que naquele momento, entre as possibilidades, ela era a pessoa mais preparada para assumir o desafio.

O sucesso rápido do programa aconteceu não só porque um tomador de decisão teve a oportunidade de conhecer um talento mais de perto, mas também porque permitimos que, em meio à dupla jornada de trabalho e tantos outros papéis que a sociedade ainda impõe à mulher, as nossas líderes tiveram a oportunidade de uma lupa direcionada aos seus talentos e capacidades.

Por mais equidade nas organizações

O Female Sponsorship para mim foi um grande **exercício de equidade**. Estamos em uma jornada de diversidade e já sabemos que igualdade não trará inclusão, precisamos reconhecer individualidades e implementar ações voltadas a cada necessidade.

Com o debate da liderança feminina tão em destaque nos últimos anos, cada vez mais mulheres têm reconhecido suas fortalezas, potenciais e ambições, mas caminhamos a passos lentos promovendo ações com foco apenas nelas, precisamos trazer os tomadores de decisão para a mesa, esses são os principais promotores de mudanças e os capazes de eliminar resistências. Por isso, sugiro sempre programas específicos para esse público, seja uma mentoria reversa, exercícios práticos, *coaching*, ou mesmo um programa de patrocínio, como este.

Nas organizações é sabido que para obtermos melhores resultados precisamos ter as pessoas certas nas cadeiras certas. Para mim, os programas de DE&I têm o papel não só de desenvolver pessoas e promover oportunidades, mas também de fazer emergir talentos ainda não identificados. Tenha em mente que estamos falando de diversidade, portanto, não busque apenas por talentos padrões. Criar um ambiente propício à exposição das pessoas gera mais resultados; garantir esta segurança psicológica é fundamental.

Finalizo meu capítulo compartilhando o quanto me sinto honrada por ter sido escolhida para desenvolver este projeto. Sou imensamente agradecida às pessoas que me deram suporte nessa implementação e também neste relato. Eu sempre quis ser e sempre serei parte da mudança.

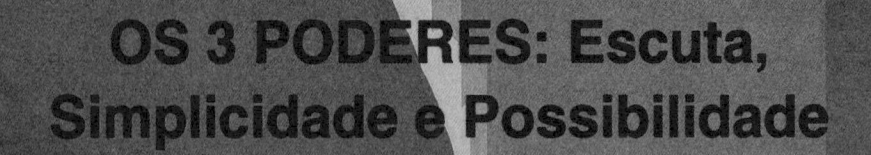

OS 3 PODERES: Escuta, Simplicidade e Possibilidade

Petra Carla Godoy

Iniciou sua carreira em Recursos Humanos há pouco mais de 25 anos e trabalhou, ao longo deste período, em empresas como Iochpe Maxion, Ford, General Motors e Delphi Automotive Systems. Ingressou na Eaton em 2010, sendo responsável pela gestão de Recursos Humanos na fábrica de Mogi Mirim-SP. Em meados de 2012, recebeu a oportunidade de gerenciar a área de Recursos Humanos na fábrica de Valinhos-SP. Foram incessantes os aprendizados no gerenciamento de um *campus* com aproximadamente 2.000 funcionários, distribuídos entre as áreas administrativas e de manufaturas. Os desafios agregados a uma localidade altamente sindicalizada foram constantes. Após anos nesta função, movimentou-se para a área corporativa, sendo responsável pela Gestão de Remuneração, Benefícios e Previdência Privada, com abrangência regional, incluindo sete países e 4.500 funcionários. Em março de 2022, foi nomeada diretora de Recursos Humanos do Setor Industrial e Corporativo, América do Sul e Central. Possui graduação em Psicologia pela Universidade Metodista de São Paulo e pós-graduação em Gestão e Desenvolvimento Organizacional pela FGV-SP. Membro ativo de atividades e associações como ABRH Campinas, Gruca e AMCHAM.

Crédito Foto: @vilaraizfotografia

Sou formada em Psicologia e, como muitos, iniciei a faculdade para ser psicóloga clínica. Também como muitas pessoas, estudava à noite para assim bancar meus estudos e já naquela época trabalhava em multinacional. Nesse período, ainda não tinha noção de que a Psicologia organizacional existia. Fui tomar noção de sua existência na faculdade, quando percebi que estar trabalhando em uma multinacional sem querer me ajudava na graduação também. Ao fim do curso, algumas amigas me convidaram para abrir consultórios com elas. No entanto, na época, não tinha como investir financeiramente naquele sonho.

Coincidências da vida foram tomando forma. Apesar de não atuar como Recursos Humanos, trabalhava no departamento. Com isso, comecei a buscar oportunidades de estar mais perto do conhecimento que adquiri na faculdade. Foi em 1998 que minha trajetória no departamento de RH de fato começou. Desde então, não conheci nada que me encantasse tanto como ter o desafio de conciliar as necessidades humanas com as necessidades do negócio.

Acredito ser perceptível que o início desta escrita já contém muito de mim e da minha essência. Prezo por encontrar oportunidades onde elas não parecem estar presentes de forma tão clara. Sabem aquela estória de "sempre olhar o copo meio cheio"? Ela diz muito sobre mim e também sobre os *cases* que escolhi compartilhar com vocês.

Minhas crenças pessoais e meu estilo foram me conduzindo para atividades, vamos dizer, mais administrativas dentro da área. Inevitavelmente, logo me encantei com a possibilidade de liderar um RH do negócio. Pessoalmente, conduzir possibilidades de influenciar as principais decisões e ter a oportunidade de fazer a diferença na vida das pessoas me motivou – e motiva – muito.

Foi assim que me tornei gestora de Recursos Humanos e aqui estou desde então. Com todos os desafios que esta posição e função são capazes de nos trazer, a realização faz parte da minha vida, assim como os temas de **inclusão** e **diversidade**. Tais aspectos definitivamente me colocam em um lugar de muito privilégio: conseguir quebrar tetos de vidro e dar espaço para todos.

Uma vez li que "no mundo cabe todo mundo". Achei isso tão simples e poderoso, e, ao mesmo tempo, tão desafiador e complexo. Começamos a nossa jornada de inclusão e diversidade no modo de tentativa e erro, acertamos pouco e erramos muito. Com um perfil pessoal de alta entrega de resultados e num ambiente organizacional do mesmo estilo, costumamos dar início a esta jornada muito focados em entregas e cumprimento de metas e com pouco ou quase nenhuma disposição para ouvir aqueles que gostaríamos de incluir.

O poder da escuta

Quando a Lei de Cotas para Pessoas com Deficiência (8.213/91) surgiu, e este é um dos melhores exemplos do que menciono acima, foi o momento em que finalmente começamos a contratar e colocar essas pessoas para "dentro de casa". Começamos a executar obras de adaptabilidade, construir banheiros adaptados, entre tantas outras coisas.

Um dia, entre diversas obras voltadas para a inclusão e diversidade desse grupo, alguns colaboradores nos procuraram no RH e disseram: "Parem tudo que estão fazendo. Se vocês nos escutarem irão salvar muitos esforços e dinheiro, porque tudo que estão dispostos a fazer para nos incluir não faz parte do que realmente precisamos". Essa é uma história que gosto de contar, porque havia tanta genuinidade na fala destas pessoas que me senti envergonhada por não ter feito o básico. Neste caso, **perguntar** e **ouvir** genuinamente suas necessidades antes de assumi-las, assim como eles estavam nos trazendo.

Este foi um momento divisor de águas. Quando penso em minha jornada de inclusão e diversidade, por mais simples e até meio boba, encontro essa situação como a que me fez entender aonde estava entrando. Foi assim que percebi que por mais que, no início, parecesse que a meta principal era atingir o tal dos 5% de pessoas com deficiência no nosso ambiente de trabalho, essa era a parte mais fácil para nós.

As metas são importantes dentro do mundo organizacional e estão lá para serem perseguidas e superadas, sim. No entanto, como todos os outros indicadores organizacionais, sozinhas elas não significam muito e não ajudam no melhor impacto para realizar uma mudança cultural e até mesmo social – para mim, a grande importância quando falamos de inclusão e diversidade.

Isso então nos fez dar alguns passos atrás para entender quais eram realmente as oportunidades que estavam na nossa frente e como simplificar a aplicação delas em nossa realidade. Como quase tudo na vida, decidimos desenvolver a **escuta ativa**. Reunimos as pessoas que prioritariamente haviam se aberto conosco, além de muitas outras, e, a partir da escuta, de forma conjunta, desenvolvemos um plano de fácil execução que realmente fizesse a diferença na vida de cada uma delas.

Um exemplo mais recente com nossas Pessoas Deficientes Auditivas foi a importância da tradução em libras realizada de forma correta. Há muito esforço interno e dedicação dos nossos funcionários e gestores na comunicação com nossos funcionários surdos (que representam 38% da população PcD em nossa organização). Porém, no mesmo exemplo de escuta que mencionei anteriormente, um grupo deles nos procurou e disse que a quantidade de acrônimos que utilizamos no dia a dia pareciam por diversas vezes bastante complexos. De forma aberta e transparente, nos disseram: "Por muitas vezes não entendemos o que nosso gestor quer dizer". Tenham em mente que neste tipo de indústria investimos muito em assuntos como qualidade, inventário, segurança, dentre tantos outros. No entanto, só nos demos conta de que não estávamos sendo entendidos porque eles nos procuraram.

A ação e a solução para o caso foi trazida por eles mesmos: desenvolveram um vídeo que foi compartilhado com todas as nossas unidades fabris, onde eles e um tradutor externo explicavam de forma clara o significado dos acrônimos mais importantes que usamos diariamente em uma manufatura. Investimento? Muito baixo e quase irrisório. Engajamento? Altíssimo! Não só da comunidade surda, mas de todos os nossos funcionários. Um verdadeiro *case* de sucesso – totalmente baseados no poder de estarmos dispostos a entender as necessidades dos outros a partir de suas visões, e não apenas assumi-las.

O poder da simplicidade

Dentro de um ambiente organizacional, se olharmos ao nosso redor, muitas vezes acabamos enxergando mais dificuldades do que facilidades, e este é o momento em que os grandes líderes devem aparecer. O engajamento da alta liderança no tema de inclusão e diversidade deve ser reconhecido dentro da empresa como uma agenda **relevante** e **positiva**. Ao conseguir demonstrar que este grupo de pessoas, que é considerado como modelo, possui um foco no CNPJ e não no CPF dos indivíduos, ao meu entender, isso facilmente se tornará parte da cultura, para então conseguirmos a mudança de comportamento aliado à simplicidade para tratar do assunto.

Como dito, no mundo organizacional não temos como fugir das metas. Elas são a base para nos avaliarmos em eficiência, eficácia e resultados. Seguindo esta linha, minha experiência com a meta de inclusão de mulheres, como na maioria das empresas, é outro ponto que gostaria de compartilhar.

Muito se fala quando se estabelecem metas para inclusão das diversidades, por vezes e dependendo de quem traz a pauta, que isso pode se tornar bastante polêmico, mas este não é o objetivo aqui. Em uma indústria automotiva e de tecnologia, a busca por profissionais mulheres é um desafio. As universidades graduam mais mulheres que homens todos os anos nos mais variados cursos. Porém, quando vamos olhar o mercado em busca destas mulheres, as possibilidades parecem ficar reduzidas.

É sabido e muito discutido recentemente que as mulheres possuem uma alta exigência para se candidatar às vagas. Sempre esperam cumprir 100% dos quesitos exigidos para poder se candidatar, e quando se candidatam, infelizmente ainda se deparam com requisitantes de vaga que estão mais preocupados com o casamento delas, se têm ou se pretendem ter filhos, se teriam problemas com viagens, e assim por diante. Tudo fica muito complexo porque, por mais que a maioria das empresas possua metas para inserção de mulheres, parece que o sistema como um todo não as ajudam e não nos ajudam como líderes (e estas, por algumas vezes, não se ajudam).

O poder da possibilidade

Para finalizar, trago como um último exemplo o nosso Programa de Estágio de Verão para mulheres graduandas do 2º e 3º anos de Engenharia. Como um forte caso demonstrante do que aqui chamo de **poder da possibilidade**, a iniciativa faz uma captação de mulheres estudantes da área, permitindo a elas uma ampliação dos seus conhecimentos e experiência prática durante as férias de verão. Isso tudo através do desenvolvimento de projetos e experiência em áreas técnicas, ligadas à excelência operacional, à inovação e à melhoria contínua.

Em mais detalhes, nosso programa de verão, já em seu 5º ciclo e idealizado por Adriana Oliveira Dias, oferece uma estadia de três a quatro meses de estágio remunerado, onde essas mulheres desenvolvem um projeto na área e, como bônus, já possuem vaga garantida no programa de estágio regular. Nele, as estagiárias saem mais conscientes de que as metas são importantes, mas se a liderança não comprar não adianta. Além disso, o programa ensina a buscar soluções e não desculpas para se fazer o que se entende importante.

Gosto de citar o programa por ele ser um real demonstrativo da importância e diferença entre o desenvolvimento interno e o *hunting*. Acreditamos fielmente que, quando não se tem dentro de casa, precisamos ir ao mercado, trazê-las para a empresa e as desenvolver. Muito além disso, somos capazes de dar a possibilidade de alunas conhecerem tudo aquilo que elas veem em sala de aula mais de pertinho, colocando a mão na massa. É um programa que proporciona ganho tanto para o lado do empregador quanto para o empregado, contribuindo também para o desenvolvimento do futuro do mercado.

Por fim, meu agradecimento especial e com o maior amor do mundo para minha filha Anna Clara, que me ajudou na editoração do texto.

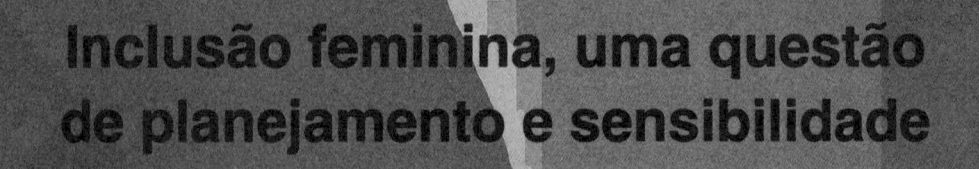

Inclusão feminina, uma questão de planejamento e sensibilidade

Regiane Herchcovitch

É líder em Recursos Humanos, com uma trajetória em setores como bens de consumo, agronegócio, automotivo e transporte. Psicóloga de coração, sua paixão pelo desenvolvimento humano e pelas artes — cinema, teatro e literatura — impulsiona sua capacidade de criar ambientes inclusivos e inovadores. Ela vê o potencial de crescimento em cada pessoa e transforma essa visão em estratégias que inspiram e elevam. Atualmente, como diretora de P&O (RH) na Softys Brasil e membro ativo da Open Mind Brazil, promove novas perspectivas, sempre com um olhar voltado para a diversidade e a inclusão. Ela acredita no poder da criatividade e do cuidado como motores de mudança. Além de sua carreira, ela é esposa do Fábio e mãe de Milena, de 13 anos, que compartilha sua paixão pelo teatro, formando um elo de arte e inspiração que se estende para sua vida pessoal e profissional. Sua jornada inclui passagens como gerente sênior de RH na Monsanto, *head* de RH para as divisões de Chocolate e Food na Mars, além de contribuições significativas no Grupo SaarGummi e na Breda Transportes. É formada em Psicologia pela Universidade Paulista, com especialização em Gestão de Pessoas e MBA em Administração pela Fundação Getulio Vargas (FGV) e pela University of California, Irvine.

Como tudo começou

Conquistar uma efetiva inclusão da mulher no meio corporativo é um desafio que requer não apenas um planejamento bem estruturado, mas também ações efetivas que contemplem uma generosa dose de sensibilidade e vontade de realmente mudar a cultura machista que ainda prepondera, nas nossas cabeças e nos nossos corações, como um fenômeno cultural e estrutural.

Pretendo narrar aqui minha experiência como líder de Recursos Humanos em uma empresa multinacional, e as ações que constituíram um plano robusto de inclusão feminina que, ao longo do tempo, trouxe resultados numéricos, mas que majoritariamente trouxe bem-estar, inclusão genuína, crescimento, desenvolvimento para as pessoas e a empresa e, para mim, muita satisfação de contribuir para essa jornada, dado que, muitas vezes, sem nem ao menos perceber, também estive enredada nesse universo que foi mais acessível aos homens e que estamos trabalhando para transformar.

Definindo a transformação

Durante muitos anos, nunca achei que existissem diferenças de fato. Convivia com elas sem ao menos me dar conta. Sempre acreditei que era igual aos meus pares homens. Achava até que não precisávamos falar disso, que já estava resolvido. Com o tempo, percebi que toda diferença estava ali, que as oportunidades eram menores, que a nossa voz tinha menos força e que muitas vezes aquilo que poderíamos propor como um olhar distinto, um ângulo não observado, não era visto nem escutado, ou até mesmo avaliado como pouco efetivo.

É justamente um olhar diferente, uma abordagem sob uma ótica ainda não observada, uma sensibilidade diferenciada que pode trazer resultados mais completos e não repetitivos e padronizados.

O que transforma é a vontade real de perceber a discriminação e sensibilizar para a mudança. Dar lugar ao distinto é a chave.

Então, quando me deparei com o objetivo do Corporativo da empresa em aumentar o número de mulheres na organização, depois de anos de experiência e mudanças operadas dentro de mim, vi que seria a oportunidade ideal para construirmos um planejamento para conquistar um ambiente inclusivo, onde de fato a mulher se sentisse representada e ouvida, com suas singularidades respeitadas. E mais, com as suas singularidades convertidas em propostas para os planos organizacionais.

Assim, além de atingir as metas corporativas de diversidade e inclusão, traria para a organização um plano abrangente, sensível à mulher, o que geraria retenção, bem-estar, melhoraria a imagem corporativa e aumentaria a produtividade.

A propósito, o que gerou em mim a convicção de estar no caminho certo foi a sensação de poder fazer essa transformação e deixar um legado.

Obstáculos que dificultam a transformação

Os ambientes organizacionais, especialmente os de origem industrial, ainda são muito masculinos. As posições industriais são consideradas mais adequadas para homens. Na logística, onde sempre há uma oportunidade grande de vagas, existe a crença de que os homens são melhores para operar empilhadeiras, transpaleteiras, etc. Sem esquecer que há posições C-Level e executivas nas quais há a clara percepção do homem no cargo, quer um exemplo? CFO, CEO... Existem inúmeras mulheres que são bem-sucedidas nesses cargos, contudo longe de representar a proporcionalidade demográfica.

É preciso estarmos atentos ao fato de que, se os profissionais de recrutamento e seleção não estiverem cientes de seus próprios preconceitos implícitos, podem inadvertidamente favorecer candidatos de determinadas origens ou identidades, minando os esforços de diversidade e inclusão.

Um outro aspecto que pode prejudicar a estratégia e sua implementação é a crença de que há muito "mimimi" e que não existem diferenças entre homens e mulheres nos ambientes organizacionais. Ignorar o problema só o agrava e não ajuda a atingir os objetivos.

Questões de assédio moral e sexual ainda se fazem muito presentes, mas às vezes o assédio aparece de modo sutil e de difícil identificação, até mesmo para quem o sofre. E há líderes que temem liderar mulheres para que não haja situações constrangedoras ou que possam envolvê-los em denúncias infundadas. Precisamos tratar essas questões de modo franco, cuidadoso e disciplinado, e isso exige preparo das organizações.

Não posso deixar de mencionar que a maternidade ainda é uma barreira. Recentemente ouvi de um gerente a seguinte frase: "Sabe como é quando a mulher volta da licença-maternidade, né? Volta desconectada, mais lenta..."

Nós, mulheres, temos várias jornadas, sabemos da nossa capacidade ímpar de sermos multitarefas. Eles não perceberam isso no íntimo, só no discurso. Esse líder, nem no discurso.

Alavancando a transformação

1. Sensibilização

A estratégia começou com a sensibilização. Não é clichê, é necessidade. Só com a sensibilização da Alta Direção podemos ter uma liderança comprometida com a diversidade e inclusão e as ações idealizadas poderão ter um efeito transformacional duradouro.

> **Ação número 1:** Definimos um par de diretores como *sponsors* de D&I.
>
> **Ação número 2:** Fizemos treinamento de sensibilização sobre Diversidade e Inclusão para toda a Diretoria.

Com a alta direção sensibilizada e comprometida, pudemos começar!

O processo de sensibilização da organização continuou e continua. Não é recomendado parar, porque são anos e anos de uma cultura na qual já quase nem percebíamos que havia discriminação, mas ela estava e permanece ali. Então trazer à tona essa problemática exige persistência e constância.

Posso citar aqui algumas atividades que implementamos nessa direção:

- *Live*: A importância da Diversidade e Inclusão para os negócios;
- Trilhas de conhecimentos sobre diversidade para líderes;
- Trilhas de conhecimentos sobre diversidade para Recursos Humanos;
- Letramento – diversidade e inclusão;
- Criação do Comitê de Diversidade.

2. Área de D&I

Em paralelo, estruturamos a área de Diversidade & Inclusão

em Recursos Humanos. Ter profissionais focados em D&I é muito importante para dar foco e vazão à estratégia. Os profissionais de D&I precisam ter a sensibilidade para a questão e serem superdedicados ao objetivo, tendo como competências primordiais a empatia, a coragem e a colaboração. Contudo, precisam ter o bom senso para não se tornarem "militantes", o que os afastaria da Organização e dos colaboradores. Precisam encontrar o equilíbrio e a justiça na medida certa e, para isso, precisam aprender a lidar com as ambiguidades.

3. Ser o mais próximo do que sou – humanizando a liderança

Uma liderança humanizada aceita as vulnerabilidades e as diferenças, gerando um ambiente de confiança. Para que a inclusão saia do mundo das ideias e comece a se materializar de modo mais palpável, o ambiente deve ser seguro.

É preciso que haja um trabalho de conscientização da diversidade e que entendamos que as pessoas crescem e se desenvolvem incluindo o diferente. A mulher pode trazer perspectivas valiosas sobre determinados fenômenos.

Quando aceitamos as diferenças, valorizamos o potencial de cada um, e quando posso ser "eu mesmo", serei melhor, colocarei todo o potencial para fora, sendo mais produtivo.

Então, iniciamos vários encontros com as lideranças para discutirmos essas questões, bem como falamos com as mulheres, em rodas de conversa, sobre esses aspectos.

Além disso, fizemos treinamentos sobre Liderança Humanizada, que fortalece nossa cultura, assim como ajuda na inclusão feminina ou de todas as demais diversidades.

4. Meta de Contratação

Depois de muitas batalhas, descobrimos que apenas o desejo e o discurso não transformam os números, os indicadores.

Tínhamos uma meta corporativa de inclusão de mulheres em todas as áreas da Organização, bem como o aumento do número de mulheres na liderança. O tempo foi passando, e não conseguimos aumentar esse indicador satisfatoriamente.

Decidimos que deveríamos estabelecer intencionalidade, ou seja, para cada vaga, termos no mínimo 40% de candidatas mulheres. Nem sempre, por todas as questões já aqui comentadas, essa meta é cumprida, mas ela nos ajuda muito a evoluirmos na meta corporativa e assim aumentamos o número de mulheres na empresa e na liderança.

Recomendo a toda empresa que quiser aumentar o número de mulheres predefinir o que chamo aqui de *meta de contratação*.

5. *Hot Line* – Canal de denúncias

A Hot Line é um canal importante de acolhimento e transformação cultural. Toda denúncia que pode estar relacionada a assédio moral, sexual, importunação sexual, questões de preconceito, discriminação deve ter uma tratativa que ajude o denunciante a solucionar o seu problema sob o manto do acolhimento e confidencialidade. Conversar, escutar e investigar a denúncia é fundamental para que este tipo de meio de comunicação seja utilizado e gere credibilidade. O trabalho em conjunto da área de Recursos Humanos e da área Jurídica é recomendável.

6. Benefícios para mulheres, e para homens também, por que não?

Alguns benefícios diferenciados podem ajudar o sentimento de pertencimento, bem como demonstrar que precisamos acolher as diferenças.

A questão da maternidade é ainda um tabu. Eu mesma sempre tive receio, antes de ser mãe, de que o afastamento devido à licença-maternidade poderia ser prejudicial à minha carreira.

Hoje, acredito que a experiência com a maternidade me ajudou a ser mais responsável, madura e lidar com a sororidade de modo muito genuíno. Este papel me trouxe um desenvolvimento acelerado de competências adormecidas. Então, creio que valorizar essa etapa na vida de nossos colaboradores fortalece a inclusão e gera segurança. Na empresa, já contratamos muitas mulheres grávidas, já fizemos muitas promoções de colaboradoras gestantes e divulgamos, com fotos do bebê e muito carinho, o nascimento dos filhos.

- Kit maternidade: ofertamos para todas as gestantes um lindo kit maternidade, com fraldas, lenços umedecidos, roupinhas de bebê com elementos visuais que remetam à empresa. Essa é uma forma de demonstrar o quanto a empresa está presente nesse que talvez seja o momento mais especial na vida de uma mulher.

- Auxílio creche: oferecemos um benefício monetário que auxilia nossas colaboradoras mulheres para que tenham um lugar adequado para deixar seus filhos enquanto estão trabalhando. Este benefício é extremamente valorizado e combina perfeitamente com a tese de que devemos adaptar a organização para incluir a diversidade. Por que somente para as colaboradoras mulheres? Este é um questionamento legítimo, contudo, na sua maioria, ainda são as mulheres que possuem a responsabilidade pelo cuidado das crianças. Ao ofertarmos um valor que possibilite que a colaboradora mulher possa se dedicar a uma atividade profissional e manter seus filhos bem amparados, minimizamos este obstáculo!

- Licença-maternidade estendida: estender para seis meses a licença-maternidade também é uma prática que conta o quanto a empresa ampara e valoriza essa etapa na vida da mulher. Demonstra que, de fato, a empresa entende que o período da amamentação é muito importante para o contato íntimo e próximo da maternidade e evidencia que isso não impede a organização de contratar nem de apoiar o afastamento neste momento tão "feminino". Isso é corresponder ao discurso na sua melhor tradução.

- Licença-paternidade ampliada: incentivar mais dias para a licença-paternidade ajuda a fomentar a ideia de que o homem também precisa viver essa experiência plenamente, de que a maternidade é uma corresponsabilidade, que precisa ser dividida. São pequenas ações que ajudam a nossa cultura para além da fronteira das empresas a abraçarem a diversidade.

7. Algumas práticas que promovem a cultura inclusiva

- Dar foco a mulheres na linha sucessória. Isso pode ajudar a aumentar o número de mulheres na liderança. Pode parecer óbvio, mas é preciso haver intencionalidade para que se concretize. Então, garantir que entre os possíveis sucessores tenhamos um *pipeline* feminino é muito recomendável.

- Treinar o time de recrutamento e seleção para que tenha uma postura inclusiva, preparando-o para reconhecer e mitigar preconceitos implícitos em processos de tomada de decisão. Aqui temos o coração da inclusão. Se o time que escolhe os principais candidatos nos processos seletivos não estiver muito treinado para mitigar possíveis preconceitos e pré-julgamentos implícitos, quase que inconscientes, não haverá avanço significativo. Esse time precisa ter essa consciência e admitir as diferenças. O melhor da mulher para uma organização pode ser justamente a sua sensibilidade. E isso não pode ser visto como uma fragilidade que a coloca em segundo lugar.

- Acompanhar com a liderança os indicadores relacionados a D&I, porque isso gera oportunidades de detectar obstáculos e ajuda a melhorar o indicador em si. Além disso, contra fatos não temos argumentos. Os dados nos inspiram a tomarmos atitudes mais assertivas. Quando um líder percebe, através dos números, que ele não está contratando mulheres, ele pode mudar seu comportamento de modo mais intencional.

- Desenvolver um banco de mulheres para posições futuras ajuda a acelerar a contratação feminina.

- Muitas, muitas rodas de conversa sobre o tema, eventos ligados a D&I e um grupo de afinidade especializado em inclusão feminina tornam a jornada da mulher na organização mais fácil, porque ter um "espelho" torna as dificuldades mais compartilhadas e humanizadas!

Transformação: um caminho contínuo

Depois que toda a estratégia foi colocada em prática, pudemos conferir o incremento significativo do número de mulheres na organização em cerca de 20% contra o número inicial. E o incremento de 25% de mulheres em cargos de liderança. Outro dado importante foi a diminuição significativa de *turnover* voluntário de mulheres em torno de 30%.

Entretanto, a transformação acontece no dia a dia e na cultura que se torna mais inclusiva, que apoia e entende as diferenças, o que precisa ser pauta sempre. É um primeiro avanço entender que falar dos obstáculos, dos conflitos e da diversidade não é "mimimi".

Hoje, eu acredito que este tema é muito importante e é preciso haver estratégia implementada para que a realidade mude. Na minha história, na história da minha carreira, este foi um tema que demorei para abraçar. Talvez por ter acreditado, por tanto tempo, que não havia diferenças importantes, que bastava ir à luta e fazer acontecer. Hoje, eu posso dar o meu melhor, sendo diferente, sendo mulher na essência. Que bom que podemos reconhecer nossas limitações e nos transformarmos. E essa é uma característica que a mulher costuma ter mais desenvolvida, isto é, a oportunidade de se tornar mais vulnerável, falar dos erros e buscar melhorar.

Nós, mulheres, crescemos acreditando que, para brilharmos em uma organização, precisamos ter comportamentos, atitudes e entregas iguais às do universo masculino e tudo aquilo que imaginamos serem comportamentos de sucesso. Por exemplo, aprendemos que avaliar uma situação pelos seus aspectos mais subjetivos num primeiro momento é um erro, e então nos baseamos em fatos e dados. Algumas vezes perseguimos tanto esses fatos que esquecemos de olhar determinado episódio sob o papel das motivações e atitudes, e que isso poderia trazer muitos *insights* importantes. Inclusão feminina é uma jornada, é uma transformação contínua. Entender que há diferenças é apenas o primeiro passo.

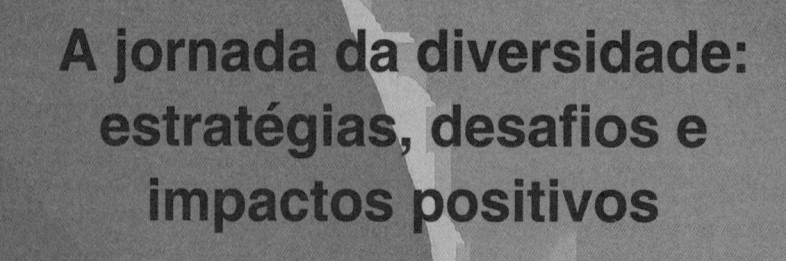

A jornada da diversidade: estratégias, desafios e impactos positivos

Silene Rodrigues

Assistente Social com pós-graduação em Economia e Gestão das Relações de Trabalho. Certificada em "Brain-Based Coaching" (Neurocoaching) pelo Neuroleadership Institute e "The Foundations of Happiness at Work" pela Universidade da Califórnia. Com mais de 25 anos de experiência em Gestão de Recursos Humanos, em empresas como Nike, Sephora e Adidas. É entusiasta e estudiosa das relações humanizadas no trabalho, buscando promover a diversidade no meio corporativo e nas relações pessoais como forma de desenvolver pessoas e negócios para um ambiente mais saudável e um mundo melhor. Também é mentora de mulheres que desejam ingressar no mundo corporativo e alavancar suas carreiras. Como *lifelong learner*, continua estudando temas relacionados ao comportamento humano e às questões de responsabilidade social corporativa, buscando aprimorar seu conhecimento em áreas como Inteligência Emocional no trabalho e ESG.

Explorando as dimensões da diversidade: o ponto inicial para estratégias de DE&I

Gosto de dizer que a diversidade é aquilo que se vê, mas também o que não se vê. Essa afirmação ressalta a importância de considerar tanto as características visíveis quanto as invisíveis das pessoas ao promover a DE&I, especialmente no ambiente de trabalho.

A Roda da Diversidade destaca dimensões óbvias como gênero, idade, habilidades físicas, raça e etnia, bem como outras menos visíveis, como educação, estilo de pensamento, condição socioeconômica, localização geográfica, estado civil e crenças religiosas. Todas essas dimensões são importantes e devem ser consideradas conforme o contexto.

No Brasil, a representatividade da população é um ponto crucial para discutir diversidade no trabalho. Dados do Censo Demográfico 2022 mostram:

- **População por Grupo Étnico-Racial**:
- Pardos: 45,3%
- Brancos: 43,5%
- Pretos: 10,2%
- Indígenas: 0,8%

- **População por Gênero**:
- Homens: 98,5 milhões
- Mulheres: 104,5 milhões, com 81,5% dos lares chefiados por mulheres
- **Idade Mediana**: aumentou de 29 anos (2010) para 35 anos (2022)

Fatores adicionais relevantes para estratégias de Diversidade, Equidade e Inclusão (DE&I) incluem:

1. **Mulheres em Posições de Liderança**: representam 15,2% em conselhos de administração e equipes de gestão de empresas listadas no Brasil. Há um progresso, mas ainda lento.

2. **Pessoas Negras na Liderança**: menos de 30% dos cargos de liderança são ocupados por negros, com uma queda de 29,9% (2018) para 29,5% (2019). Nas 500 maiores empresas, apenas 4,7% dos cargos de liderança são ocupados por negros.

3. **Proficiência no Idioma Inglês**: apenas 5% da população fala inglês, com apenas 1% sendo fluente. Isso limita oportunidades profissionais no mercado global.

4. **Diversidade Geracional**: as diferentes gerações trazem perspectivas e habilidades únicas ao trabalho, com a idade mediana aumentando e a expectativa de vida chegando a 75,5 anos em 2022.

5. **Inclusão de Pessoas com Deficiência**: cerca de 18,6 milhões de brasileiros possuem alguma deficiência, representando 8,9% da população. Apenas 29,2% das pessoas com deficiência participam do mercado de trabalho, em comparação com 66,4% da população geral.

Esses dados reforçam a necessidade de estratégias abrangentes e inclusivas para promover a diversidade no ambiente de trabalho.

Diversidade, Equidade e Inclusão: além do RH, uma estratégia de negócios

Não é possível falar em Estratégias de Diversidade, Equidade e Inclusão (DE&I) sem explorar como esse tema deixou de ser apenas uma responsabilidade do departamento de Recursos Humanos (RH) para se tornar uma estratégia fundamental para o sucesso das organizações. Baseando-nos nos estudos da McKinsey, veremos como empresas que adotam a DE&I como parte integrante de sua estratégia de negócios colhem benefícios tangíveis, desde inovação até resultados financeiros. Vamos desvendar porque a DE&I importa não apenas como um imperativo moral, mas também como um diferencial competitivo no mundo empresarial.

A série de estudos da McKinsey sobre Diversidade, Equidade e Inclusão (DEI) inclui os relatórios "Diversity Matters" (2015), "Delivering Through Diversity" (2018), "Diversity Wins: How Inclusion Matters" (2020), "Diversity Matters Even More" (2023), que demonstram claramente a correlação entre estratégias de DE&I e os resultados de negócios, a saber:

1. Relação entre Diversidade e Desempenho Financeiro:

a. O estudo analisou dados financeiros e demográficos de liderança de centenas de organizações nos EUA e em outros países e identificou que empresas que estavam no **top 25% em diversidade racial e étnica** eram **30% mais propensas a ter retornos financeiros acima da mediana de suas indústrias nacionais**.

b. Empresas com maior diversidade de gênero em suas equipes executivas tinham **25% mais probabilidade de ter lucratividade acima da média** em comparação com empresas menos diversas.

c. Além disso, quanto maior a representação de mulheres executivas, maior a probabilidade de desempenho superior. Empresas com **mais de 30% de mulheres em**

cargos executivos superaram aquelas com percentuais menores ou nenhuma mulher executiva.

2. **A Diversidade como alavanca para a Criatividade**:

a. **Diversidade de Perspectivas**: equipes diversas trazem diferentes pontos de vista, experiências e conhecimentos para a mesa e essas diferentes abordagens podem levar a soluções únicas e inovadoras.

b. **Ambientes Inclusivos**: culturas organizacionais inclusivas incentivam a expressão livre de ideias e a colaboração entre pessoas de origens diversas.

c. **Combate ao Pensamento de Grupo**: a diversidade ajuda a evitar o pensamento de grupo, em que todos concordam com as mesmas ideias. Isso pode levar a soluções mais criativas e disruptivas.

3. **Identidade da Marca e DE&I**

A relação da marca com seus clientes e consumidores é um aspecto crucial para o sucesso de qualquer empresa e os estudos da **McKinsey** destacam como a **Diversidade, Equidade e Inclusão (DE&I)** podem impactar essa relação gerando uma reputação positiva e, consequentemente, melhorando a percepção da marca por seus clientes e consumidores.

O compromisso de qualquer marca com estratégias de Diversidade, Equidade e Inclusão faz com que ela seja vista como mais ética e socialmente responsável, aumentando a conexão e a fidelidade dos consumidores.

A diversidade na equipe de atendimento ao cliente pode levar a uma melhor compreensão das necessidades e expectativas dos clientes de diferentes origens. Isso resulta em um **atendimento mais eficaz e personalizado**.

Empresas que consideram a diversidade em seu processo de desenvolvimento de produtos e serviços podem criar ofertas mais inclusivas. Isso atende a uma base de clientes mais ampla e diversificada.

A inclusão permite que as empresas recebam ***feedback* diversificado** de seus clientes. Esse feedback pode ser usado para melhorar produtos, serviços e experiências.

Construindo um argumento estratégico para DE&I

Até este ponto do texto, exploramos minuciosamente as questões fundamentais relacionadas à representatividade da população brasileira e à relevância das estratégias de Diversidade, Equidade e Inclusão nos resultados de negócios.

Meu principal objetivo foi oferecer ao leitor uma plataforma para que pudesse criar um argumento ou justificativa forte e persuasiva para o desenvolvimento e implementação de uma estratégia de negócios que contemplasse a Diversidade, Equidade e Inclusão.

Se ainda tiver dúvidas sobre como começar, não se esqueça de enfatizar que inclusão importa e, ainda que ela não se limite a números e estatísticas, estes podem ser aliados poderosos nessa construção. Mesmo quando as empresas já são relativamente diversas, a inclusão é fundamental. Ela envolve criar uma cultura na qual todos os colaboradores se sintam valorizados, respeitados e capazes de contribuir plenamente. Ademais, empresas que priorizam a diversidade colhem benefícios em várias áreas, criando uma base sólida para o sucesso a longo prazo e aquelas que adotam abordagens sistemáticas e lideradas pelos negócios para a DE&I têm maior probabilidade de sucesso.

Por fim, a DE&I não apenas afeta o desempenho financeiro, mas também molda a percepção da marca e a relação com os clientes. Portanto, as organizações devem considerá-la como uma estratégia de negócios crítica para alcançar resultados sustentáveis e inovadores.

Navegando rumo à inclusão: fases, desafios e oportunidades

Uma vez que você já tenha semeado o terreno para a sua estratégia de DE&I, ou seja, já tenha conseguido chamar a atenção da alta liderança para o tema, é hora de iniciar o desenho do projeto. Para alavancar a representatividade das populações minorizadas, é fundamental adotar estratégias abrangentes e sistemáticas. Vamos explorar algumas fases importantes:

1. **Realize um Diagnóstico Detalhado:** esse é um passo essencial para obter uma visão abrangente da diversidade na empresa, explorando as interações do negócio e as necessidades individuais dos colaboradores. Uma ação crítica é **elaborar um censo**, que permitirá estabelecer com precisão o nível de diversidade presente na organização.

2. **Sensibilize os Gestores:** os líderes desempenham um papel crucial na promoção da DE&I. É essencial que eles estejam cientes dos desafios enfrentados pelas populações minorizadas e compreendam como suas ações impactam a inclusão no local de trabalho. Treinamentos específicos para gestores podem ajudar a aumentar a conscientização sobre preconceitos inconscientes, estereótipos e práticas inclusivas.

3. **Trabalhe para o Letramento dos Colaboradores:** o letramento envolve educar os colaboradores sobre a importância da diversidade e como eles podem contribuir para um ambiente mais inclusivo. Isso pode incluir *workshops*, palestras e materiais informativos que abordam questões como gênero, raça, orientação sexual, deficiência e outras formas de diversidade.

4. **Priorize as Dimensões da Diversidade:** a abordagem seletiva é fundamental para direcionar recursos e esforços de maneira eficaz, por isso avalie o impacto potencial

de cada dimensão. Algumas populações minorizadas podem enfrentar desafios mais urgentes ou ter necessidades específicas que requerem atenção imediata, e não deixe de considerar a cultura, os valores e as prioridades da sua organização. Alinhe a estratégia DE&I com os objetivos gerais da empresa e lembre-se que priorizar dimensões não significa excluir outras, mas sim adotar uma abordagem sustentável.

5. **Eduque Gestores e Colaboradores sobre Microagressões:** aqueles comentários ou ações sutis que perpetuam estereótipos e preconceitos. Oferecer treinamentos para identificar e combater essas microagressões é fundamental para criar um ambiente mais respeitoso e inclusivo.

6. **Estabeleça um Canal de Comunicação Seguro:** à medida que todos tiverem mais consciência sobre os desafios e oportunidades de DE&I e estejam mais atentos à microagressões, haverá a necessidade de criar um ambiente onde haja segurança psicológica e nada melhor do que um canal de comunicação e denúncias gerenciado, preferencialmente, por uma empresa externa.

7. **Determine os Objetivos e Mensure os Resultados:** nada melhor do que um "dashboard" com as principais métricas de DE&I a ser periodicamente divulgado a toda a organização, com dados claros sobre o ponto de partida, a situação atual e a distância até o objetivo (antes, durante, depois).

Priorizando dimensões da diversidade: um enfoque baseado em dados e fatos

Uma vez mais, é fundamental enfatizar que **priorizar determinadas dimensões da diversidade não implica relegar as demais**. Pelo contrário, trata-se de uma estratégia consciente para manter o foco e promover a inclusão de maneira eficaz. Ao considerar o contexto organizacional, minhas escolhas se concentram nas seguintes áreas: **Liderança Feminina; Liderança Negra e Pessoas com Deficiência.**

Para o sucesso dessa estratégia, considero fundamental:

1. **Metas Claras, Mensuráveis e com Prazo Definido:** por exemplo, comprometer-se em ter **30% de mulheres em conselhos de administração**; determinar que **pelo menos uma pessoa com deficiência** seja contratada em cada loja ou área; garantir que **20% das lideranças sejam pessoas pretas**.

2. **Transparência e Divulgação:** as organizações devem **divulgar publicamente suas metas e métricas relacionadas à diversidade**. Isso cria responsabilidade e incentiva ações concretas para atingir esses objetivos.

3. **Aliados:** criar uma **rede interna de aliados e apoio** que encoraje a equidade e inclusão, estabeleça conexões **com pessoas que representem a diversidade** para superar os desafios e a criar mudanças significativas nas organizações.

4. **Políticas de Flexibilidade e Equilíbrio Trabalho-Vida:** permitir que os colaboradores tenham a opção de trabalhar em horários flexíveis e trabalho remoto facilita o equilíbrio entre as responsabilidades profissionais e pessoais.

5. **Cultura Inclusiva:** é fundamental cultivar uma cultura organizacional que **valorize a diversidade e promova a inclusão**, combatendo preconceitos inconscientes e garantindo que **todas as vozes sejam ouvidas**.

6. **Acomodações adequadas:** assegurar que sejam realizadas as **adaptações** no ambiente de trabalho para **acomodar necessidades específicas**.

Sobre as ferramentas que podem ser utilizadas para promoção da representatividade no ambiente de trabalho, recomendo ações distintas para cada estágio do ciclo de vida do colaborador:

1. Recrutamento e Seleção

a. **Ações Afirmativas:** oferecer vagas exclusivas para grupos minorizados e programas de estágio para estudantes pretos para diversificar o talento.

b. **Inclusão no Processo de Seleção:** estabelecer a meta de 50% de mulheres em cargos de Gerência ou Diretoria, revisando critérios e considerando candidatas qualificadas.

c. **Divulgação de Vagas em Canais Variados:** utilizar diferentes canais, incluindo plataformas específicas para pessoas com deficiência, mulheres e pessoas pretas, para alcançar públicos diversos.

d. **Análise de Currículos Inclusiva:** focar experiências profissionais e habilidades para evitar preconceitos inconscientes.

e. **Programa de Onboarding Personalizado:** desenvolver programas de integração personalizados para novos colaboradores com deficiência, facilitando sua adaptação.

2. Desenvolvimento e Progressão de Carreira

a. **Desenvolvimento de Liderança Feminina:** Implementar programas específicos para desenvolver liderança feminina, incluindo mentorias e oportunidades de *networking*.

b. **Aceleração de Carreira para Profissionais Negros:** oferecer programas de desenvolvimento que abordem habilidades técnicas e transformem a imagem ancestral para potencial ilimitado.

c. **Taxa de Promoção e Retenção:** comparar promoções e retenção de mulheres e grupos étnicos para identificar disparidades e problemas de inclusão.

d. **Mentoria Reversa:** envolver colaboradores experientes sendo mentorados por colegas mais jovens, mulheres, pessoas pretas ou com deficiência, promovendo troca de conhecimento e quebrando barreiras.

3. Desligamento

a. **Entrevista de Desligamento Estruturada:** conduzir entrevistas padronizadas para demissionários, focando experiências com diversidade e inclusão.

b. **Pesquisas Anônimas de Satisfação:** realizar pesquisas anônimas no desligamento para obter *feedback* honesto sobre inclusão e tratamento justo.

c. **Análise de Dados Demográficos:** analisar dados demográficos dos demissionários para identificar padrões ou tendências.

A jornada para construir um ambiente de trabalho verdadeiramente diverso, equitativo e inclusivo é repleta de desafios e complexidades. Haverá momentos de avanço e outros de retrocesso, mas é importante lembrar que cada passo, por menor que seja, contribui para um futuro mais justo e próspero.

Vale a pena investir nessa jornada, pois os benefícios são múltiplos e impactam positivamente os negócios, a empresa, os indivíduos e a sociedade como um todo. Empresas que abraçam a diversidade não apenas se destacam no mercado, mas também criam um ambiente onde todos podem prosperar, inovar e colaborar plenamente.

Lembre-se de que a transformação começa com cada um de nós. Seja um defensor da mudança, promova a inclusão e inspire outros a fazerem o mesmo. A recompensa é uma cultura organizacional vibrante, repleta de oportunidades para todos, e uma sociedade mais equitativa e harmoniosa. Persista, avance e acredite no poder da diversidade para criar um futuro melhor para todos.

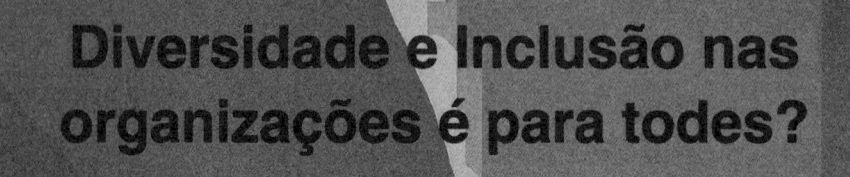

Diversidade e Inclusão nas organizações é para todes?

Soraya Bahde

Atuou por dez anos como diretora de Gente & Transformação na Alelo, sendo hoje a diretora de Cultura & Talentos do Bradesco, um de seus acionistas. Formada em Administração de Empresas pelo Mackenzie, com educação continuada em Marketing, Governança Corporativa, Neurociências e Desenvolvimento Humano, possui cerca de 20 anos de experiência em transformação cultural e de negócios e implementação de estratégias de gestão de pessoas.

Conduziu palestras e painéis em eventos de gestão de pessoas, agilidade, futurismo e tecnologia, como o Agile Trends, CONARH, C4, IT Forum, TDC e Welcome Tomorrow.

Atualmente atua voluntariamente como diretora consultiva da ABRH-SP e também como mentora de mulheres.

Stephen Frost, renomado especialista em D&I, disse que "Inclusão é a cola que mantém nossa diversidade unida". A frase deixa clara a complementaridade existente entre os conceitos de Diversidade e Inclusão. Uma vez que perpassam os valores, a cultura e o propósito de uma organização, D&I não se sustentam sem entendimento e patrocínio genuínos da liderança da empresa.

O desafio que fica para os líderes de Recursos Humanos é: o que fazer quando essa consciência não está lá? Como promovê-la? Será isto possível?

Práticas de equidade, acessibilidade, empatia, respeito, entre outros atributos presentes em ambientes de trabalho plurais e acolhedores, são altamente valorizados pelos profissionais e vistos como pré-requisitos. Porém, nem sempre o repertório da liderança dá conta de acompanhar a transformação do comportamento das pessoas em relação ao trabalho.

Isso tem-se tornado um risco para a execução da estratégia – além de um risco reputacional –, tendo em vista que são as pessoas os pilares essenciais de entrega em uma economia baseada em conhecimento.

De acordo com a pesquisa "Diversidade, Equidade e Inclusão nas Organizações 2023", conduzida pela consultoria Deloitte com 355 empresas brasileiras, conscientes da importância das iniciativas de D&I para a estratégia de negócio, muitas organizações vêm implementando ações estruturais e de governança.

Das respondentes, 76% possuem práticas ou uma área dedicada à D&I. Além disso, 96% afirmam que iniciativas de D&I promovem um ambiente mais acolhedor; 95%, que melhoram a qualidade da força de trabalho e geram valor; 90% acreditam que as práticas de D&I aumentam a retenção de profissionais; e 89%, que contribuem para a inovação.

Embora esta seja uma pauta que vem crescendo em alcance e relevância, ainda há desafios a serem enfrentados. Entre eles, o engajamento das lideranças, o desenvolvimento de iniciativas eficientes de comunicação e o estabelecimento de uma cultura de dados que permita monitorar as diferentes dimensões de diversidade do público interno e as eventuais discrepâncias de remuneração, desempenho, promoções etc.

Nas próximas páginas, apresento o caminho que a Alelo Brasil tem trilhado desde 2018 na priorização de D&I na estratégia de pessoas e os investimentos feitos em ações com grande potencial de transformar significativamente nossos líderes, equipes e cultura organizacional.

O começo

Nossa jornada em D&I começa em 2018, quando passamos a ter uma visão mais crítica de nosso cenário ao aplicar algumas perguntas específicas na pesquisa de clima organizacional.

Os resultados indicaram que os colaboradores, de forma geral, percebiam o ambiente de trabalho da Alelo como sendo diverso e inclusivo. Porém, havia oportunidades de melhoria, especialmente quando olhávamos os resultados segmentados pelos grupos minorizados, que demonstravam percebê-las com maior clareza.

Definimos, então, como objetivo inicial, ter este recorte diverso do time tão satisfeito com nossas práticas quanto todo o resto. Afinal, por sentirem os desafios em seu dia a dia, seriam os mais qualificados para avaliá-las.

Nossos primeiros passos nessa direção envolveram a implementação de mudanças na cultura organizacional. Eles nos ajudaram a representar simbolicamente um ambiente mais inclusivo como um desejo real, o que nos levou a impulsionar os novos comportamentos desejados.

Resumimos os princípios desse processo de evolução no acróstico ELO (**E**rrar, corrigir e surpreender; **L**iberdade pra ser quem eu sou; **O**rgulho em fazer parte), que se tornou nosso novo direcionador de cultura e desempenho.

A premissa "Abra espaço para as diferenças. Apenas respeitar não é o suficiente. Aqui identificamos e nutrimos o potencial que a diversidade traz para nossa cultura" é um exemplo de comportamento que passou a ser estimulado ativamente.

Em seguida, concretizando o propósito de aliar identidade e pertencimento, criamos o "Todes pela Diversidade e Inclusão", programa que abriga todas as nossas iniciativas nessa frente.

Uma das primeiras ações do Todes foi voltada aos líderes da Alelo. Estando bem informados e conscientes da importância do programa para o fortalecimento de uma cultura diversa e inclusiva, eles seriam capazes de multiplicar esse *mindset* entre suas equipes por meio de reflexões acerca das novas atitudes necessárias para que atingíssemos esse objetivo.

Conscientização da liderança

Começar pelo simples, mas provocando impacto, foi a tática que escolhemos e temos adotado nos últimos seis anos na promoção de D&I na Alelo.

O Manifesto do Líder Inclusivo, em 2019, foi um marco na direção de sensibilizar e capacitar nossas lideranças, deixando clara nossa expectativa de que eles e elas se tornassem embaixadores da diversidade.

Acreditamos que é papel do líder desconstruir paradigmas, sustentar o respeito entre todos, não estigmatizar indivíduos, exercer empatia e estabelecer relações de confiança.

Também entendemos que a responsabilidade de um líder inclusivo é assegurar oportunidades iguais a todos, valorizar as potencialidades de cada um e inspirar as equipes em prol de um ambiente colaborativo.

Reforçando essa diretriz inicial, promovemos *workshops* sobre vieses inconscientes em parceria com uma consultoria especializada, buscando engajar os líderes na valorização e vivência da inclusão e da diversidade. Aprofundamos o conceito de viés inconsciente, seus impactos no ambiente de trabalho e os estimulamos a combatê-lo com pequenas mudanças no dia a dia.

Em paralelo, elaboramos materiais de apoio que pudessem trazer a pauta de D&I para o dia a dia dos gestores e facilitamos oficinas para que, a partir deste novo repertório, a teoria fosse colocada em prática.

Mudamos termos que usávamos no dia a dia e que não cabiam mais, priorizamos processos de gestão que poderiam ser melhorados (entre eles, o de seleção de pessoal) e até criamos novas soluções para clientes baseados nestas trocas, como o cartão de benefícios com nome social. As capacitações foram ampliadas para todos os níveis de liderança nos anos seguintes.

Essa consciência ampliada trouxe para os líderes uma nova responsabilidade em termos de impacto social, pois passaram a entender com mais clareza nosso papel como disseminadores de boas práticas para o mercado, considerando nossa relação direta como fornecedor de benefícios para mais de 100 mil RHs de empresas e 10 milhões de trabalhadores em todo o Brasil.

Grupos de Afinidade

Outra importante contribuição para o fortalecimento de

D&I na Alelo foi a formação de grupos de afinidade. Eles democratizaram o Todes para que ele se tornasse mais do que apenas uma iniciativa da área de Gente.

É por meio dos grupos, compostos por profissionais de todas as áreas da empresa, em diferentes níveis de carreira, que escutamos as várias necessidades e perspectivas, discutimos e organizamos ações de conscientização e avanço da representatividade e da inclusão. Assim, definimos objetivos e métricas de crescimento a serem alcançados.

Atualmente, os grupos de afinidade são seis: Mulheres (S.E.R. – Sororidade, Empoderamento e Respeito); Pessoas Negras (Afrolelos); LGBTQIAP+; PcD (Pertencer); Gerações (espaço de diálogo em que a maturidade e a experiência favoreçam a troca de conhecimentos entre gerações); e Corpos (combate aos estereótipos e incentivo à normalização e aceitação dos diferentes tipos de corpos).

Realizamos, alguns anos após a criação dos grupos, um ciclo de investimento importante em capacitação para que eles migrassem de um foco inicial no acolhimento dos membros e *brainstorming* de ações evolutivas para times autogeridos. Desse modo, poderiam atuar com alçada e papéis bem definidos, alavancando a geração de resultados efetivos para a promoção de D&I.

Intensificação das práticas

Para unir toda a Alelo e nossos *stakeholders* em torno de uma agenda inclusiva e plural, elaboramos um Guia de Diversidade que foi distribuído para colaboradores, prestadores de serviços terceiros e fornecedores em geral. Nele, comunicamos de forma clara nossos valores, comportamentos esperados e não tolerados. Além disso, implantamos quatro cláusulas de Igualdade, Diversidade e Inclusão em todos os nossos contratos.

Passamos também a programar eventos periódicos de conscientização para toda a organização, como a Semana da Diversidade, Semana do Orgulho LGBTQIAP+, entre outros. Nessas ocasiões, trazemos dados relevantes sobre D&I de maneira ampla e objetiva. Com isso, almejamos gerar engajamento em torno dos avanços desejados em inclusão, algo que depende da mudança de comportamento de todos os integrantes de cada time que compõe a empresa.

Outro grande alavancador da inclusão tem sido a realização de programas afirmativos, como o *Woman Can Code*, voltado à formação de mulheres em desenvolvimento de *software*, e o Afrodev, iniciativa focada em programadores negros. Além disso, o último Programa de Estágio da Alelo foi dedicado integralmente a vagas afirmativas, atraindo PcDs, pessoas trans, entre outros.

Do ponto de vista de encarreiramento e fomento à diversidade em cadeiras mais seniores, nossos programas de mentoria têm sido fundamentais. Realizamos edições dedicadas a mulheres, negros, PcDs e a diferentes grupos geracionais. Trabalhamos este último, especificamente, por meio do Unboxing, programa de mentoria reversa que impulsionou em 55% a evolução dos participantes nos ciclos de reconhecimento da empresa.

Pactos, selos e assinaturas

Sabemos que uma cultura organizacional inclusiva reverbera fora da empresa e impacta a sociedade. Afinal, ambientes de troca geram muito aprendizado e inspiração. Por isso, nos associamos a organizações que fazem a diferença para o mundo. Entre elas:

– **ONU Mulheres:** em 2020, assinamos o *Women's Empowerment Principles* (Princípios de Empoderamento das Mulheres) e assumimos o compromisso de realizar ações que incentivem a igualdade de gênero, o desenvolvimento profissional das mulheres e o aumento da liderança feminina.

- **Instituto Capitalismo Consciente Brasil:** contamos com o apoio do ICCB para impulsionar a Alelo a ser a melhor organização possível para o mundo. A capacitação da liderança prioriza o amadurecimento da jornada ESG e a disseminação de princípios do Capitalismo Consciente (liderança e cultura conscientes, propósito maior e orientação para *stakeholders*).

- **Iniciativa Empresarial pela Igualdade Racial:** aderimos ao movimento em prol da superação do racismo no ambiente corporativo e em toda a sua cadeia de valor em fevereiro de 2022. Desde então, temos tido presença constante em fóruns Iniciativa sobre boas práticas e contado com seu apoio na estruturação de novas ações para expansão desta agenda.

- **Fórum de Empresas e Direitos LGBTI+:** assinamos a carta de adesão em março de 2023 e nos comprometemos com o respeito e a promoção dos direitos LGBTI+ em nossa empresa.

Estratégia e compromissos

Aplicamos em 2021 um Censo de Diversidade e Inclusão em toda a empresa. O objetivo foi obter um retrato completo do cenário interno por meio de dados quantitativos ligados à Diversidade e dados qualitativos voltados à Inclusão. A partir dos resultados, estabelecemos e comunicamos nossos primeiros compromissos institucionais. Foram eles:

- Aumentar a representatividade das mulheres nas posições de alta liderança;

- Melhorar a percepção de inclusão, focando em ações voltadas ao respeito ao grupo LGBTQIA+;

- Atingir equidade no percentual de movimentos de reconhecimento entre PcDs (Pessoas com Deficiência) e PsDs (Pessoas sem Deficiência); e

- Aumentar a representatividade de pessoas negras na organização.

Ficou a cargo dos Grupos de Afinidade explorar a fundo os resultados do Censo relacionados ao seu respectivo segmento e elaborar ações para endereçar os principais *gaps* eventualmente não considerados nas ações corporativas.

Esses compromissos foram amadurecendo até que evoluíram para objetivos corporativos quantitativos, que são comunicados e mensurados periodicamente em rituais abertos para toda a empresa e compõem um painel de indicadores mais amplo de ESG reportado ao Conselho de Administração. Os objetivos também estão em sintonia com nossa estratégia ESG (da qual Inclusão, Diversidade & Inovação é um dos eixos temáticos) e nosso propósito organizacional ("O essencial é para todos").

O amadurecimento dessa mensuração foi trazendo relevância à agenda ESG gradualmente, de forma que em 2023 tivemos pela primeira vez metas de representatividade de grupos minorizados incluídas na remuneração variável de longo prazo dos executivos da Alelo.

Resultados e aprendizados

O investimento consistente em D&I ao longo dos últimos anos trouxe muitos resultados positivos para a área de Gente e para o negócio da Alelo:

- A presença de mulheres na alta liderança da empresa

saltou de 29% em 2021 para 49% em 2023. No mesmo período, a presença de pessoas negras aumentou de 10% para 20% e LGBT+, de 7,5% para 11,5%.

– A valorização de D&I trouxe uma consolidação do engajamento da empresa em patamar superior a 90% e redução de 10 p.p. em nosso *turnover*.

Além disso, percebemos evolução da nossa reputação como uma marca empregadora inclusiva, o que nos ajuda a atrair e reter talentos diversos. Fomos indicados e premiados por algumas iniciativas de D&I, o que, de forma geral, constrói valor para a marca Alelo junto aos nossos clientes.

Temos, a partir desses resultados, dividido os aprendizados desta jornada com outras empresas e profissionais em nossas redes sociais, em visitas a clientes, *benchmarks* com outras organizações, conversas com a imprensa e apresentações em fóruns e congressos empresariais. A intenção é ampliar nosso impacto inspirando outras lideranças e encurtando caminhos.

Agradecimentos

Nada disso teria sido possível sem o apoio de um CEO extraordinário, apaixonado por pessoas e de uma empatia e humildade inspiradoras. Cesario Nakamura, meu muito obrigada a você pelo legado que construímos juntos ao longo desses anos e que mudou a vida de tantas pessoas para melhor.

Aprendi muito com um time apaixonado por D&I e com quem tive trocas muito valiosas. Agradeço muito a dedicação de cada um para colocar tudo isso de pé: Carolina Ferreira, Beatriz Semeghini, Mariana Bonsignori, Nathalia Machado, Igor Camargo, Patricia Lima, Marina Lima e todos os participantes dos nossos grupos de afinidade.

Sem lideranças dispostas a aprender e buscar novas formas de fazer e engajadas em promover D&I com protagonismo, nosso caminho teria sido extremamente árduo. Por isso, minha gratidão a André Turquetto, Bianca Valente, Denis Vieira, Esther Dalmas, Helio Barone, Julio Plum, Marcio Alencar e Pricila Medina.

Por fim, agradeço à Cristina Kerr e Simone Bianche, excelentes mestras que inspiram líderes e vêm transformando nossa realidade. Ainda temos muito a fazer, mas estamos nos movendo, com convicção, na direção certa.

O grande desafio da Diversidade e Inclusão

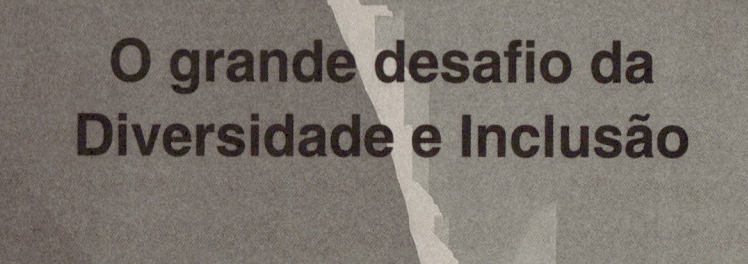

Suze Petiniunas

É administradora de empresas, com especialização em Marketing e RH e com MBA em Recursos Humanos. Possui 32 anos de experiência nas seguintes organizações: Amil, Accor/Ticket Restaurante, Banco Itaú Unibanco e Grupo Saint Gobain, Telhanorte e Grupo Fator. Tem 24 anos de vivência na Área de RH, com experiência generalista em Desenvolvimento de Liderança, Cultura Organizacional, Desenvolvimento Organizacional e Consultoria Interna (HRBP), interagindo desde o C-Level até as equipes. É formada em Coaching pelo Instituto EcoSocial e pelo ICI (International Coaching Institute), e atua como *coach* desde 2008. Foi professora de Cultura Digital na Digital House e de pós-graduação em RH pela Unip. Atuou como consultora sênior de projetos de Cultura, Transformação, Desenvolvimento de Lideranças e *coach* na Atma Genus Consulting. Atualmente é superintendente de Gente, na Falconi Consultores.

> "A inclusão é um superpoder que transforma diferenças em pontos fortes." Melinda Gates

Por que falar de Diversidade e Inclusão?

Acredito que Diversidade e Inclusão é um dos temas de transformação cultural mais desafiadores que podemos ter, como profissionais de RH.

Cada vez mais as fronteiras serão extrapoladas, cada pessoa é um ser diverso, com suas necessidades e história. A cada dia, novas perspectivas do tema se abrem. Por isso precisamos aprender, como RH, como ler esses cenários e facilitar essas transformações.

Ter sido responsável pela Diversidade e Inclusão numa conhecida empresa de Varejo foi muito gratificante e um aprendizado que me desenvolveu como pessoa e profissional, abrindo novos pontos de vista.

Vi e vivi muita coisa que eu sequer teria imaginado antes, e o quanto é desafiador e necessário ter um projeto sério e estruturado se quisermos uma transformação verdadeira.

Quando entrei na empresa, em junho de 2020, a empresa já tinha um projeto de Diversidade, estruturado principalmente na inserção de mulheres e negros.

O objetivo do projeto foi a evolução do modelo existente e a inclusão de novos temas, buscando consolidar uma Cultura de Diversidade.

Estruturamos nosso projeto, considerando pilares que são fundamentais para garantir uma mudança cultural consistente, estruturada e que evolua de forma sólida.

1) **Papel da Liderança:** entender o que o grupo executivo achava do projeto e qual o apetite para a mudança. Também reforçar o papel da liderança na comunicação e compreensão das equipes.

2) **Entendimento das Pessoas:** envolver as equipes para entender o significado desse projeto para a empresa, e fazer a sua contribuição, de forma a se sentir parte.

3) **Políticas, práticas e indicadores:** mapear quais processos, políticas, normas e indicadores precisam ser alinhados, para que o projeto possa se fortalecer e evoluir de forma consistente e estruturada.

4) **Capacitação:** avaliar quais são os treinamentos/conhecimentos, atitudes e comportamentos que precisam ser incorporados pelas lideranças e pelas equipes, para que o tema possa se consolidar de forma estruturada e efetiva.

5) **Comunicação:** reforçar a comunicação do tema, para que as pessoas possam ter acesso e esclarecimento.

Abaixo, indico as ações realizadas em cada pilar, para facilitar o entendimento e a estratégia utilizada.

1) Papel da liderança

Começamos com o **envolvimento do Comitê de Diretoria (nosso grupo executivo)**, para entender qual era o apetite para o tema e o que queríamos que fosse nosso projeto de Diversidade e Inclusão.

Como estávamos no meio da pandemia e tudo acontecia *on-line*, utilizamos um método rápido e que ajudasse a entender as aspirações pessoais e corporativas com relação ao tema.

Compartilho com vocês, na figura 01, o método baseado em perguntas, que desenvolvi para essa conversa.

Criação de manifesto de diversidade e inclusão com o grupo executivo

CRIAÇÃO DE MANIFESTO DE DIVERSIDADE E INCLUSÃO COM O GRUPO EXECUTIVO

	Pergunta 01	Pergunta 02	Pergunta 03	Pergunta 04	Pergunta 05	Pergunta 06	Pergunta 07
Objetivo da Pergunta	O que Diversidade representa para mim?	Por que queremos dar ênfase ao tema em nossa empresa?	Como queremos ser vistos com relação ao tema?	O que não vamos tolerar em relação ao tema?	Que líderes queremos ser com relação ao tema?	Como nossa empresa será quando o tema estiver consolidado?	Qual é o meu compromisso pessoal, para que isso aconteça?
	Conexão pessoal com o tema	Propósito do Manifesto	Imagem e posicionamento	Comportamentos e atitudes aceitos e não tolerados	Exemplo das lideranças	Implementação e legado	Engajamento e compromisso pessoal

Estrutura do Manifesto, proposta com a atividade
(P2) Nosso propósito é... (P3) Queremos ser vistos como... (P4) Queremos, e não aceitaremos... (P5) Queremos que nossos líderes e equipes... (P6) Nossa contribuição para sociedade, empresa...

(P1) e (P7) Engajamento e compromisso pessoal dos principais stakeholders

Figura 01

Após o Comitê de Diretoria responder às perguntas, usando uma ferramenta virtual interativa, fizemos a primeira versão do nosso **Manifesto de Diversidade**, cujo objetivo era direcionar a cultura de Diversidade e Inclusão que queríamos ter na empresa.

Quando tínhamos uma primeira versão do Manifesto, fizemos grupos focais com representantes de todas as áreas da empresa, para que pudessem contribuir com suas opiniões e se sentir parte. Finalmente, chegamos à versão final, cujo lançamento oficial foi na reunião que o CEO tinha mensalmente com todas as lideranças e depois para toda a empresa.

Uma vez feito isso, a próxima etapa foi começar a sensibilizar o Comitê de Diretoria e lideranças a se aprofundarem mais no tema de D&I.

Para isso, fizemos três *workshops* com consultores de Diversidade renomados no mercado (Tree e Conduru), escolhendo os seguintes temas:

- **Diversidade, Inclusão e Vieses Implícitos.** Com o objetivo de entender melhor algumas questões do cenário histórico de Diversidade e Inclusão e os vieses inconscientes. Percebemos o quanto desconhecemos muitas das causas raízes dos vieses que temos. Também fomos provocados a olhar coisas por perspectivas diferentes.
- **Comunicação Inclusiva.** Explicando a importância de se ter uma comunicação inclusiva dentro e fora da organização (Colaboradores e Clientes). Nessa etapa nossas propagandas fortaleceram ainda mais a representação de nossos pilares do DIVERSA+, além das ações internas.
- **Liderança Inclusiva** – Trazendo a importância do exemplo da liderança no tema de Diversidade e Inclusão e como saber lidar com colaboradores diversos. Aqui também desenvolvemos um guia para auxiliar na gestão da Diversidade, com dicas e cuidados.

2) Entendimento das pessoas

Depois de nossa liderança já ter embarcado no projeto, começamos as ações com todos os colaboradores.

Para isso, lançamos o **Glossário da Diversidade**, explicando aos colaboradores quais atitudes, comportamentos e falas não cabiam mais num universo que preza pela Diversidade e Inclusão.

Dividimos o Glossário em quatro partes: Negros, Mulheres, LGBTQIA+ e PcDs (pessoas com deficiência). Cada liderança deveria conversar com seus times para explicar e incentivar o uso do glossário no dia a dia até ele ser incorporado. Dessa forma, reforçamos o papel da liderança e garantimos que a informação chegasse às equipes.

Também lançamos um *Censo de Diversidade* para entender como estava nossa população: o que estava bom e o que eram oportunidades de evolução. As respostas dessa pesquisa também foram comparadas aos dados do IBGE para que pudéssemos nos avaliar com relação aos indicadores nacionais.

Importante também ressaltar que a empresa fazia parte de um grupo internacional, o qual tinha um comitê de Diversidade, com representantes de todas as empresas do grupo e coordenado pelo RH Latam, que permitia uma intensa troca de experiências, aprendizados e evoluções dos programas de cada negócio.

3) Políticas, práticas e indicadores

A partir do Censo, evoluímos com os indicadores de acompanhamento. Alguns já existiam e outros foram incluídos.

- Mulheres em posições executivas.
- Mulheres em posições de liderança.
- Percentual de mulheres em processos seletivos.
- Percentual de mulheres x homens na companhia.
- Percentual de negros na empresa.
- Percentual de negros em posição de liderança.
- Demografia das pessoas negras por região.
- Percentual de Pessoas com Deficiência na organização.

Com relação às pessoas trans, nós também definimos alguns cuidados a serem observados na contratação dessas pessoas (nome social, crachá e afins).

Considerando os negros, periodicamente avaliávamos

quantos negros e pardos tínhamos em posição de liderança e o quanto poderíamos intensificar essa proporção, avaliando possíveis propostas de ação, assim como alternativas de evolução de carreira interna.

Instituímos também um **Comitê de Diversidade e Inclusão**, com reuniões bimestrais para que os indicadores e as oportunidades de evolução pudessem ser alcançados. Esse comitê tinha como membros diretores e representantes dos nossos pilares de Diversidade e Inclusão, além de membros do Comitê Executivo, Trainees e a área de Comunicação Interna.

4) Capacitação

Um dos temas que trabalhamos com afinco foi a inclusão de pessoas trans. Por sermos do varejo e termos muito contato com clientes e grandes equipes, precisávamos orientar as pessoas a como cuidar de pessoas trans para que estas se sentissem incluídas e respeitadas.

Decidimos contratar pessoas trans, pois acreditamos que ter pessoas com lugar de fala, no dia a dia, ajudaria muito o entendimento e mudança, além do que, quando vivemos a situação, aprendemos com ela.

A cada contratação, fazíamos a preparação do gestor e da equipe que receberia o novo colaborador trans, por meio de um *workshop* interno de sensibilização e espaço para esclarecimento de dúvidas.

Nosso próximo passo foi criar um ciclo de palestras nas quais trazíamos pessoas que eram referência de mercado/LinkedIn Top Voices, para compartilhar sua experiência e qual era a realidade dos seguintes temas:

- Entendimento da Transexualidade;
- Diversidade religiosa;

- Negros – história e desafios;
- Empoderamento Feminino;
- Etarismo – Pessoas 50+;
- Pessoas com Deficiência – história e desafios;
- A sigla LGBTQIA+ e seu entendimento muito além das letras.

Visando garantir que todos os colaboradores pudessem ter acesso aos conteúdos que as lideranças tiveram, também colocamos em nossa plataforma interna de treinamento quatro videopílulas (rápidas, mas com conteúdo atrativo e esclarecedor), dos seguintes temas:

- Diversidade e inclusão nas organizações.
- Vieses e preconceitos inconscientes.
- Dicas de Especialistas sobre Diversidade.
- Bate-papo com uma pessoa trans – uma pessoa transexual compartilhou conosco sua experiência pessoal, cuidados e dicas para o relacionamento e acolhimento das pessoas trans.

Inscrevemos dez mulheres líderes de nossa empresa, para participar de um programa com uma consultora internacional, especialista em liderança feminina, que ensinava como as mulheres chegam ao topo da carreira.

Depois de terminado o programa, as dez mulheres fizeram uma apresentação para toda a empresa, do que aprenderam. Tivemos excelentes *feedbacks*, incluindo os do público masculino, que disse ter aprendido e refletido com os pontos trazidos.

Na questão das pessoas com deficiência, fazíamos na contratação *workshops* de sensibilização com as lideranças, para que os vieses que existiam pudessem ser minimizados e esclarecidos. Nossa área de Recrutamento e Seleção foi grande parceira nessa ação e no Projeto de Diversidade.

5) Comunicação

Criamos uma logomarca do programa, para que as pessoas pudessem entender a relevância do tema e associá-lo às atividades que eram de Diversidade e Inclusão.

Implementamos o **Calendário da Diversidade**, divulgando datas de relevância para D&I, dentro e fora da empresa (em nosso LinkedIn), para gerar consciência e reforçar conhecimentos de cada tema.

No dia da mulher, falamos sobre a **Síndrome da Impostora**. Os homens sempre eram convidados, pois sem a participação e conhecimento de todos não existe aprendizado e evolução.

No pilar LGBTQIA+ sempre deixamos nossas pessoas à vontade e os canais de Diversidade e Ouvidoria sempre disponíveis para qualquer situação que pudesse gerar desconforto.

Nós também tínhamos um aplicativo interno, uma rede social, na qual havia um espaço somente para Diversidade e Inclusão. As pessoas podiam curtir temas e opinar sobre as ações que estavam sendo feitas, além disso era uma outra forma de divulgar conteúdo para todos.

Para facilitar a visão das ações por pilares, segue uma figura.

Estratégia de Desdobramento da Cultura de Diversidade e Inclusão, por pilar

Papel da Liderança • Manifesto de Diversidade • Workshops de sensibilização • Desdobramento do glossário da Diversidade junto às equipes • Guia da Gestão da Diversidade	**Processos, políticas e indicadores** • Indicadores de evolução por pilar do programa (mulheres, negros, PCDs e público LGBTQIA+) • Orientação de cuidados na contratação de pessoas Trans • Comitê de Diversidade e Inclusão
Engajamento das Pessoas • Participação no Manifesto de Diversidade • Glossário de Diversidade	**Treinamento e Sensibilização** • Palestras com referências de mercado/LinkedIn Top Voices • Vídeo pílulas na plataforma de treinamento • Treinamento com especialista mundial em carreira feminina • WS de sensibilização – contratação de PCD • WS de sensibilização – recepção de pessoas Trans nos times
Comunicação	• Identidade visual do Programa – para gerar associação com o tema • Calendário de Diversidade • Aba do tema no aplicativo/rede social interna, mantendo o tema vivo e presente • WS de Síndrome da Impostora no Dia da Mulher

Figura 02

Resultados obtidos:

- Reconhecimento da empresa quanto à importância do tema e patrocínio da liderança, mostrando que era para valer.
- Inclusão de diversidade em nossa organização.
- Liderança mais preparada para entender e gerir a diversidade.
- Desenvolvimento das equipes, com relação ao tema.
- Respeito e acolhimento às pessoas.

Saí da empresa em março de 2021, e desde então ela passou por muitas mudanças, infelizmente não sei como está o projeto hoje, mas tenho certeza de que o tema continuou sendo importante, por tudo que vivi na cultura dessa organização e do grupo do qual faz parte.

Meus aprendizados nesse projeto:

- Por se tratar de uma mudança de cultura e *mindset*, um projeto de Diversidade e Inclusão que realmente seja efetivo precisa do envolvimento e patrocínio muito além de Recursos Humanos, mas do Comitê Executivo, Lideranças e de todos os colaboradores.
- A diversidade vai muito além do que podemos imaginar. Toda pessoa é diversa e merece respeito.
- Precisamos ser abertos a ler todas as manifestações de diversidade numa organização.
- Algumas questões são estruturais, então, como empresas, precisamos criar condições para que as pessoas tenham acesso à informação que gere aprendizagem, reflexão, mudança de perspectivas e transformação.
- É importante sempre entender "de onde cada pessoa está vindo" para poder acolher, orientar e entender os

diversos pontos de vista que geram comportamentos atuais, assim como entender o que precisa ser transformado. E como foi educada, no que acredita, etc.

- A empresa é uma amostra da sociedade, por isso precisa entender sua composição humana e como cuidar efetivamente dela.
- Preparar as pessoas de uma empresa sobre o tema é contribuir para uma sociedade melhor.

Meu agradecimento

Agradeço às empresas (em especial à que cito no *case*), assim como a todas as lideranças que fizeram parte de minha experiência profissional e que me deram a oportunidade e o desafio de implantar, acompanhar e evoluir em temas de Diversidade e Inclusão. Também sou grata aos parceiros de mercado que tive nessa jornada e ao meu time de DHO e pares, pois eu não teria feito nada sozinha.

Em especial, agradeço à minha diretora na época e ao meu CEO, que confiaram no meu trabalho e de minha equipe.

Brasil: um país de futuro jovem!

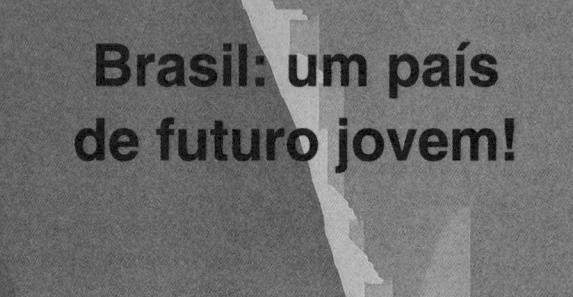

Vivian Broge

Graduada em Comunicação Social com diversas especializações, sendo as mais recentes Gestão e Transformação de Organizações Complexas (MIT Sloan), formação de Board Member (IBGC) e Board Member competente em ESG (Competent Boards). Executiva C-Level, com experiência internacional, tendo atuado em empresas como Natura, Danone e Iguatemi. Atualmente na TOTVS como responsável por Relações Humanas e Marketing. Conselheira consultiva de ONGs que atuam por um mundo mais diverso e inclusivo como a Turma do Jiló e Specialisterne. Professora de MBAs e pós-graduações. Atual diretora presidente do IOS – Instituto da Oportunidade Social. Autora de publicações associadas a desenvolvimento humano, ESG e liderança feminina.

Sempre fui uma pessoa inquieta em relação ao mundo e suas desigualdades.

Desde muito jovem me lembro de debater com meus familiares sobre questões planetárias que só serão possíveis de serem resolvidas com trabalho colaborativo visando o bem comum acima de tudo.

Fiz escolhas de carreira muito pautadas em atuar em empresas que tinham compromissos, ações e diálogos relevantes com *stakekolders* visando à ampliação da diversidade e inclusão e, de forma ampla, a sustentabilidade. Acredito que a sustentabilidade começa no cuidado com as pessoas e na garantia de direitos humanos.

E foi na maternidade que encontrei a potência para colocar minha voz e competências a serviço de um mundo no qual todas as pessoas sejam vistas por seus talentos e possam "SER". No dicionário ser significa ter identidade, característica e, ainda, apresentar-se em determinada situação.

Ser mãe de uma pessoa com deficiência me fez olhar o mundo com lentes ampliadas e ao sentir a dor profunda causada pelos inúmeros preconceitos que temos e aos quais somos expostos (me incluindo aqui) entendi que a vida me convidava a atuar por um mundo mais inclusivo, porque diverso ele é.

Passei a atuar em ONGs que têm educação no centro de seu propósito, porque acredito que é o acesso a capacitação e oportunidades de inclusão produtiva que vão nos tornar uma sociedade mais justa e equitativa.

Em 2023, com uma nova escolha de carreira, recebi a honra de liderar o Instituto da Oportunidade Social (IOS) e, assim, mergulhar na temática da capacitação e inclusão produtiva das juventudes brasileiras.

Segundo dados do QEdu Juventudes e Trabalho (parceria entre a Fundação Roberto Marinho, o IEDE e o Itaú Educação e Trabalho), o Brasil tem 49 milhões de pessoas com idades entre 15 e 29 anos (¼ da população).

Jovens representam progresso para um país, e considerando a redução da natalidade no Brasil, talvez não tenhamos uma outra janela de oportunidades como esta, com tanto potencial para o desenvolvimento e o progresso.

Segundo dados do movimento "1 milhão de oportunidades" da UNICEF:

- uma em cada cinco casas no Brasil não tem acesso à internet;
- 1,1 milhão de pessoas jovens estão fora da escola;
- 5,1 milhões de pessoas jovens não participaram de nenhuma atividade escolar na pandemia;
- 11,7 milhões de pessoas estão em situação de pobreza ou baixa renda e dependem de programas sociais (16-24 anos);
- 10 milhões de pessoas jovens não estudam e não trabalham;
- 5,3 milhões de pessoas jovens têm dois ou mais anos de atraso escolar;
- 32 milhões são vítimas de privações de direitos, como moradia, alimentação e saneamento (0-17 anos);
- quatro em cada dez meninos que morrem são vítimas de homicídio.

São milhões de jovens, em diferentes realidades, buscando construir sua autonomia e com ela oportunizar futuros possíveis. Adolescentes e jovens são os mais afetados pela violação de direitos e pela falta de oportunidades.

Agir com diversidade e inclusão, em última instância, é sobre sermos capazes de proteger os direitos da população jovem em nossas cidades, estados e país, para que por meio de nossos talentos possamos gerar valor, concretizando crescimento e prosperidade para todas e todos.

Segundo o Atlas das Juventudes, plataforma de trabalho para quem atua na formulação, implementação, monitoramento e avaliação de políticas públicas, estratégias, programas, projetos e iniciativas para as juventudes no Brasil, "as evidências apontam para um contexto excludente, violento e desafiador que acaba por impor barreiras para o desenvolvimento dos jovens. Com o avanço da pandemia, a situação se tornou ainda mais grave, ampliando os índices de jovens sem oportunidades de trabalho e também da evasão escolar, com uma parcela significativa da população sofrendo impactos em seu processo educacional".

Para que possamos aproveitar a janela de oportunidade que se apresenta neste momento do nosso país, precisamos criar contexto, práticas, políticas públicas e ação privada coordenada visando apoiar o pleno desenvolvimento de pessoas jovens em todas as suas interseccionalidades, em seus territórios e, dessa maneira, garantir que possam realizar seus potenciais coletivos e individuais, sonhar e realizar, participando ativamente da economia e da sociedade.

Precisamos de juventudes protagonistas. A jovem ativista Greta Thunberg, ativista ambiental sueca, disse: "Há quem diga que nós, jovens, somos a esperança. Que vamos salvar o mundo! Mas não é verdade, não o faremos. Não há tempo para esperar que a gente cresça...". Greta nos convoca à ação, agora! Somos nós que precisamos garantir direitos, criar oportunidades para que os jovens possam sonhar e realizar.

No Instituto da Oportunidade Social (IOS), desde 1998, atuando como uma organização social, oferecemos capacitação profissional gratuita e apoio à empregabilidade para pessoas jovens em situação de vulnerabilidade social e pessoas com deficiência, com foco na inclusão produtiva.

Dados da BRASSCOM (Associação Brasileira de Empresas de Tecnologia da Informação e Comunicação) apontam que a demanda atual do setor é de 70 mil novos profissionais, mas apenas 46 mil pessoas são formadas a cada ano. Precisamos atuar de forma colaborativa se quisermos avançar rápido de forma a evitar um possível "apagão técnico" que pode colocar em risco a prosperidade do nosso país.

O IOS nasceu de uma iniciativa voluntária de um grupo de pessoas colaboradoras da antiga empresa Microsiga Software S.A., atual TOTVS, que até hoje é uma das mantenedoras. Vale destacar a forma visionária com que o IOS se estabeleceu, já que nasceu em um tempo em que não se falava de ESG e o instituto já atuava como rede aberta e colaborativa, somando esforços de diversas empresas.

Laércio Cosentino, fundador e presidente do Conselho de Administração da TOTVS, em um prefácio de publicação em celebração aos 18 anos do instituto disse: "São tantos talentos que poderiam ficar escondidos em uma sociedade cheia de disparidades de acesso a direitos básicos, como educação, renda digna e trabalho. Investir nestas pessoas é investir em inovação... é investir no Brasil!"

Ao ver os indicadores relativos às quase 50 mil pessoas jovens capacitadas pelo IOS, me mobilizou saber que quando conseguimos empregar uma ou um de nossos jovens a renda média da família aumenta em 63%. Este número tocante se refere ao "hoje", a curto prazo. Pergunto a mim mesma qual o valor de permitir que essas pessoas possam sonhar com um futuro digno e próspero para elas, suas famílias e o nosso país ao longo do tempo...

Anualmente atendemos mais de 2.000 pessoas jovens, impactando indiretamente 8.000 indivíduos. A capacitação e apoio que o IOS provém oportunizam a empregabilidade de mais de 1.200 pessoas jovens todos os anos no Brasil. Nossos indicadores concretizam que, alinhados com os objetivos da Agenda 2030 da ONU, estamos atuando para a erradicação da pobreza (ODS 1), para uma educação de qualidade (ODS 4), para a igualdade de gênero (ODS 5) e para o trabalho decente e crescimento econômico (ODS 8).

A educação é, em minha visão, a melhor maneira de mudar o mundo.

Estamos satisfeitos com estes lindos resultados? Não! Definitivamente, seguimos inquietas e inquietos acreditando que podemos aumentar nosso impacto positivo.

Convidamos empresas e pessoas físicas a nos ajudarem nesta jornada, seja investindo em unidades específicas do IOS, em turmas completas (formadas por 25 alunos) ou ainda custeando a aprendizagem de algumas ou alguns estudantes.

Nossas formações contemplam tanto conteúdos técnicos em administração, gestão e tecnologia como também temas transversais como cidadania, comportamentos e atitudes e, ainda, empregabilidade e carreiras. Nossa força de produção de conteúdos atuais e relevantes está em nossa ampla rede de multiplicadores e criadores destes. E seguimos sempre abertos a novas contribuições reconhecendo que nunca saberemos sobre tudo e podemos aprender com todas e todos.

Também atuamos com recrutamentos afirmativos, já que nossos e nossas estudantes são diversos como nosso país. E, além disso, temos muita experiência em apoiar empresas no desenho de estratégias e práticas de diversidade e inclusão, com expertise em capacitações, censo de diversidade e análise de maturidade de DE&I.

Visando oferecer ampla formação para nossas pessoas jovens ofertamos, em parceria com diversas empresas, mentorias on-line em grupos para aumentar a prontidão de nossas e nossos alunos em processos seletivos.

Queremos seguir transformando realidades, dialogando e atuando para que nosso país possa inovar com as novas gerações. Queremos colaborar como consultores de confiança para as empresas na empregabilidade e acolhimento da nossa diversa juventude.

Nossa incansável busca se materializa nas palavras de Thaieny, uma jovem mulher que se autodeclara indígena e preta e que foi aluna do IOS: "... eu achava que havia pessoas melhores que eu, mas o fato de o IOS ter acreditado em mim, fez com que eu acreditasse também".

Temos inúmeros casos de crescimento e desenvolvimento que eu poderia citar, mas escolhi dois que considero muito significativos: a jornada de um jovem em situação de muita vulnerabilidade social que através do IOS se tornou professor e a jornada de uma jovem que se tornou gerente de Marketing da TOTVS.

Ageu Antônio dos Santos teve uma infância marcada por perdas importantes, a morte de sua mãe ao dar à luz ao filho caçula, o envolvimento do pai com as drogas e bebida, a vivência em uma casa de acolhimento com três de seus cinco irmãos. Em 1998, a casa de acolhida em que estavam fechou uma parceria com o Instituto da Oportunidade Social (IOS) para criar uma sala com computadores para as aulas de informática. Nesta época Ageu tinha 25 anos e se ofereceu para ajudar na criação deste espaço cuidando da limpeza, pintura, instalação da parte elétrica do local e mobiliário. Algum tempo depois das aulas iniciadas a professora que estava alocada neste projeto precisou ser transferida para outra unidade do IOS e Ageu foi provocado pelo presidente da casa de acolhida que perguntou se gostaria de participar do processo seletivo.

Nas palavras de Ageu para o livro *Retratos de Oportunidades – o terceiro setor e o desenvolvimento social*, no qual contou sua história em detalhes, disse: "Olhando para trás, acredito que esse tenha sido o grande ponto de virada da minha vida, pois foi o momento que alguém acreditou em mim e me deu as ferramentas para que eu pudesse me desenvolver. Sem isso, eu não seria quem sou hoje!" Ageu atuou como professor de Tecnologia da Informação do IOS multiplicando conhecimento com seus alunos por 11 anos. Com suporte do Instituto, Ageu se graduou no ensino superior, além de ter suportado a abertura de diversas unidades do IOS e foi responsável pela abertura de nossa primeira sede própria. Hoje, é líder de Infraestrutura do Instituto e sua história inspira diariamente nossos alunos e alunas.

Ageu, nosso muito obrigada por tanto e pelo muito que está por vir!

Com duas estrelas guiando seus caminhos há alguns anos, **Kátia Melo** é minha segunda homenageada neste capítulo.

Hoje, gerente de Marketing na TOTVS, Kátia é responsável por toda a estratégia de Marketing de Operações da companhia, liderando (e inspirando) uma equipe formada por mais de 20 pessoas.

Profissional de performance destacada, entrou na empresa em 2000, quando ainda era a Microsiga, e se reinventa a cada ciclo, sempre superando resultados. Mas o que chama a atenção é que quem conversa com ela tem a impressão de que não existe dificuldade em sua vida - ela está sempre sorrindo, alegre e disponível para o outro, algumas vezes até se sacrificando para isso.

Tive a oportunidade de perguntar para a Kátia de onde vem essa força. E o que eu ouvi foi que veio da dificuldade. Kátia perdeu sua mãe e seu pai ainda na adolescência e na companhia de seus dois irmãos diz ter aprendido que era preciso lutar pela vida e ver essa perda como ensinamento.

Fácil? Tenho certeza que não. E quem falou que seria? Vejo muitas pessoas encontrando na dificuldade uma desculpa para não seguir adiante, para não buscar conhecimento, desenvolvimento, capacitação. Mas tenho certeza que toda transformação, toda evolução começa dentro de cada um de nós, na vontade de seguir.

A força de vontade em seguir da Kátia não só trouxe frutos importantes para ela, que começou sua trajetória no nosso querido IOS fazendo um de nossos cursos de capacitação para jovens, estando hoje no grupo de líderes da maior empresa de tecnologia do Brasil, mas também para sua família, especialmente para o filho, Lucas, que é motivo de muito orgulho para todos os seus familiares.

Se eu tiver que escolher um ensinamento da minha convivência com a Kátia eu diria: se ainda não encontrou suas estrelas, corra para encontrá-las.

Diante dessas duas lindas histórias convido você, leitor, que atua em uma grande empresa, leciona em uma universidade, empreende ou de alguma outra forma participa do giro da economia do país, para uma reflexão: qual o seu papel na transformação social que precisamos promover em nosso país?

Quantos "Ageus" e quantas "Kátias" estão nesse momento perto da gente sem mecanismos ou sem oportunidades para desenvolverem todo o potencial, que muitas vezes nem eles mesmos sabem que têm?

É papel de todas e todos que vivem em um lugar de privilégio se incomodar e agir. Enquanto delegarmos somente para o setor público esse papel não teremos avanços consistentes. Não vai aqui nenhuma forma de isenção do poder público em relação às suas responsabilidades, que fique claro. Mas ele representa uma parte da solução e não o todo.

Precisamos criar programas estruturados, independentemente do tamanho, para dar oportunidades às nossas pessoas, como sempre digo, sem deixar ninguém para trás.

Sei que muita gente se pergunta como fazer isso, gente que sabe que o problema existe, quer ajudar, mas não sabe por onde começar. Longe de mim querer trazer aqui uma "receita de bolo" para um problema grande, dadas as proporções continentais do nosso país e seus desafios estruturantes, mas existe sim um caminho para começarmos.

Olhe para o seu negócio/empresa/atuação profissional. Pense sobre seu propósito, em sua razão de existir. Muito bem, essa atuação deve fazer parte de algum segmento cheio de potencial, que traz resultados financeiros para alguém, seja para você mesmo como empreendedor, para um empregador, acionistas ou investidores.

Agora, saia dessa perspectiva de dentro da sua atividade e olhe para fora, para tudo o que está ao redor dela, no seu entorno. Busque nesse olhar externo, que seja próximo – o convite aqui não é ir para longe, para outra cidade, estado ou país. É olhar para o lado mesmo.

Será que não existe nenhum grupo de jovens próximo a você que precisa ser incluído na sociedade, na atividade produtiva que sua atividade abrange e que está às margens desse sistema? Eu arrisco dizer que a resposta sempre será que sim, existe.

Agora, junte essas duas pontas: o propósito da sua atividade e a necessidade desses jovens. Pronto, está aí a resposta do que você pode fazer para ser parte da evolução que precisamos.

Quantos projetos lindos nascem a partir desse exercício e que mudam vidas?

O IOS é um exemplo disso. Sem ele, as trajetórias de Ageu e Kátia poderiam ser completamente diferentes, inclusive figurar nas estatísticas que eu citei no começo deste capítulo. Pensem nisso.

Finalizo citando o líder pacifista Mahatma Gandhi: "A força

não provém da capacidade física. Provém de uma vontade indomável". Esta vontade indomável de transformar realidades nós temos de sobra no Instituto da Oportunidade Social!

Um agradecimento especial a todas e todos que contribuíram ao longos destes anos no e com o IOS e espero que mais pessoas se juntem a nós.

Para saber mais: https://ios.org.br/

É cor-de-rosa choque!

Vivian Claus

Mulher, cis, branca, heterossexual, formada em Psicologia, atualmente diretora de Pessoas e Cultura na GE Vernova, pós-graduada em Administração de Empresas e com MBA em Gestão de Pessoas com ênfase em Estratégias pela FGV. Possui especializações internacionais em Coaching, Recursos Humanos e Desenvolvimento de Liderança, com mais de 18 anos de experiência no mercado corporativo, trabalhando na área de Recursos Humanos, em empresas nacionais e multinacionais e em diversos projetos que envolvem pessoas, inclusive relacionados à diversidade, inclusão e senso de pertencimento. Atualmente está à frente de iniciativas globais de transformação cultural e de projetos para a América Latina relacionados à diversidade e inclusão, sendo líder do RH pertencente ao grupo Woman's Network da GE Vernova.

A curiosidade está em seu DNA, principalmente no que diz respeito à transformação que nos move ao futuro. É ávida por possibilitar construir pontes entre as pessoas e as estratégias dos negócios, tendo como propósito principal gerar resultados surpreendentes para as empresas, para a sociedade e para si mesma. Tem uma perspectiva positiva, é defensora do protagonismo e da conquista do espaço feminino, da luta pela equidade de gênero no ambiente corporativo e acredita que todo ser humano pode brilhar sendo autêntico!

Tema: Protagonismo feminino, autoconhecimento e inovação podem romper as barreiras da síndrome da impostora e nos levar a um caminho genuíno. Como podemos brilhar sendo autênticos?

Uma de minhas memórias mais vivas da infância é de um recital de poemas para o Dia das Mães. Era uma manhã ensolarada e o pátio da escola estava repleto de alunos e professores convidados para assistir ao teste de quem seria aprovado para recitar.

Quando a professora me chamou, subi ao palco tremendo. Li o meu poema de forma embaraçada, cheia de medo de falhar e com muita expectativa de passar no teste.

Depois de mim, foi a vez de uma colega, que surgiu cheia de confiança. Pegou o papel, encarou a plateia e leu o poema de forma linda e emocionante. Notei na hora que ela havia se saído melhor e que seria a escolhida.

Logo me veio à mente: "Quero um dia me expressar dessa forma, saber me expor em público, falar de forma tão doce e perfeita". A semente foi plantada!

Curiosidade aguçada

Passei minha adolescência como uma observadora nata dos comportamentos ao meu redor. A forma como as pessoas expressavam seus sentimentos, como se apresentavam, tremores e alegrias nas palavras, sorrisos, tons de vozes, movimentos corporais, tudo parecia compor um lindo movimento que aguçava minha curiosidade.

Cada aspecto admirado era naturalmente incorporado em meu dia a dia. Essa atitude segue presente até hoje e acredito ter sido crucial em minha trajetória. Foi assim, pegando um pouquinho de cada característica que considerava interessante, que me transformei em quem sou hoje.

Quando tomei a decisão de cursar Psicologia, já me projetava em algo expansivo em que pudesse me desenvolver e alcançar pessoas e culturas diferentes, por isso meu foco era atuar no ambiente corporativo em âmbito internacional.

Meu primeiro emprego na área de Recursos Humanos surgiu logo no início da faculdade, em uma agência de recrutamento, onde permaneci por dois anos.

Minha irmã, sabendo dos meus objetivos de ingressar em uma multinacional, me contou sobre uma vaga de estágio nas Indústrias Romi, conceituada fabricante do setor de máquinas-ferramentas da nossa cidade natal, Santa Bárbara d'Oeste, interior de São Paulo.

Por coincidência, minha atribuição na agência de empregos era justamente o recrutamento para os processos seletivos dessa empresa, então saberia onde pisar e como agregar e crescer ainda mais. E lá iniciei minha tão sonhada carreira executiva! Permaneci na empresa por quase seis anos, chegando ao nível sênior.

Foco no futuro e persistência no presente

Quando passei pelo processo seletivo da Dresser-Rand estava convicta de que era hora de novos rumos profissionais. Fui colocando minha régua em patamar alto, me espelhava tanto em bons profissionais quanto nas tendências de mercado e notava que o segmento de óleo e gás estava crescendo.

A Dresser-Rand, multinacional americana com atuação nessa área, estava em plena ascensão, com grandes projetos, e vi uma excelente oportunidade de desenvolvimento ali.

Gostei muito da exposição para a comunicação em diferentes idiomas, do contato multicultural, dos desafios de participar de grandes projetos, como iniciar uma fábrica do zero e contratar muitas pessoas, e de gerenciar processos mais complexos de remuneração e benefícios, de talentos e capacitação de profissionais de campo.

Fui contratada para atuar em nível sênior, mas com muito mais responsabilidades do que antes. Atendia a América Latina e já no primeiro ano de empresa pude conhecer o *headquarter* e os projetos nos Estados Unidos. Tive líderes inspiradores, que me ajudaram e impulsionaram o meu desenvolvimento.

Sempre gostei de viajar, seja a trabalho ou a lazer, e cada ocasião era muito rica para conhecer novas pessoas e me conectar comigo mesma, ampliando meus horizontes pessoais e profissionais e fazendo valer os sonhos cor-de-rosa daquela menina observadora.

Na Dresser-Rand tive um aceleramento nos idiomas inglês e espanhol, além das capacidades técnicas de Recursos Humanos com profissionais de calibre.

Quatro anos depois, quando já havia consolidado minha posição e me preparava para uma função mais estratégica, surgiu a grande oportunidade da minha carreira: assumir uma vaga de HR Business Partner na Siemens, com a mudança para São Paulo.

Você tem que acreditar em você. Saber o que você quer e apostar!

Este capítulo da minha trajetória é interessante, porque já estava ciente da incorporação da antiga empresa onde trabalhava pela Siemens e, na nova posição na multinacional de origem alemã, desempenhei um papel ativo no processo de fusão, atuando como ponto focal entre as duas corporações. Essa experiência me ajudou a expandir meu aprendizado em múltiplos processos da área.

Já conhecia o RH de grandes corporações por participar de grupos de *benchmarking* e me considerava pertencente a essa função de HR Business Partner, que nos permite estar muito mais perto dos líderes, atuando como parceiros na tomada de decisão.

Os desafios não se restringiram à profissão. Foi preciso resiliência para passar uma temporada sozinha na capital até que meu marido, Thiago, meu companheiro desde a adolescência, pudesse estar comigo por lá também.

Os ganhos desta decisão, porém, foram inúmeros. Morando juntos em São Paulo, nossa cumplicidade cresceu ainda mais e pudemos nos desenvolver como seres humanos e profissionais. Teria sido muito mais difícil enfrentar essa etapa sem contar com o apoio dele.

Já havia lidado com cenários bem adversos, mas agora havia o fato de me provar sendo uma pessoa do interior e nova naquele ambiente. Alguns estereótipos podem se sobrepor graças às diferenças culturais, então tive que trabalhar muito, pesquisar detalhadamente os processos e dar tempo para as pessoas me conhecerem.

Meu lado observadora e de muita curiosidade falou mais alto outra vez. Segui aprendendo com as pessoas ao meu redor para agregar valor em minhas argumentações e mergulhei em projetos complexos, trabalhando dobrado para mostrar que tinha conteúdo e competência.

Participei de outros processos de incorporação de empresas e de cisão pela Siemens e fui ganhando cada vez mais conhecimento e maturidade para lidar com diversos cenários e executivos mais críticos.

Sempre tive em mente que é preciso plantar muito para colher à frente. Isso me ajudou a me manter forte neste momento. Nada foi do dia para a noite. Depois de consolidar essa minha trajetória, de ganhar espaço e confiança para lidar com temas mais complexos, me tornei gerente de RH.

Nesta hora reflito sobre a importância de reconhecer nossas fortalezas e focar nelas. É fundamental ser humilde e não hesitar em pedir ajuda quando não sabemos algo.

E ter uma teimosia centrada... saber o que se quer e apostar. Ter ousadia na vida. Acredito que quem fica muito na zona de conforto e não ousa não consegue também ter o fator sorte! O conhecimento e as relações são favoráveis, mas é preciso mudar atitudes. Inovar e se reinventar. Ser gentil com a jornada!

Foi assim, nessa busca constante por aprendizados, desafios e uma certa inquietude, que me deparei com um novo momento profissional.

Minha chegada à GE Vernova é resultado da vontade de experimentar diferentes abordagens no universo do RH. Não foi uma decisão fácil deixar minha função anterior, mas já havia percebido que era hora de mudar.

Logo no primeiro ano tive a oportunidade de assumir a função de diretora de Cultura Global. Essa experiência tem sido enriquecedora por me permitir ampliar os horizontes em muitas frentes em âmbito multicultural e também por atuar em uma rede que sempre esteve em meu DNA, mas que até então havia estado mais escondida em minha carreira: a luta pela equidade de gênero, diversidade, inclusão e senso de pertencimento.

Minha jornada na DEI (Diversidade, Equidade e Inclusão)

Tenho muitos *cases* inspiradores em minha jornada na Diversidade, Equidade e Inclusão e gostaria de apresentá-los para encorajar colegas de RH e líderes com ideias que possam ser aplicadas em outras organizações.

Para construirmos um ambiente verdadeiramente equânime, é essencial refletir sobre aonde desejamos chegar. Por isso, as metas precisam ser claras, mensuráveis e, ao mesmo tempo, ambiciosas.

Outro passo relevante é discutir essas metas com os líderes para, juntos, encorajarmos e elaborarmos planos de ações e monitoramento do avanço das métricas.

Na empresa onde trabalho atualmente, além das iniciativas de equidade voltadas a gênero, idade, raça e etnia, pessoas com deficiência e LGBTQIA+, adotamos a prática importante de promover um espaço livre de vieses inconscientes junto às lideranças.

Na seleção dos jovens talentos, seguimos a regra de trabalhar em conjunto com a equipe de recrutamento para garantir que a lista de candidatos sempre inclua uma proporção equilibrada, com 50% de homens e 50% de mulheres.

Essa abordagem nos dá a oportunidade de aumentar a diversidade de gênero desde as primeiras etapas da formação profissional e, com o tempo, se reflete em números positivos, permitindo a criação de um ambiente de trabalho mais inclusivo e com maior equidade de gênero.

Olhar sensível e respeitoso para o ser humano

A oportunidade de olhar para a diversidade e inclusão se faz presente em temas do nosso dia a dia. Um deles, comum a muitas mulheres, é a gestação. Lembro-me de uma executiva de alto escalão que, grávida, se tornou ainda mais forte dentro da organização por se posicionar de forma autêntica e sem receio do futuro, sempre destacando a importância da integralidade para que as pessoas vivam de forma plena. Sua empatia e determinação ao falar abertamente sobre o assunto da gravidez reverberaram em toda a liderança e em sua equipe, passando uma mensagem de segurança e inclusão desse momento dentro do ambiente de trabalho.

Sabemos que por trás de tudo isso houve muita luta na organização e ainda hoje vivemos um cenário de insegurança no mercado de trabalho, que pode interferir diretamente em nossa decisão de termos filhos. São muitas histórias, diversas profissionais que não tiveram sucesso neste momento, por isso considero crucial que nós, mulheres líderes, tenhamos cada vez mais um posicionamento assertivo nesta questão e que possamos dar espaço a esse momento tão genuíno e bonito na vida das pessoas. Uma política clara sobre respeito no ambiente de trabalho, um canal de *compliance* que possa ser utilizado por alguém que se sinta desrespeitado, sem medo da retaliação, e pequenas ações para a eliminação de vieses inconscientes, nos ajudam a tornar esse ambiente seguro e verbalizarmos nossas vontades e sermos nós mesmos. Ver essas práticas nas organizações e onde hoje estou inserida me dá orgulho.

Permitir e manter esse espaço obviamente não é fácil, mas para isso existem os pilares de diversidade e inclusão como guardiões de uma cultura DEI, além das políticas internas e lideranças bem treinadas para sustentar tudo isso.

As perdas gestacionais também não costumam ser um tema central nas organizações e, se desejamos ser inclusivos com a questão da equidade, temos que abrir espaço para essas particularidades. Temos, sim, que fazer o acolhimento de mães e pais de forma integral.

Sinto-me feliz ao constatar que dentro do ambiente onde trabalho esses momentos têm sido tratados de forma atenciosa, tanto com a concessão de um período de afastamento, quanto com o direcionamento de um apoio psicológico aos funcionários, conduzido, inclusive, por uma equipe médica com uma liderança feminina. Esta prática não é comum no mercado e, quando não trazemos para a pauta, invalidamos novamente o ser humano em sua integralidade.

Autoconhecimento e humanidade transformam o ambiente

Um dos momentos mais marcantes da minha trajetória foi presenciar a demonstração de vulnerabilidade de uma CFO.

Assim que assumiu seu novo cargo, ela informou sua equipe, composta por homens e mulheres da área financeira, que gostaria de esclarecer algo importante: em determinadas situações sensíveis, ela acabava chorando durante as reuniões.

Quanto autoconhecimento e humanidade existem em uma líder capaz de se expressar plenamente diante de seu time!

A força da alta liderança, especialmente das mulheres, reside em expor seus medos e vulnerabilidades, tornando-se exemplos vivos da importância da humanização nas relações.

Nem tudo precisa ser racional ou mecânico; é fundamental sentir, mesmo nas conversas difíceis. Essa postura traz um poder transformador dentro de uma empresa, lembrando que as pessoas devem ser tratadas como **pessoas** e os processos podem ser mais humanizados. Reforçar atitudes como estas em nossas organizações nos ajuda a transformar o futuro de um ambiente mais orgânico e sustentável.

Eliminando vieses inconscientes

Outra boa prática dentro das organizações onde passei são os treinamentos mandatórios a todos os funcionários com a finalidade de nos ajudar a eliminar vieses inconscientes. Todos são encorajados a participar, desde os recém-chegados até os funcionários de longa data.

Essas capacitações são renovadas anualmente porque sabemos da necessidade de sempre revisitarmos o tema, já que a nossa história traz jargões, palavras, gestos e costumes que muitas vezes são utilizados sem percebermos e que podem resultar em falas e condutas de cunho preconceituoso.

Nesses treinamentos, focamos também a liderança para que possa refletir sobre a tomada de decisão, como no momento de uma promoção. Vemos na prática o resultado desta iniciativa, com líderes que optam por entrevistas às cegas, sem olhar muito o currículo e sem considerar o gênero dos candidatos. Uma prova dos ganhos para a organização e o desenvolvimento das pessoas, quando apostamos em um ambiente mais inclusivo.

Plantando sementes de um futuro melhor com foco na diversidade de gênero

Uma ação valiosa realizada pela companhia onde trabalho e que recomendo, tanto como incentivo social quanto para encorajamento de jovens mulheres, é a visita a escolas de ensino médio de baixa renda.

Ao chegarmos às instituições, apresentamos um pouco da empresa, destacamos a diversidade de nossa equipe e evidenciamos o papel essencial das mulheres em várias áreas, como engenharia, finanças, campo, administração, alta liderança e cargos executivos, reafirmando nosso compromisso com a diversidade e a inclusão.

Nosso objetivo é inspirar as estudantes a expandirem seus horizontes e vislumbrarem novas possibilidades para suas carreiras. Além disso, começamos a nos aproximar de futuros talentos que um dia poderão fazer parte de nossa empresa.

Conhecer-se para transformar

Na GE Vernova, contamos também com o Woman Networking, grupo de afinidade composto por centenas de mulheres que se reúnem para discutir iniciativas e programas voltados ao avanço feminino.

As trocas do grupo aprimoram nossa visão crítica, nos ajudam a advogarmos umas pelas outras e resultam em ideias inspiradoras, construindo um ambiente saudável e de confiança.

O programa "Crescer com Elas", que realiza mentorias voluntárias para profissionais em início de carreira dentro da organização, é uma ideia que nasceu deste grupo de apoio.

Conduzidas por assistentes, analistas, especialistas, gerentes e diretoras, essas mentorias visam ao fortalecimento da trajetória profissional e já ajudaram inúmeras mulheres.

Esse apoio mútuo nos fortalece, promove a sororidade, a diversidade, a inclusão e o senso de pertencimento. Cria oportunidades para que nosso profissionalismo esteja sempre em destaque e nos encoraja a não aceitar a depreciação da mulher no ambiente de trabalho.

A diversidade nos faz lembrar que há espaço para todos e que as singularidades são verdadeiras joias em nossa vida.

Acredito em organizações mais justas e equalitárias quando impulsionamos práticas como estes *cases* de Diversidade, Inclusão e Equidade, promovendo espaços do senso de pertencer. Busco e vivo expressarmos sermos nós mesmos e humanizarmos nossas relações. Se eu gosto de rosa-choque, qual o problema? É maravilhoso olhar para trás e constatar quanto avanço aquela garotinha sonhadora já teve em sua trajetória profissional.

Dedico este capítulo à minha mãe, que sempre me incentivou a degustar da vida de forma leve, sem me preocupar com o desconhecido.

E à memória de meu pai, que nos deixou no exato dia em que esse texto era finalizado. Ele sempre me motivou a descobrir coisas novas, estar aberta a aprender, ter um olhar detalhista e atravessar fronteiras sem medo de ser eu mesma.

É possível, sim, ser bonita e inteligente. Elegante e estudiosa. Alegre e determinada. O bonito da vida mora justamente nesta coragem e autenticidade de ser quem se é.

Finalizo com essa linda frase atribuída à Frida Kahlo: "Eu sou a minha própria inspiração. Sou o tema que melhor conheço. E que quero sempre melhorar..."

O poder de uma MENTORIA

uma aula na prática

Andréia Roma

Quem sou eu?

Sou a menina de oito anos que não tinha
dinheiro para comprar livros.

Existe um grande processo de ensinamento
em nossas vidas.
Alguém que não tinha condições financeiras
de comprar livros,
para alguém que publica livros e realiza
sonhos.

Sou a mulher que encontrou seu poder e
entendeu que podia auxiliar mais pessoas a
se descobrirem.

E você, quem é?
Qual o seu poder?

Entendi que com meu superpoder
posso transformar meu tempo.

Encontre seu poder.

"Este é um convite para você deixar sua marca. Um livro muda tudo!"

Andréia Roma

Direitos autorais:
respeito e ética em relação a ideias criadas

CERTIFICADO DE REGISTRO DE DIREITO AUTORAL

A Câmara Brasileira do Livro certifica que a obra intelectual descrita abaixo, encontra-se registrada nos termos e normas legais da Lei nº 9.610/1998 dos Direitos Autorais do Brasil. Conforme determinação legal, a obra aqui registrada não pode ser plagiada, utilizada, reproduzida ou divulgada sem a autorização de seu(s) autor(es).

Responsável pela Solicitação:
Editora Leader

Participante(s):
Andréia Roma (Coordenador) | Lilia Vieira (Coordenador)

Título:
Mulheres do RH : edição poder de uma mentoria, vol. 5 : diversidade e inclusão

Data do Registro:
24/09/2024 10:15:48

Hash da transação:
0x2a634f41fd759492a3405ec82c13cd7230817a684f3a96b2666cbc75aff06405

Hash do documento:
8efbec48899ddd7cac102c50b6308c0463e3848c5e1d9ad52bab71f7c81e6a87

clique para acessar a versão online

Compartilhe nas redes sociais

Os livros coletivos nesta
linha de histórias e
mentorias são um conceito
criado pela Editora Leader,
com propriedade intelectual
registrada e publicada,
desta forma, é proibida
a reprodução e cópia
para criação de outros
livros, a qualquer título,
lembrando que o nome do
livro é simplesmente um dos
requisitos que representam
o projeto como um todo,
sendo este garantido como
propriedade intelectual nos
moldes da LEI Nº 9.279, DE
14 DE MAIO DE 1996.

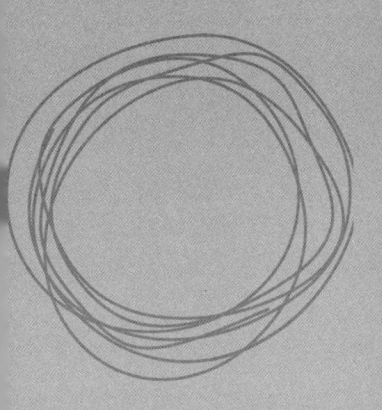

Exclusividade:

A Editora Leader tem como viés a exclusividade de livros publicados com volumes em todas as temáticas apresentadas, trabalhamos a área dentro de cada setor e segmento com roteiros personalizados para cada especificidade apresentada.

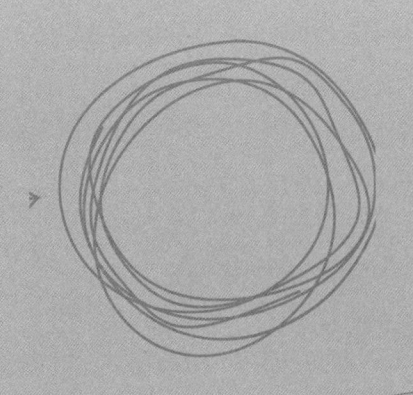

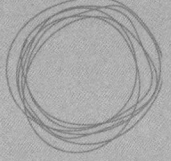

"Livros não mudam o mundo, quem muda o mundo são as pessoas. Os livros só mudam as pessoas."

Mário Quintana

"Somos o resultado dos livros que lemos, das viagens que fazemos e das pessoas que amamos".

Airton Ortiz

Olá, sou **Andréia Roma**, CEO da Editora Leader e Influenciadora Editorial.

Vamos transformar seus talentos e habilidades em uma aula prática.

Benefícios do apoio ao Selo Série Mulheres

Ao apoiar livros que fazem parte do Selo Editorial Série Mulheres, uma empresa pode obter vários benefícios, incluindo:

– **Fortalecimento da imagem de marca:** ao associar sua marca a iniciativas que promovem a equidade de gênero e a inclusão, a empresa demonstra seu compromisso com valores sociais e a responsabilidade corporativa. Isso pode melhorar a percepção do público em relação à empresa e fortalecer sua imagem de marca.

– **Diferenciação competitiva:** ao apoiar um projeto editorial exclusivo como o Selo Editorial Série Mulheres, a empresa se destaca de seus concorrentes, demonstrando seu compromisso em amplificar vozes femininas e promover a diversidade. Isso pode ajudar a empresa a se posicionar como líder e referência em sua indústria.

– **Acesso a um público engajado:** o Selo Editorial Série Mulheres já possui uma base de leitores e seguidores engajados que valoriza histórias e casos de mulheres. Ao patrocinar esses livros, a empresa tem a oportunidade de se conectar com esse público e aumentar seu alcance, ganhando visibilidade entre os apoiadores do projeto.

– **Impacto social positivo:** o patrocínio de livros que promovem a equidade de gênero e contam histórias inspiradoras de mulheres permite que a empresa faça parte de um movimento de mudança social positivo. Isso pode gerar um senso de propósito e orgulho entre os colaboradores e criar um impacto tangível na sociedade.

– *Networking* **e parcerias:** o envolvimento com o Selo Editorial Série Mulheres pode abrir portas para colaborações e parcerias com outras organizações e líderes que também apoiam a equidade de gênero. Isso pode criar oportunidades de *networking* valiosas e potencializar os esforços da empresa em direção à sustentabilidade e responsabilidade social.

É importante ressaltar que os benefícios podem variar de acordo com a estratégia e o público-alvo da empresa. Cada organização deve avaliar como o patrocínio desses livros se alinha aos seus valores, objetivos e necessidades específicas.

FAÇA PARTE DESTA HISTÓRIA
INSCREVA-SE

INICIAMOS UMA AÇÃO CHAMADA

MINHA EMPRESA ESTÁ COMPROMETIDA COM A CAUSA!

Nesta iniciativa escolhemos de cinco a dez empresas para apoiar esta causa.

SABIA QUE SUA EMPRESA PODE SER PATROCINADORA DA SÉRIE MULHERES, UMA COLEÇÃO INÉDITA DE LIVROS DIRECIONADO A VÁRIAS ÁREAS E PROFISSÕES?

Uma organização que investe na diversidade, equidade e inclusão olha para o futuro e pratica no agora.

Para mais informações de como ser um patrocinador de um dos livros da Série Mulheres escreva para: **contato@editoraleader.com.br**

ou

Acesse o link
e preencha
sua ficha de
inscrição

Nota da Coordenação Jurídica do Selo Editorial Série Mulheres® da Editora Leader

A Coordenação Jurídica da Série Mulheres®, dentro do Selo Editorial da Editora Leader, considera fundamental destacar um ponto crucial relacionado à originalidade e ao respeito pelas criações intelectuais deste selo editorial. Qualquer livro com um tema semelhante à Série Mulheres®, que apresente notável semelhança com nosso projeto, pode ser caracterizado como plágio, de acordo com as leis de direitos autorais vigentes.

A Editora Leader, por meio do Selo Editorial Série Mulheres®, se orgulha do pioneirismo e do árduo trabalho investido em cada uma de suas obras. Nossas escritoras convidadas dedicam tempo e esforço significativos para dar vida a histórias, lições, aprendizados, cases e metodologias únicas que ressoam e alcançam diversos públicos.

Portanto, solicitamos respeitosamente a todas as mulheres convidadas para participar de projetos diferentes da Série Mulheres® que examinem cuidadosamente a originalidade de suas criações antes de aceitar escrever para projetos semelhantes.

É de extrema importância preservar a integridade das obras e apoiar os valores de respeito e valorização que a Editora Leader tem defendido no mercado por meio de seu pioneirismo. Para manter nosso propósito, contamos com a total colaboração de todas as nossas coautoras convidadas.

Além disso, é relevante destacar que a palavra "Mulheres" fora do contexto de livros é de domínio público. No entanto, o que estamos enfatizando aqui é a responsabilidade de registrar o tema "Mulheres" com uma área específica, dessa forma, o nome "Mulheres" deixa de ser público.

Evitar o plágio e a cópia de projetos já existentes não apenas protege os direitos autorais, mas também promove a inovação e a diversidade no mundo das histórias e da literatura, em um selo editorial que dá voz à mulher, registrando suas histórias na literatura.

Agradecemos a compreensão de todas e todos, no compromisso de manter a ética e a integridade em nossa indústria criativa. Fiquem atentas.

Atenciosamente,

Adriana Nascimento e toda a Equipe da Editora Leader
Coordenação Jurídica do Selo Editorial Série Mulheres

ANDRÉIA ROMA
CEO DA EDITORA LEADER

REGISTRE seu legado

A Editora Leader é a única editora comportamental do meio editorial e nasceu com o propósito de inovar nesse ramo de atividade. Durante anos pesquisamos o mercado e diversos segmentos e nos decidimos pela área comportamental através desses estudos. Acreditamos que com nossa experiência podemos fazer da leitura algo relevante com uma linguagem simples e prática, de forma que nossos leitores possam ter um salto de desenvolvimento por meio dos ensinamentos práticos e teóricos que uma obra pode oferecer.

Atuando com muito sucesso no mercado editorial, estamos nos consolidando cada vez mais graças ao foco em ser a editora que mais favorece a publicação de novos escritores, sendo reconhecida também como referência na elaboração de projetos Educacionais e Corporativos. A Leader foi agraciada mais de três vezes em menos de três anos pelo RankBrasil – Recordes Brasileiros, com prêmios literários. Já realizamos o sonho de numerosos escritores de todo o Brasil, dando todo o suporte para publicação de suas obras. Mas não nos limitamos às fronteiras brasileiras e por isso também contamos com autores em Portugal, Canadá, Estados Unidos e divulgações de livros em mais de 60 países.

Publicamos todos os gêneros literários. O nosso compromisso é apoiar todos os novos escritores, sem distinção, a realizar o sonho de publicar seu livro, dando-lhes o apoio necessário para se destacarem não somente como grandes escritores, mas para que seus livros se tornem um dia verdadeiros *best-sellers*.

A Editora Leader abre as portas para autores que queiram divulgar a sua marca e conteúdo por meio de livros...

EMPODERE-SE
Escolha a categoria que deseja

- **Autor de sua obra**

Para quem deseja publicar a sua obra, buscando uma colocação no mercado editorial, desde que tenha expertise sobre o assunto abordado e que seja aprovado pela equipe editorial da Editora Leader.

- **Autor Acadêmico**

Ótima opção para quem deseja publicar seu trabalho acadêmico. A Editora Leader faz toda a estruturação do texto, adequando o material ao livro, visando sempre seu público e objetivos.

- **Coautor Convidado**

Você pode ser um coautor em uma de nossas obras, nos mais variados segmentos do mercado profissional, e ter o reconhecimento na sua área de atuação, fazendo parte de uma equipe de profissionais que escrevem sobre suas experiências e eternizam suas histórias. A Leader convida-o a compartilhar seu conhecimento com um público-alvo direcionado, além de lançá-lo como coautor em uma obra de circulação nacional.

- **Transforme sua apostila em livro**

Se você tem uma apostila que utiliza para cursos, palestras ou aulas, tem em suas mãos praticamente o original de um livro. A equipe da Editora Leader faz toda a preparação de texto, adequando o que já é um sucesso para o mercado editorial, com uma linguagem prática e acessível. Seu público será multiplicado.

■ Biografia Empresarial

Sua empresa faz história e a Editora Leader publica.

A Biografia Empresarial é um diferencial importante para fortalecer o relacionamento com o mercado. Oferecer ao cliente/leitor a história da empresa é uma maneira ímpar de evidenciar os valores da companhia e divulgar a marca.

■ Grupo de Coautores

Já pensou em reunir um grupo de coautores dentro do seu segmento e convidá-los a dividir suas experiências e deixar seu legado em um livro? A Editora Leader oferece todo o suporte e direciona o trabalho para que o livro seja lançado e alcance o público certo, tornando-se sucesso no mercado editorial. Você pode ser o organizador da obra. Apresente sua ideia.

A Editora Leader transforma seu conteúdo e sua autoridade em livros.

OPORTUNIDADE
Seu legado começa aqui!

A Editora Leader, decidida a mudar o mercado e quebrar crenças no meio editorial, abre suas portas para os novos autores brasileiros, em concordância com sua missão, que é a descoberta de talentos no mercado.

NOSSA MISSÃO

Comprometimento com o resultado, excelência na prestação de serviços, ética, respeito e a busca constante da melhoria das relações humanas com o mundo corporativo e educacional. Oferecemos aos nossos autores a garantia de serviços com qualidade, compromisso e confiabilidade.

Publique com a Leader

- **PLANEJAMENTO** e estruturação de cada projeto, criando uma **ESTRATÉGIA** de **MARKETING** para cada segmento;

- **MENTORIA EDITORIAL** para todos os autores, com dicas e estratégias para construir seu livro do Zero. Pesquisamos o propósito e a resposta que o autor quer levar ao leitor final, estruturando essa comunicação na escrita e orientando sobre os melhores caminhos para isso. Somente na **LEADER** a **MENTORIA EDITORIAL** é realizada diretamente com a editora chefe, pois o foco é ser acessível e dirimir todas as dúvidas do autor com quem faz na prática!

- **SUPORTE PARA O AUTOR** em sessões de videoconferência com **METODOLOGIA DIFERENCIADA** da **EDITORA LEADER**;

- **DISTRIBUIÇÃO** em todo o Brasil — parceria com as melhores livrarias;

- **PROFISSIONAIS QUALIFICADOS** e comprometidos com o autor;

- **SEGMENTOS:** Coaching | Constelação | Liderança | Gestão de Pessoas | Empreendedorismo | Direito | Psicologia Positiva | Marketing | Biografia | Psicologia | entre outros.

www.editoraleader.com.br